40가지 테마로 읽는 도시 세계사

CENTERS OF PROGRESS: 40 CITIES THAT CHANGED THE WORLD
owned by and translated with permission of Cato Institute © 2023
All rights reserved.

Korean translation copyright © 2025 by Hyundae Jisung
Korean translation rights arranged with CATO INSTITUTE
through EYA Co.,Ltd

이 책의 한국어판 저작권은 EYA Co.,Ltd를 통해
CATO INSTITUTE와 독점 계약한 현대지성이 소유합니다.
저작권법에 의하여 한국 내에서 보호를 받는 저작물이므로 무단 전재 및 복제를 금합니다.

철학의 도시 아테네부터
금융의 도시 뉴욕까지
역사를 이끈 위대한 도시 이야기

40가지 테마로 읽는
도시 세계사

첼시 폴렛 지음 | 이정민 옮김

현대
지성

추천의 글

코로나19를 거치는 동안 사람들은 원격 근무에 따른 대도시의 쇠퇴를 이야기했다. 하지만 전염병의 유행이 끝나자마자 사람들은 다시금 도시로 모여들었다. 수많은 사람이 모이는 데서 비롯되는, 집적의 힘이 만들어내는 매력과 기회가 도시에 존재하기 때문이다. 이 책은 당대에 한 축을 담당했던 도시에서 어떤 혁신이 일어났는지 살핀다. 그 혁신들 가운데에는 독일 마인츠의 인쇄기처럼 후세까지 이어진 것도 있고, 멕시코 치첸 이트사의 팀 스포츠처럼 고립적으로 탄생했다가 소멸한 것도 있다. 연속과 단절이라는 차이가 있음에도, 이 사례들은 도시가 앞으로 무엇을 창조해낼 수 있는지를 보여주는 증거가 된다. 이 책은 도시라는 공간을 통해 인류가 이룩한 진보의 과정을 자세하고 친절하게 안내해줄 것이다.

김시덕 • 도시문헌학자, 『한국 도시의 미래』 저자

인간 사회의 진보에 결정적 영향을 미친 요소는 무엇일까? 종교? 인종? 국가? 저자는 이보다 더 중요한 요소로 '도시'를 꼽는다. 혼자서는 할 수 있는 게 별로 없지만, 여럿이 모이면 불합리함과 불편함을 깨가며 좀 더 나은 사회로 바꿀 수 있다. 그 '여럿'이 모인 곳이 바로 도시다. 인류의 창의성이 담긴 발명 상자이자 문화의 용광로인 40개 도시의 역사를 통해 혁신의 공식을 파헤쳐보자.

최태성 • 별별한국사 연구소장, 『최소한의 한국사』 저자

특정한 시공간에서 새로운 사상과 운동이 탄생하는 방식은 거의 마법과도 같다. 첼시 폴렛은 이 매혹적인 책에서 그 마법의 베일을 벗기며 인류 발전의 원동력이 무엇인지 밝혀낸다.

스티븐 핑커 • 하버드대 심리학과 교수, 『우리 본성의 선한 천사』 저자

도시는 인류의 가장 위대한 발명품이다. 첼시 폴렛은 여리고와 우루크부터 아테네와 로마를 거쳐 빈, 교토, 피렌체, 베를린, 파리, 런던, 뉴욕, 샌프란시스코에 이르는 많은 도시가 기술, 예술 등 다양한 분야에서 어떻게 인류의 진보를 일으켰는지 보여준다. 여러 도시의 시장, 지도자와 사업가뿐 아니라 우리의 도시, 경제와 사회의 미래를 걱정하는 이들은 누구나 반드시 이 책을 읽어야 한다.

리처드 플로리다 • 『도시는 왜 불평등한가』 저자

매혹적이고 도발적인 이 책은 인류 역사에서 가장 창의적인 순간으로 우리를 데려다준다. 첼시 폴렛은 세계 전역은 물론, 수천 년을 넘나들며 이야기를 펼쳐 보인다. 농업의 발명부터 디지털 혁명에 이르기까지 상상력의 물꼬를 트고 새로운 아이디어가 번뜩이는 데 도시가 어떤 역할을 했는지, 그 결과 인류의 삶이 얼마나 발전했는지 다각도에서 조명한다. 폴렛은 역사가 점차 쇠퇴한다는 의견을 정면으로 반박하며 사람들이 자유롭게 모여 교류하며 혁신할 때마다 진보가 뒤따랐음을 보여준다.

잭 A. 골드스톤 • 『혁명』 저자

우리가 과거를 공부하는 건 비단 실수를 반복하지 않기 위해서만이 아니다. 창의성을 통해 진보가 일어난 놀라운 사례들로부터 영감을 받기 위해서이기도 하다. 첼시 폴렛은 완벽한 여행 가이드다. 이 책은 역사적 사실을 언제든 쉽고 즐겁게 읽을 수 있도록 풀어낸 흥미로운 안내서다.

요한 노르베리 • 『진보』 저자

추천 서문

　인류의 이야기는 도시의 이야기와 떼려야 뗄 수 없다. 영국의 경제학자 애덤 스미스Adam smith의 말을 빌리자면, 여리고부터 샌프란시스코까지, 피렌체에서 홍콩까지 혁신은 언제나 사람들이 교류하며 물건을 교환하는 곳에서 일어났다.

　인류 역사에서 도시는 대개 질병과 폭력, 범죄와 빈곤의 온상이었지만, 새로운 도구와 규칙, 재료와 아이디어, 예술과 과학을 등장시킨 발명 상자이기도 했다.

　첼시 폴렛은 이 멋진 책에서 독자들을 특별한 시간 여행으로 안내한다. 역사를 이끈 위대한 순간들을 들여다보고, 인류의 삶을 변화시킨 다양한 혁신을 포착한다. 이 여행은 마지막 빙하기가 끝날 무렵인 1만여 년 전의 여리고에서 시작해 디지털 혁명이 일어난 샌프란시스코에서 막을 내린다. 위생 시설은 고대 파키스탄, 구기 종목은 고대 멕시코, 양식업은 고대 오스트레일리아, 도서관은 고대 알렉산드리아, 인쇄는 15세기 마인츠에서 시작되었다. 볼로냐에서 학생들과 학자들이 한데 모여 길드나 '대학'을 조직하는 모습을 슬쩍 들여다보거나 항저우의 상인들이 최초의 지폐를 개발하는 과정을 엿듣는 일도 짜릿하다.

역사는 인류의 발전을 촉진할 새로운 사상과 물건이 생겨나는 데 교역이 필수라는 사실을 끊임없이 깨우쳐준다. 이 책에 등장하는 도시 중 교역이나 외국인의 출입이 차단된 곳은 단 한 군데도 없었다. 인간 사회에 변화를 일으키는 원동력은 아이디어의 재조합, 다시 말해 교역을 통한 재생산이다.

하지만 폴렛이 제시한 이야기에서 나를 가장 놀라게 한 점은 이 도시들이 하나같이 반짝하고 사라졌다는 점이다. 두브로브니크는 자유무역이 선사한 풍요에 힘입어 14세기 공중 보건 수준을 한층 끌어올렸지만, 그리 오래가지 못했다. 맨체스터는 19세기 산업혁명으로 세계를 변화시켰지만, 글로벌 리더로 군림한 기간은 수십 년에 불과했다. 1980년대에 도쿄는 첨단 기술의 진원지였지만, 일찌감치 또 다른 도시에 왕관을 내주고 말았다. 세계는 미처 예측하지 못한 곳에서 혁신의 불길이 솟아올라 맹렬히 타오르다가 빠르게 사그라드는 과정을 반복하며 진보한다.

진보가 일어나는 순간은 역사의 큰 흐름 속에서 거의 찰나에 불과하다. 또한 진보가 일어나는 장소 자체도 협소하다. 아테네나 두브로브니크, 피렌체, 심지어 실리콘밸리를 탄생시킨 샌프란시스코 같은 도시는 세계 지도에서 하나의 점에 불과하다. 큰 혁신이 일어났던 발전의 중심지는 대개 문명의 핵심 단위인 도시국가였다. 이들 중에는 제국은커녕 거대 국가나 수도조차 찾아보기 힘들다.

사실 제국은 세대를 거듭할수록 혁신에 더 큰 의구심을 가질 뿐 아니라 심지어 강박적으로 혁신을 피하고 저지한다. 제국의 중앙집권적 관료제가 갈수록 변화를 장려하기보다 변화에 저항하고 다양성을 허용하기보다 획일성을 강요해왔기 때문이다. 이 같은 경향은 로마, 마야, 아랍, 명나라, 오스만, 대영제국(심지어 유럽연합까지)이 잘 보여준다.

이 책에서 소개하는 몇몇 사례 역시 이 주장을 뒷받침한다. 1000년 전, 영국보다 7세기나 앞서 산업혁명이 일어날 뻔했던 중국 송나라는 상인들이 자치적으로 운영하는 도시국가들의 연합체였다. 미국이 20세기의 진보에 공헌할 수 있었던 결정적 요인 또한 다름 아닌 연방 구조였다. 연방은 이름 그대로 지역별로 새로운 혁신을 끊임없이 만들어냈고 상품과 사람이 자유롭게 교류하는 균형 잡힌 체계를 창출했다.

결국 인류는 광활한 지구의 여섯 대륙에 흩어져 살았지만 정작 누적된 발전을 바탕으로 혁신을 일군 것은 작은 도시에 깃든 찰나의 순간들이었다. 그래서 인류의 진보는 위태롭기 짝이 없다. 두브로브니크나 암스테르담, 항저우가 존재하지 않았거나 이 도시들이 약탈이라도 당했다면 세상은 어떻게 되었을까? 다시 말해, 티무르, 칭기즈칸, 에르난 코르테스, 마오쩌둥, 아돌프 히틀러 같은 무자비한 폭군이 등장해 혁신의 작은 불씨를 짓밟았다면 그대로 사그라졌을 위대한 순간이 얼마나 많다는 말인가?

일각에서는 제2차 세계대전으로 군사적 필요성이 제기됐기 때문에 컴퓨터가 발명되었거나 발명이 앞당겨졌다고 주장하지만, 나는 그것은 아니라고 생각한다. 1937년 베를린의 콘라트 추제는 천공 테이프에서 프로그램을 읽을 수 있는 계산기의 프로토타입을 설계했다. 월터 아이작슨의 기록에 따르면 같은 해에 앨런 튜링은 획기적 논문인 「결정 문제에 대한 응용을 포함한 계산 가능한 수에 대하여」를 발표했고, 존 빈센트 아타나소프는 컴퓨터의 주요 기능을 개발했다. 클로드 섀넌은 일련의 스위치에서 불 대수를 구현하는 방법을 설명했고, 벨 연구소의 조지 스티비츠는 전자계산기를 설계했으며, 하워드 에이컨과 존 모클리는 필라델피아와 보스턴에서 컴퓨터의 초기 프로토타입 설계에 몰두할 참이었다.

하지만 이후 몇 년간 전쟁으로 이들은 서로 떨어져 지내야만 했다. 추제와 튜링은 물론, 다른 미국인들 역시 머리를 맞댈 수 없었다. 따라서 제2차 세계대전은 컴퓨터의 발전을 가속화하기는커녕 오히려 10년을 지연시켰다고 볼 수 있다.

인류의 발전은 개인의 성과가 아닌 일종의 팀 스포츠다. 한 명이 아니라 여럿이 함께 머리를 모아야 하는 협력적이고 집단적인 일이다. 이를 위해서는 자유와 개방성, 소통이 중요한데 첼시 폴렛의 값진 저서가 이 교훈을 뒷받침한다. 과거에 진보가 어떻게 일어났는지 보여줌으로써 전 인류가 더 나은 미래로 나아갈 길을 제시하고 있다.

매트 리들리 저널리스트, 『이타적 유전자』 저자

들어가며

진보를 부인하는 사람이 있다. 진보가 순진하기 짝이 없는 개념이라고 경시하는 사람도 있다. 실제로 진보는 어쩌다 한 번씩 균일하지 않게 일어나는 경우가 많다. 심지어 피할 수도 있고 진보 이전으로 돌아가는 것도 가능하다. 하지만 수많은 문제가 있음에도 진보는 엄연한 현실이다. 진보를 인지하기 위해서는 한 발짝 물러나 넓은 시각으로 바라봐야 한다. 우리 조상들의 대다수는 지독한 가난 속에서 살았다. 오늘날의 물질적 풍요는 그들이 감히 상상할 수도 없는 수준이다. 이제 사람들은 더 건강한 삶을 더 오래 누린다. 어느 때보다 많은 사람이 충분한 영양 섭취와 위생적 환경을 당연하게 여긴다. 문해율과 인터넷 보급률도 사상 최대치를 기록했다. 빈곤율이 감소하면서 문화를 즐길 기회도 늘었다. 게다가 인류는 도덕적으로도 한 걸음 나아갔다. 옛날에는 당연하게 여겨졌던 노예제와 고문이 오늘날에는 지탄의 대상이 된 것이다. 50년 전과 비교했을 때 전 세계적으로 정치적 자유를 누리는 사람도 훨씬 많아졌다.

이 모든 혁신이 어디서 시작되었을까? 진보는 어디에서 일어났을까? 문명의 역사는 여러모로 도시의 이야기요, 현대 세계를 창조하고 규정한 것도 '도시'다. 도시야말로 문화, 정치, 과학, 기술 등 여러 분야에서 발전의 중추 역할을 했다. 물리학자 제프리 웨스트가 말한 것처럼 "도시는 문명의 용광로"다. 이 책에서는 바로 그 용광로 중 40개 도시를 테마별로 살펴본다.

지금껏 살아온 인류의 대다수가 시골 지역에 거주했음에도 대개 도시에서 진보가 일어나는 데는 그만한 이유가 있다. 물론, 시골 지역에서 거둔 성과도 수없이 많다. 케냐의 대지구대에서 처음 석기를 사용한 초기 인류부터 광활한 노스캐롤라이나 대지에서 인류 최초의 비행에 성공한 중서부 시골 출신 라이트 형제까지 도시 바깥에 살던 사람들도 인류의 진보에 공헌했다. 하지만 인구 밀도가 낮은 지역에서는 기회도 적다. 인간관계뿐만 아니라 직장, 시장, 휴식 공간, 음식점, 종교 시설 등 부족한 것을 나열하자면 끝이 없다.

사람들은 항상 도시로 몰려든다. 그리고 많은 사람이 모이는 곳은 그게 어디든 놀라운 일이 벌어질 잠재력이 커진다. 진화의 관점에서 호모 사피엔스가 가진 최대 강점은 육체적 강인함이나 속도가 아니다. 최상위 포식자에 비하면 인간은 보잘것없는 종에 지나지 않는다. 하지만 함께 일할 때 극대화되는 문제 해결 능력은 어떤 종도 감히 따라올 수 없다.

도시는 소비와 생산의 중심지요, 예술가들이 경쟁하고 협업하는 창의성의 근원이다. 도시는 연구소이자, 함께 논의하고 서로에게 배우는 거대한 교실이다. 하지만 이는 특정 조건이 충족됐을 때만 가능한 이야기다.

일부 예외가 있기는 하지만, 도시는 평화로운 시기에 창의성의 정점을 찍는다. 문화 교류와 무역이 활발하게 일어나고, 사회적·경제적 자유가 비교적 잘 보장되며, 인구 밀도가 높을 때 도시는 번영한다. 엄밀히 말하면 이 책에서 소개하는 모든 지역이 도시를 분류하는 현대적 기준에 걸맞지는 않다. 하지만 역사적 맥락에서 보면 사람들이 모여들던 중요한 장소였고, 그 사람들이 이곳의 자유와 풍요를 힘입어 진보를 일구었다.

물론 도시 생활에도 어려움은 존재한다. 가까이 모여 살수록 핵 위협이나 팬데믹에 노출될 위험성도 커진다. 이제는 기술 덕분에 수천 킬로미터나 떨어져 있는 이들과 함께 일할 수 있어서 예전처럼 유례없는 수준의 도시화가 진행되지 않더라도 진보의 가능성이 열렸다. 덕분에 인류는 도시화와 혁신의 패턴이 뒤집히는 전환점을 맞이할 수도 있다. 하지만 미래가 어떻게 펼쳐지든 도시가 진보의 역사에서 수행한 역할은 짚고 넘어갈 만하다.

세상이 이만큼이나 발전했다는 것은 놀라운 일이다. 하지만 역사를 발전이 아닌 쇠퇴의 스토리로 바라보는 사람도 많다. 심지어 지식인 중에도 역사를 '쇠퇴의 서사'로 받아들이는 이가 있다. 이들은 압도적 진보의 역사를 간과하는 한편, 이상화된 과거의 황금기를 상실했다고 여기며 역사를 기나긴 쇠락의 이야기로 간주한다.

이 책은 대중적이면서도 반체제적인 역사서다. 읽기 쉽고, 일반 독자까지 겨냥한다는 점에서 '대중적'이지만, 학계의 많은 역사가와 달리 진보를 중심 테마로 삼았다는 점에서 '반체제적'이다. 언제나 이런 것은 아니었다. 18세기 후반부터 많은 역사가가 진보를 믿었지만, 그 기반에는 민족 중심 사관이 있었다. 그들은 진보가 실재한다는 것을 알았지만, 오늘날 경제학자들이 진보의 핵심이라고 생각하는 정책이나 제도는 안중에 없이 특정 종교나 인종, 국가 덕분에 진보가 일어난다고 믿었다.

이 관점은 이제 극단적 제국주의와 착취 사례를 감추기 위한 선전 문구로 치부된다. 또 다른 관점에서는 어떤 문화든 다른 문화와 다를 바 없이 훌륭하며 문화적 혁신 역시 하나같이 우열을 가리기 힘들 만큼 위대하다고 여긴다. 하지만 이 또한 정확하다고는 할 수 없다. 결함 있는 서사가 다른 서사로 얼마든지 대체될 수 있고 실제로도 그런 경우가 있었기 때문이다.

역사적으로 특정 시기와 지역이 세상을 더 좋은 곳으로 만들었다는 데는 의문의 여지가 없다. 나는 바로 그런 이야기를 들려주고 싶은 열망에 이끌려 이 시리즈를 휴먼프로그레스 홈페이지(HumanProgress.org)에 게재하게 되었고, 그 글이 모여 이 책이 되었다. 진보는 어느 한 신념, 인종, 국가에만 속하는 배타적 개념이 아니다. 이 책에 소개된 도시만 해도 고대 우루크부터 중세 항저우까지 다양하다.

하지만 공통적으로 드러나는 특징이 몇 가지 있다. 앞서 언급했던 (상대적) 평화와 자유, 높은 인구 밀도다. 역사상 가장 위대한 업적을 달성한 도시의 공통분모를 찾아내는 것은 진보의 근원을 밝히는 한 가지 방법이다. 변화는 끊임없이 일어나지만, 진보는 그렇지 않다. 특정 장소에서 진보가 일어난 이유를 이해하면 미래에 진보를 일으키는 데도 도움이 된다.

도시에서 진보가 그토록 빈번하게 일어난 가장 큰 이유는 도시 사람들이 시골 사람들보다 더 큰 자유를 누렸기 때문일 것이다. 중세 농노들이 봉건 영토에서 달아나 도시에서 자유를 얻게 되면서 독일에서는 "도시의 공기는 자유를 선사한다"라는 속담까지 생겨났다. 이는 도시에 거주한 지 1년이 넘어가는 농노에게 독립을 허용한 법률을 일컫는 말이었지만, 애초에 의도했던 것보다 더욱 폭넓은 의미를 지닌다.

역사적으로 도시는 혁신가들의 안식처였다. 소규모 지역사회의 엄격한 규범 때문에 질식할 뻔했던 사람들에게도 피난처가 되어주었다. 저널리스트 H. L. 멘켄^{H. L. Mencken}은 이렇게 말했다. "인류의 발전은 순응이 아닌, 일탈을 통해 이루어진다."

도시의 공기는 자유를 선사하고, 역사의 순항을 위한 바람을 제공한다. 부와 건강, 지식, 창의성 그리고 가장 중요한 자유가 계속 증대되는 세상으로 나아가게 하기 때문이다. 이 책을 펼쳐 역사상 가장 위대한 업적을 남긴 도시로 함께 들어가보자.

첼시 폴렛

차례

추천의 글 6
추천 서문 8
들어가며 12

• • • •

1장 여리고 ◆ 농업 20
2장 괴베클리 테페 ◆ 종교 28
3장 버즈 빔 ◆ 양식업 38
4장 우루크 ◆ 문자 46
5장 모헨조다로 ◆ 위생 56
6장 난 마돌 ◆ 항해 64
7장 멤피스 ◆ 의학 72
8장 우르 ◆ 법 82
9장 치첸 이트사 ◆ 스포츠 90
10장 아테네 ◆ 철학 100
11장 알렉산드리아 ◆ 정보 110
12장 로마 ◆ 도로 122
13장 장안 ◆ 무역 132
14장 바그다드 ◆ 천문학 140
15장 교토 ◆ 소설 150
16장 볼로냐 ◆ 대학 162
17장 항저우 ◆ 종이 화폐 172
18장 피렌체 ◆ 예술 180
19장 두브로브니크 ◆ 공중 보건 190
20장 베닌시티 ◆ 안보 204
21장 마인츠 ◆ 인쇄기 212
22장 세비야 ◆ 항해술 220
23장 암스테르담 ◆ 개방 234
24장 아그라 ◆ 건축 244
25장 케임브리지 ◆ 물리학 256
26장 파리 ◆ 계몽주의 266
27장 에든버러 ◆ 사회학 276
28장 필라델피아 ◆ 자유민주주의 284

29장 빈 ◆ 음악 294

30장 맨체스터 ◆ 산업화 304

31장 런던 ◆ 노예해방 314

32장 웰링턴 ◆ 참정권 324

33장 시카고 ◆ 철도 332

34장 로스앤젤레스 ◆ 영화 342

35장 뉴욕 ◆ 금융 350

36장 홍콩 ◆ 내정 불간섭의 원칙 358

37장 휴스턴 ◆ 우주 비행 366

38장 베를린 ◆ 공산주의의 몰락 378

39장 도쿄 ◆ 기술 388

40장 샌프란시스코 ◆ 디지털 혁명 396

••••

감사의 말 406

토의를 위한 질문 408

참고문헌 410

이미지 출처 419

01

여리고

농업

　　　　　세계사를 바꾼 여러 도시 중 우리가 첫 번째로 주목할 곳은 여리고^{Jericho}다. 관점에 따라 다르겠지만, 많은 학자가 세계에서 가장 오래된 도시로 여리고를 꼽는다. 여리고에 사람이 정착하기 시작한 시기는 기원전 9000년 무렵이다. 여리고와 인근 지역 사람들은 수렵·채집 생활을 그만두고 농사를 짓기 시작한 최초의 인류였다.

　'신석기 혁명'이라고도 불리는 농업의 발명은 인류 역사에서 결정적 전환점이었다. 이를 계기로 인류의 생활 방식이 극적으로 달라졌기 때문이다. 이 시기 인류는 남은 식량을 저장했다가 굶주릴 때 먹거나 다른 물품으로 교환함으로써 이전에는 상상도 하지 못했던 풍요를 맞이했다.

　오늘날 여리고는 인구 2만 명이 조금 넘는 작은 도시로, 사막의 오아시스 지역인 요르단 계곡에 자리 잡고 있다. 히브리어 성경에서 "종려

| 오늘날 여리고의 전경 · "종려나무의 성읍"답게 곳곳에 자리 잡은 종려나무가 눈에 띈다.

나무의 성읍"이라 불렸던 여리고는 오늘날 종교 순례자들과 역사 애호가들이 즐겨 찾는 관광지로 더욱 유명해졌다. 도시에는 샤와르마(아랍권에서 즐겨 먹는 회전 구이 고기 요리―옮긴이)와 팔라펠(아랍권의 콩 완자 요리―옮긴이)을 판매하는 식당이 늘어서 있고 유적지도 쉽게 찾을 수 있다. 이곳에 숨겨진 역사를 밝혀내려는 노력의 일환으로 고고학 발굴 작업이 끊임없이 이루어지기도 한다.

만약 당신이 신석기시대에 여리고를 직접 방문했다면 문명사를 결정지은 두 사건을 목격했을 것이다. 바로 '정착'과 '농업'의 시작이다.

오늘날 고고학자들이 '나투프인^{Natufians}'이라고 부르는 수렵·채집인들이 광야를 누비는 모습을 상상해보라. 이들은 마운틴가젤의 가죽을 몸에 걸치고 뼈로 만든 구슬 장신구를 착용한 채 창을 들고 사냥을 나간다. 오늘날의 바센지(사냥개의 한 품종—옮긴이)와 비슷한 개를 데리고 식량과 각종 물품이 담긴 바구니나 사냥한 동물의 가죽을 나르고 있을지도 모른다.

그러다가 이들은 광야 한가운데서 신선한 물이 샘솟는 천연 오아시스를 발견하고는 잠시 머물며 쉰다. 이미 오래전 사라진 언어로 열띤 토론을 거쳐 중대한 결정을 내린다. 바로 이 오아시스에 정착해 유목 생활을 끝내자는 결정이다.

물론 이 같은 결정이 하루아침에 이루어진 것은 아니다. 나투프인은 해를 거듭할수록 오아시스에서 더 길게 머물다가 결국엔 1년 내내 눌러앉게 되었을 것이다. 그리고 어느 순간 그곳에 아예 정착한다. 나투프인은 반지하식 타원형 석조 주택을 지어 마을을 건설했고, 이곳이 세계 최초의 도시로 성장했다. 그렇게 여리고의 이야기가 시작된다.

처음 여리고에 거주하기 시작한 인류는 정착 후에도 오랫동안 가젤이나 다른 동물을 사냥하고 야생 곡물과 식물을 먹으며 살았다. 하지만 기후변화로 강수량이 줄고 사막화가 진행되면서 나투프인의 생존 전략에도 변화가 생겼다.

어떻게 이러한 변화가 가능했는가? 나투프인은 식물의 씨앗이 흩뿌려진 곳에 새로운 싹이 돋는다는 사실을 발견했다. 이 사실에 고무된 진취적 성향의 누군가가 식물의 씨앗을 직접 심어보자고 제안했을 것이다. 그렇게 씨앗을 심은 순간, 인류는 새로운 길에 들어서게 되었다.

'비옥한 초승달 지대'라고 불리는 지역 중 정확히 어느 지점에서 농사가 처음 시작되었는지는 아직 논란의 여지가 있지만, 여리고가 그 후보 중 하나임은 분명하다. 수확 시기가 가장 이르다고 전해지는 보리와

비옥한 초승달 지대 · 이집트 북동부에서 이란고원까지 이어지는 초승달 모양의 지역으로, 비옥한 땅 덕분에 농경이 발달해 고대 도시가 출현했다.

호밀, 초기 형태의 밀이 비옥한 초승달 지대의 신석기 유적지이자 나투프인의 정착지인 여리고에서 발견되었기 때문이다. 기원전 9400년경에 여리고 인근에서 무화과가 재배되었다는 증거도 발견되었다. 이 덕분에 나투프인은 '최초의 농부'라는 별명을 얻었다.

최초의 농부들은 근성이 있을 뿐 아니라 혁신적이었다. 이들은 야생 에머('파로'라고도 불리는 밀의 일종으로 극동에서 처음으로 재배되었다―옮긴이)를 선택적으로 번식시키는 법을 발견했다. 그러면 밀이 완전히 익었을 때도 줄기에서 떨어지지 않아 씨앗을 훨씬 쉽게 채취할 수 있었다. 이렇게 얻은 밀로 빵을 만들게 되었고, 밀은 일개 잡초에서 오늘날에 지위에 이르게 된다. 영국 샐퍼드대학교의 레이첼 브렌츨리Rachel brenchley와 여러 공저자가 과학 저널 『네이처』에 발표한 연구에 따르면, 현재

여리고

전 세계 칼로리 소모량의 약 20퍼센트가 밀로 충당된다.

밀의 발견이 인류 문명에 얼마나 크게 기여했는지에 관해서는 전문가들의 의견이 여전히 분분하다. "논란의 한 가지 쟁점은 고대인이 작물을 재배하고 있다는 사실을 스스로 얼마나 인지하고 있었는가 하는 문제"라고 셰필드대학교의 식물 과학자 콜린 오스본Colin Osborne은 지적한다. "그들은 의도적으로 작물을 번식시키는 방법을 도입한 것인가, 아니면 최초의 농부가 야생 곡물의 씨앗을 경작지에 뿌리고 가꾸고 수확하면서 자연스럽게 그런 특성이 진화한 것인가?"

나투프인은 맥주도 즐겼다. 일부 연구자들은 발효된 곡물로 만든 알코올음료 또한 농업을 부추긴 잠재 동기 가운데 하나라고 믿는다.

동기가 무엇이었든 여리고에 처음 정착한 사람들은 농부가 되었다. 하지만 품종 개량 식물을 수확하는 데는 괴로울 정도로 오랜 시간이 걸렸다. 이들은 농사를 시작한 이후에도 몇 세기에 걸쳐 수렵과 채집을 병행하며, 부족한 수확량을 메웠을 것이다.

여전히 가젤을 비롯한 사냥감으로 식량을 충당했지만, 농업이 점차 발전하면서 수확 품종이 늘어나고 관개 시스템이 개발되었다. 이로써 여리고인은 더 많은 식량을 손에 넣었다. 곡물을 심고 수확하고 저장하는 과정을 반복하면서 식량 보급 또한 안정화되었다. 마침내 더 이상 야생식물을 채집할 필요가 없을 정도로 농업 생산량이 늘어났다. 소비량보다 생산량이 많아지면서 흉년에 대비해 남은 식량을 저장하거나 거래에 사용하기도 했다.

당시 여리고의 인구는 약 2,000명으로 오늘날 아이다호에 있는 빅터라는 시골 마을 인구와 비슷한 수준이었다. 대부분의 사람은 여전히 농

여리고 무덤에서 발견된 도자기 그릇 · 고대 여리고 사람들은 도자기에 남은 식량을 보관했을 것으로 추정된다(케임브리지대학교 고고학·인류학 박물관 소장).

업에 종사했지만, 잉여 식량이 생기면서 농사를 짓지 않고 다른 경제 활동에 전념하는 사람들도 생겨났다.

농업이 발전하면서 나투프인은 새로운 위협에 직면했는데, 인근 유목 부족이 침입해 곡식 창고를 약탈할 가능성이 생긴 것이다. 농부가 아닌 나머지 여리고 사람들은 건설 전문가가 되어 침입자를 막아줄 성벽을 세웠다. 이 성벽은 세계에서 가장 오래된 것으로 알려져 있다. 높이가 3미터쯤 되는 성벽은 온갖 침략뿐 아니라 홍수로부터 도시를 보호하는 역할도 했다.

기원전 8000년경에는 성벽 옆에 8.5미터 높이의 원뿔형 석탑도 세워졌는데, 실질적 용도보다는 상징적 의미가 컸다. 탑의 위치가 좋지 않아 감시소 역할을 하기에는 부족했지만 컴퓨터 모형으로 재현해본 결

여리고 탑 · 기원전 8000년경 세워진 것으로 추정되는 탑이다., 세계에서 가장 오래된 석조 건축물로 손꼽힌다.

과, 1년 중 해가 가장 긴 하지夏至가 되면 해가 질 때 인근 산의 그림자가 정확히 탑 위로 드리웠다가 이내 고대 여리고 전역을 뒤덮었다.

여리고인은 길어지는 그림자를 보며 이제 낮이 점점 짧아지고 밤이 길어질 것이라고 예측했다. 작물을 심고 수확하는 농업 활동은 계절의 변화와 긴밀하게 연결되어 있었다. 그만큼 대부분이 농업에 종사한 여리고인에게 하지는 상당히 중요한 의미를 지녔다.

한편 탑은 권력이나 권위를 상징하기도 했다. 수렵·채집에서 농경으로 생활 기반이 전환되면서 사람들이 관계를 맺는 방식에도 변화가 생겼다. 수렵·채집 부족은 평등을 지향하는 경향을 보였지만, 농업이 시작된 여리고 사회에는 새로운 권력 구조가 생겨났다. 무덤 유적지에서도 여리고인이 처음부터 사람들을 계급으로 나누었다는 사실을 발견할 수 있다. 어떤 이들은 조개껍데기 장신구 등 값진 물품과 함께 묻힌 반면, 어떤 이들은 어떠한 장신구도 없이 시신만 묻혀 있었기 때문이다.

여리고 탑과 하지의 연관성을 발견한 연구자 중 한 명인 텔아비브대학교의 고고학자 란 바르카이 Ran Barkai는 다음과 같이 말했다.

> 이 시기에 계급이 시작되고 지배층이 생겨났다 … 우리는 이 탑이 (권력과 권위를 상징함으로써) 사람들이 공동체 생활에 참여하도록 동기를 부여했다고 믿는다.

오늘날 여리고는 성경에 기록된 사건으로 가장 잘 알려져 있다. 성경에 따르면, 기원전 1400년경에 고대 이스라엘 민족이 이집트에서 노예 생활을 하다가 탈출해 이곳을 정복했다고 전해진다. 19세기 미국의 흑인 노예들이 이 사건을 노래로 만들었는데, 빙 크로스비와 엘비스 프레슬리 같은 전설적 가수가 부른 것으로 더욱 유명해졌다. 한때는 노예였으나 결국 전투에서 승리한 이들을 노래한 이 곡에서는 여리고의 "성벽이 무너져 내렸다"라고 선언한다. 여기에는 자유를 향한 작곡가 자신들의 열망이 담겨 있다.

수천 년 전 여리고는 나투프인에게 광야에서 더 이상 식량을 찾아 헤매지 않아도 될 자유를 선사했다. 농경 사회로의 전환은 기존의 생활 방식과 사회구조를 완전히 뒤엎는 일이었던 만큼 대단히 어렵고 인내심을 요하는 과정이었을 것이다. 하지만 이 과정을 견딘 여리고인은 수렵·채집 생활을 했던 조상들이 상상도 하지 못했던 풍요를 보상받았다.

신석기시대의 여리고는 세계에서 가장 오래된 도시이자 농업의 발상지라는 점에서 세계사를 바꾼 인류 최초의 도시로 인정할 만하다.

괴베클리 테페

종교

　다음으로 살펴볼 곳은 괴베클리 테페^{Göbekli Tepe}다. 세계에서 가장 오래된 종교 건축물이 다수 분포해 있고 역사상 최초로 종교의식이 치러졌다는 고고학적 증거가 발견된 곳이다. 종교의 기원에 관해서는 의견이 분분하지만, 괴베클리 테페야말로 인간이 사상 최초로 만든 사원이자 신전, 성지라고 주장하는 학자들이 많다. 괴베클리 테페는 빼어난 건축물을 창조하는 인류의 능력을 보여주는 곳으로, 신앙에 관한 오랜 역사와 종교가 온 세상에 미치는 심오한 영향을 다시금 떠올리게 한다.

　괴베클리 테페는 오늘날 튀르키예의 남동부, 시리아 국경에서 50킬로미터가량 떨어진 지역이다. 현재는 예배 장소 중 일부만 발굴되었으며, 대부분은 아직 지하에 묻혀 있다. 괴베클리 테페는 폭이 20미터에 달하는 거대한 원형 울타리와 한때 지붕을 떠받쳤을 것으로 추정되는

괴베클리 테페의 조각상 · 이 지역에서는 돼지를 비롯한 다양한 동물의 문양과 조각상이 발견된다.

직사각형 기둥들로 구성된다. 각 울타리에는 T자형 돌기둥이 40개 넘게 분포해 있다. 그중 일부는 높이가 5미터가 넘을 만큼 거대하다. 아직 땅속에는 250개가 넘는 기둥이 더 묻혀 있을 것으로 추정된다.

발굴된 기둥 중에는 아무 무늬가 없는 것도 있지만, 대다수는 사람부터 추상적 무늬와 여우, 사자, 황소, 전갈, 뱀, 멧돼지, 새, 거미, 곤충 등 토템 신앙을 연상시키는 문양이 섬세하게 새겨져 있다. 반인반수 문양과 신을 상징하는 듯한 문양도 찾아볼 수 있다. 이 기둥들은 세계적으로 유명한 스톤헨지의 기둥와 비교해도 제작 시기가 수천 년을 앞서는 가장 오래된 거석이다.

오늘날에는 주요 발굴지 주변으로 산책로가 형성되어 있어 관광객들이 여러 각도에서 이 기둥을 관찰할 수 있다. 작열하는 태양으로부터 유적과 고고학자들을 보호하기 위한 지붕도 설치되었다. 이 지역의 7월 평균기온은 섭씨 38도가 넘는다. 완전한 사막은 아니지만 여름에

괴베클리 테페

괴베클리 테페의 전경 · '배불뚝이 언덕'을 의미하는 괴베클리 테페는 튀르키예 남동쪽에 위치해 있다.

는 비가 전혀 내리지 않는다고 해도 과언이 아니다.

그런데 만약 괴베클리 테페가 한창 번영하던 시기에 이곳을 방문했다면 전혀 다른 세상을 마주했을 것이다. 기후는 지금보다 훨씬 습했고, 주변에는 야생 염소와 가젤이 광활한 초원을 마음껏 뛰어다녔기 때문이다. 끝없이 펼쳐진 들판에는 옥수수, 밀, 보리 같은 키 큰 풀들이 바람에 일렁였고, 강에는 물새도 살았다.

괴베클리 테페는 튀르키예어로 '배불뚝이 언덕'을 뜻한다. 이름처럼 언덕 위에 있어 인근 고원 지대를 관찰하기에도 더할 나위 없이 훌륭한 조건을 갖췄다. 방사성탄소연대측정법에 따르면, 현재 드러난 괴베클리 테페의 건축물은 수 세기에 걸쳐 지어졌다. 기원전 9600년경까지 거슬러 올라가는 건축물도 있고, 가깝게는 기원전 8000년, 심지어 기원전 7000년 정도에 지어진 것도 존재한다.

당시는 거대한 변화의 시기였다. 괴베클리 테페에서 남서쪽으로 800킬로미터 정도 떨어진 고대 여리고의 공동체는 수렵·채집을 중심으로 한 유목 생활에서 농사를 중심으로 하는 정착 생활로의 중대한 전환을 맞이하고 있었다. 괴베클리 테페를 건설한 사람들 대다수도 수렵채집 생활을 했지만, 1년 중 특정한 기간은 마을에서 농사를 지었다. 고고학적 증거로 비춰볼 때 이들의 주요 식단은 고기였지만, 직접 수확한 곡물도 함께 먹은 것으로 추정되기 때문이다.

 이 종교적 지역은 농경에도 영향을 미쳤다. 작가 션 토마스Sean Thomas는 다음과 같이 적었다.

> 괴베클리 테페는 인류 역사에 관한 뻔한 관점을 뒤집는다. 우리는 항상 농업이 먼저고 그다음에 농사, 도자기, 사회계층 등의 문명이 생겨났다고 여겼다. 하지만 여기서는 그와 같은 인식이 완전히 뒤집힌다. 먼저 종교 시설이 생기고 그 뒤에 수렵·채집을 하는 사람들이 예배를 드리기 위해 이곳에 모여들었다(그들이 농경을 고안했다).

 인류 최초로 종교적 기념물을 세우고 조각하는 일은 오랜 시간과 많은 노동력뿐 아니라 장인 정신을 요구하는 힘든 작업이었다. 이 작업에는 수백 명의 남성 인력이 필요했다. 괴베클리 테페를 건설한 사람들에게는 아직 도자기나 금속 도구, 가축이나 바퀴 달린 차량이 없었다. 대신 기둥이 비교적 부드러운 석회암 재질이라 부싯돌로 만든 간단한 도구만 있어도 문양 쉽게 새길 수 있었다.

 괴베클리 테페에 사람이 거주했다는 증거는 없지만, 일부 학자들은 이곳이 정착지로도 사용되었다고 믿는다. 이 부지에서 주민들이 먹고 살 만큼의 물을 구할 수 있었는지는 확실하지 않지만, 쓰레기 구덩이 잔해가 많지 않다는 점을 보면 장기간 숙박까지는 이루어지지 않았던 듯하다. 어쩌면 사제나 주술사가 혼자 혹은 소수로만 거주해 딱히 발견될 만한 고고학적 증거가 남지 않았을 수도 있다. 숙박은 다른 곳에서 해결했다고 해도 괴베클리 테페에서 다양한 활동이 이루어졌다는 점은 부정할 수 없다. 유목 생활을 했던 수렵·채집인들에게는 이곳이 이른바 지금의 도심과 가장 흡사한 장소였을 것이다.

웅장한 초원에서 괴베클리 테페로 고개를 돌리면 갓 구운 멧돼지, 가젤, 사슴, 오리의 냄새가 풍기는 가운데 자신들이 세운 종교적 건축물 주변에서 축제를 여는 수렵·채집인들을 목격할 수 있을 것이다. 연구원들은 이들이 함께 춤추고 축하하며 곡물을 발효해 만든 맥주를 곁들여 축제를 벌였으리라고 추정한다. 고고학자들이 지금껏 이곳에서 발견한 유물은 요리 도구 외에도 돌 접시와 그릇만 650점이 넘으며 그중 일부는 음료를 190리터도 넘게 담을 수 있을 만큼 거대하다. 야생 사냥감의 뼛조각도 10만 개 넘게 발견되어 성대한 축제가 열렸다는 사실을 뒷받침한다.

이 같은 종교 축제는 기원전 8000년경에서 기원전 6000년경까지 농업사회로의 전환이 일어남에 따라 1년 중 특정 시기에 먹을거리가 풍부해지면서 시작됐을 것으로 추정된다. 괴베클리 테페에서 열린 축제 가운데는 '완공 축제'도 있는데, 몇 세기에 걸쳐 사원 건설이 진행되는 동안 각 구역이 완공된 것을 축하하는 축제였다.

유대교의 유월절부터 '설탕 축제'라고도 불리는 이슬람교의 이드 알 피트르$^{\text{Eid al-Fitr}}$, 기독교의 크리스마스, 힌두교의 디왈리 축제까지 각 종교의 축제는 지금도 전 세계 공동체에 중요한 의미를 지니고 있다.

괴베클리 테페가 본래 어떤 유적지고 어떤 종교 시설로 설립된 것인

| **독수리 문양이 새겨진 기둥** · 인간의 머리를 가진 독수리가 그려진 점이 눈에 띈다.

지는 알려진 바가 거의 없다. 일부 학자들은 괴베클리 테페에서 발견한 독수리 조각상을 근거로 이곳이 망자를 모셨던 '장례 추종' 종교를 숭배했다고 결론지었다. 하지만 괴베클리 테페가 공동묘지였다고 간주할 만한 유골은 전혀 발견되지 않았다. 또 다른 이들은 이곳이 천문학과 연관되어 있으며, 여러 조각상은 별자리와 혜성을 상징한다고 주장한다. 그중 일부는 괴베클리 테페가 지구에서 가장 밝게 보이는 별인 시리우스를 기리는 사원이었다고 믿는데, 하늘에 뜬 시리우스를 중앙의 여러 기둥이 액자처럼 감싸고 있기 때문이다. 하지만 발굴을 담당하는 고고학 팀은 이곳이 천문학과 연관된다는 주장에 동의하지 않는다.

일부 학자들은 괴베클리 테페가 레반트 전역뿐 아니라 머나먼 아프리카의 수렵·채집인들까지 몰려들었던 종교적 성지였다고 주장한다.

당시에는 문자가 존재하지 않았으므로 이곳에 관한 정보는 입에서 입으로 퍼져 나갔을 것이다. 저널리스트 찰스 만Charles Mann은 다음과 같이 말했다.

> 괴베클리 테페는 종교 순례의 목적지, 곧 영적 탐험가들이 종교적 체험을 통해 경외감을 느끼는 성지였을 것이다. 말하자면 오늘날 순례자들이 방문하는 바티칸, 메카, 예루살렘, (부처가 깨달음을 얻은) 보드가야, (세인트루이스 인근의 대규모 아메리카 원주민 단지인) 카호키아에 비견할 수 있다.

유적지에서 발견된 다양한 유물이 이 이론을 뒷받침한다. 연구자들은 일부 흑요석 유물이 수백 킬로미터나 떨어진 화산에서 왔을 것이라고 추정한다. 잔해에서 발견된 몇몇 도구는 지중해 동부처럼 멀리 떨어진 지역의 조각 양식을 보여준다. 하지만 이 유물들이 부족 간 교역을 통해 괴베클리 테페에 왔을 가능성도 배제할 수 없다. 괴베클리 테페는 "국제적 색채가 상당히 강한 지역 … 근동 지역의 허브와 다름없다"라고 토론토대학교의 인류학자 트리스틴 카터Tristan Carter는 주장한다. "이론상으로는 서로 다른 언어와 전혀 다른 문화를 가진 사람들이 함께 모이는 것도 가능하다."

어느 순간에 신석기시대 사람들은 괴베클리 테페를 매장하기로 결정했다. 종교가 바뀌어 더 이상 이 유적의 의미를 찾지 못했을 수도 있고, 매장 자체가 이들의 신앙에 수반되는 의식이었을 수도 있다. 이곳이 놀라울 정도로 보존이 잘된 이유는 바로 매장 방식에 있다. 수렵·채집인들은 매장된 사원 위에 또 한 겹의 돌기둥을 쌓아 올렸다.

신앙은 오늘날에도 많은 이에게 인생의 의미, 체계, 지침, 내면의 평화를 준다. 퓨 리서치 센터Pew Research Center의 조사에 따르면, 전 세계 인구의 약 84퍼센트가 종교를 가지고 있다. 비록 종교 극단주의의 폭력적 분파 때문에 종교에 대한 부정적 인식이 커지고 때로는 종교 갈등으로 엄청난 고통이 야기되기도 하지만, 종교는 여러모로 인류에게 희망을 준다.

이 책에 소개된 도시 중에도 종교에 영감을 받은 곳이 많다. 일부 학자는 모헨조다로(4,500여 년 전 건설된 인더스문명의 고대 도시―옮긴이)가 뛰어난 위생 수준을 자랑하는 이유로, 고대 인더스문명의 종교가 청결을 중시했다는 점을 꼽는다. 바그다드의 황금기에 과학에 대한 탐구가 왕성하게 일어난 것도 이슬람교에 관한 당시의 지배적 해석 덕분이었다. 르네상스 시대 피렌체에서는 수많은 유명 예술가가 신앙에서 영감을 받았고 가톨릭교회는 예술 프로젝트에 자금을 지원했다. 근대 사회과학이 탄생한 계몽주의 시대의 스코틀랜드에서는 장로교를 주도한 온건파가 에든버러의 혁신적 사상가들을 영입했다. 이후 성공회의 저명한 성직자들은 세계 노예무역을 종식하려는 영국 정부의 선구적 노력에 동참했다. 이 사례들에서 종교는 어떤 식으로든 긍정적 혁신을 촉진했다.

그렇다고 종교가 초래할 수 있는 폐해를 간과하고 넘어가려는 것은 아니다. 예를 들어 이슬람교에 관한 얄팍한 해석 때문에 배움의 중심지라는 바그다드의 지위가 끝내 무너졌는가 하면, 지롤라모 사보나롤라가 이끈 기독교 극단주의 운동 때문에 피렌체의 예술 작품이 파괴되기

괴베클리 테페

도 했다.

  오늘날 자유주의 사상가들이 주요 종교에 분포해 있는 건 다행스러운 일이다. 가령 이슬람교의 자유주의적 성격을 탐구한 무스타파 아키올^{Mustafa Akyol}, 가톨릭교의 자유주의에 관해 쓴 스테파니 슬레이드^{Stephanie Slade}, 유대교의 자유주의를 주장한 러스 로버츠^{Russ Roberts}, 그리고 불교의 자유주의를 설파한 아론 로스 파월^{Aaron Ross Powell}을 보라. 종교와 자유 연구를 위한 액튼 연구소^{Acton Institute for the Study of Religion and Liberty}의 연구에서도 교회 일치 운동의 자유주의를 찾아볼 수 있다. 이들의 작업은 놀라운 것을 발견하고 창조하는 데 필요한 자유를 위해 신앙이 어떤 역할을 하는지 보여준다.

  괴베클리 테페가 건설된 이유를 끝내 밝혀내지 못할 수도 있지만, 이 유적지의 거석 구조와 복잡한 조각은 강력한 종교적 헌신을 상징한다. 농경 사회 이전에 정교함이나 예술성의 측면에서 이 같은 성과를 올린 것은 놀라운 일이다. 선사시대 사람들이 이 유적지에서 지금은 잊힌 여러 신을 함께 숭배했듯이, 인류는 우주에서 자신의 위치를 이해하고 경외심을 표현하고자 다양한 방식으로 노력해왔다.

버즈 빔

양식업

다음으로 살펴볼 지역은 호주 남동부에 있는 버즈 빔Budj Bim이다. '높은 머리'를 뜻하는 버즈 빔은 휴화산이자 마른 용암 지형으로, 인공 수로와 둑, 벽과 댐 등 인류 역사상 가장 오래된 양식업의 흔적을 보여준다.

양식업은 수생 유기체를 인위적으로 키우는 산업을 말한다. 여기에는 물고기, 장어 등 동물을 키우고 가공하는 일도 포함된다. 양식업은 먹거리를 확보할 새로운 돌파구였다. 동물은 움직이지 않는 식물보다 관리하기가 어렵지만 단백질 공급원으로는 더없이 유용하다. 다른 지역에서 나타난 농업과 마찬가지로 양식업은 초기 인류 사회를 형성하는 데 결정적 역할을 했다. 양식업 덕분에 인류는 영구적으로 한 지역에 정착할 수 있었고, 새로운 생활 리듬을 만들어냈다. 버즈 빔의 거대 양식 단지는 인류가 역사 속에서 굶주림과 싸우기 위해 어떻게 물리적 환경을 혁신해왔는지 잘 보여준다.

인간뿐 아니라 몇몇 다른 동물도 물에서 식량을 얻고 재배한다. 가령 자리돔은 야생 해조류 정원에서 잡초를 제거하고 훨씬 거대한 다른 생물로부터 '작물'을 보호한다. 하지만 진정한 의미에서 양식업을 실현한 생명체는 오직 인간뿐이다.

버즈 빔 유적지의 기원은 이집트의 피라미드나 영국의 스톤헨지보다 훨씬 오래전으로 거슬러 올라간다. 이곳에 남아 있는 석조 건축물의 일부는 기원전 4500년경 전에 건설되었다. 시기적으로 북반구의 여러 문명 지역에서 나타나는 수력공학 시설들에 앞서는 것이다. 방사성탄소 연대측정법에 따르면, 인류는 기원전 6000년경부터 양식업을 위한 인공 연못을 만들었다. 이 광범위한 유적지의 기초 공사 중 일부는 기원전 7세기에 시작되었을 가능성도 있다.

면적이 100제곱킬로미터가 넘을 만큼 거대하고 외진 이 개조 습지에는 물과 화산암, 야생 동식물이 고요하고 평화롭게 어우러져 있다. 샘물이 흐르는 여러 개울에는 흑조가 유유히 떠다니고 기둥이 뒤틀린 채 엄청난 높이로 솟아 있는 유칼립투스나무와 각진 흑단나무 위에서 코알라가 아래를 내려다본다. 양식업이 활발했던 시기에 물로 가득했던 지역들은 이제 메말라버렸다. 하지만 버즈 빔 지역 도처에서 발견되는 선사시대의 장어 덫, 인공 수로, 집터의 돌 잔해는 고대에 이곳이 얼마나 중요한 도시였는지를 시사한다. 최근에는 산불이 잇따라 발생하면서 본래 초목으로 뒤덮여 자취를 감추었던 지대가 모습을 드러냈다.

이곳 원주민은 오스트레일리아의 씨족 집단 군디츠마라^{Gunditjmara}로 알려져 있다. 2019년 유네스코는 버즈 빔 문화 경관을 세계 문화유산

버즈 빔 문화경관 · 호주 남동부 지역 버즈 빔 지역은 수풀이 우거진 습지 지역으로 유네스코 세계문화유산에 등재되어 있다.

으로 지정하면서 "양식업은 [적어도] 6000년 이상 군디츠마라 사회의 경제적·사회적 기반이었다"라고 근거를 들었다. 물론 오랜 역사를 거치는 동안 다른 씨족 집단까지 가세해 버즈 빔 석조 단지를 조성하고 유지하는 데 기여했다.

  이 지역은 3만여 년 전에 시작된 일련의 화산 폭발로 생겨난 것으로 추정된다. 당시 분출된 용암이 현무암으로 굳어져 향후 양식장을 짓는 데 사용될 원자재가 된 것이다. 에클스산$^{Mount\ Eccles}$으로도 알려진 버즈 빔 화산은 적어도 10회 이상 폭발했는데, 그중 가장 최근의 폭발은 약 7000년 전인 기원전 5000년경에 일어났다. 화산재 가장 아래에서 발견된 석기는 화산이 폭발하기 전부터 인류가 이곳에 거주했음을 보

| **화산 폭발로 생긴 언덕** • 당시 사람들은 화산 폭발로 생겨난 천연자원을 활용해 식량을 얻었다.

여준다. 군디츠마라 부족의 창조 신화에도 화산 폭발 이야기가 등장한다. 지질학자 에린 마찬Erin Matchan, 데이비드 필립스David Phillips, 프레드 주르단Fred Jourdan과 코리엔 우스팅Korien Oostingh은 이 창조 신화가 "현존하는 가장 오래된 구전 전통"이라고 보았다. 군디츠마라 부족은 자신들의 구전 전통을 자랑스럽게 여긴다. 그들의 신화에 따르면, 오늘날 휴화산인 버즈 빔은 창조주 혹은 군디츠마라 사회를 존재하게 한 조상이다. 군디츠마라 사람들은 용암이 굳으면서 돌로 가득해진 구역을 퉁가트 머링tungatt mirring(돌의 나라)이라고 부른다.

화산에서 흘러나와 굳은 용암이 이로운 천연자원을 제공한 것은 엄연한 사실이다. 하지만 용암으로 형성된 지형과 수로가 단순한 자갈밭에서 안정적이고 풍부한 식량 공급원으로 탈바꿈한 것은 결국 인간의

버즈 빔

지혜 덕분이었다. 양식으로 확보한 장어는 군디츠마라 부족의 주식主食이었을 뿐 아니라 다른 씨족 집단과의 물물교환에도 쓰였다. 양식업이 이 부족의 경제와 문화를 이끄는 기본 동력이었던 셈이다.

양식 생활은 종교와도 밀접하게 연관되어 군디츠마라 부족은 장어를 신성한 동물로 여겼다. 이들은 갈락시아스과에 속하는 물고기를 양식하며 민물조개를 비롯한 다른 수산물을 먹었다. 오리나 호주큰들기러기, 호주 큰도마뱀과 캥거루 등 사냥으로 획득한 육지 동물도 종종 부식으로 즐겼다. 사냥터를 관리하기 위해 의도적으로 불을 놓아 마른 덤불을 태우기도 했다. 이로써 위험을 차단하고 사냥에 적합한 공간을 만든 것이다. 또한 얌 데이지라고도 불리는 머농 등 다양한 채소를 재배해서 먹었다.

농업과 마찬가지로 양식업 기반 사회를 지속하기 위해서는 계절의 변화에 따라 주어지는 일들을 처리해야 했다. 장어 중에는 연중 내내 볼 수 있는 종도 있지만 일부는 특정 시기에 개체 수가 수백만 마리에 이를 만큼 많아진다. 토종 장어인 호주산 뱀장어 Anguilla australis는 길이가 1미터, 무게는 3킬로그램이 넘게 자라기도 한다. 평균 길이 10센티미터에 얼룩무늬가 있고 늘씬하게 생긴 현지 갈락시아스과 물고기도 제철에만 수만 마리씩 잡힌다. 장어는 봄이면 바다에서 강으로 흘러가 습지대의 먹이터로 이동한다. 이어지는 우기에는 습지대를 가득 채우고, 가을이면 다시 바다로 돌아가 알을 낳는다.

원주민들은 이 같은 물고기의 이동 경로를 예측해 먹거리를 안정적으로 얻을 수 있다는 사실을 깨달았다. 워싱턴대학교 고고학자 벤 마웍 Ben Marwick에 따르면 "이를 통해 원주민들이 수준 높은 기술력을 지녔을

뿐 아니라 물리학과 자연환경에 대한 이해도 뛰어났음을 알 수 있다". 군디츠마라인은 수위 변화와 장어의 이동 경로를 관찰한 내용을 바탕으로 인공 수로와 둑을 건설해 물의 흐름을 바꿈으로써 장어와 물고기를 가두어 포획하고 계절성 홍수를 방지했다. 그뿐만 아니라 장어나 물고기를 지나치게 많이 잡아서 개체 수가 고갈되는 일이 없도록 조심했다.

이 지역에서 양식업이 활발하던 시대로 시간을 거슬러 올라갈 수 있다면 오래되어 떨어져 나간 부분의 현무암을 교체하거나 새로운 구역을 추가하는 등 석조 작업에 한창인 노동자들의 모습을 마주하게 될 것이다. 마윅은 고대 기술자들이 "양식장을 지속적으로 손봤다"라고 주장한다. 이 돌로 300미터도 넘을 만큼 길고 복잡한 인공 수로를 만들어 장어와 물고기를 특정 장소로 몰아넣었다. 수생생물 중 일부를 직접 짠 그물로 유인해 바로 수확했고, 나머지는 연못이나 우리에 가두었다가 나중에 잡았다. 이때 사용된 양식장을 모두 합치면 적어도 70군데에 이른다. 이 인공 연못에 갇힌 장어들은 곤충, 물달팽이, 개구리, 작은 물고기 등을 먹고 포동포동 살이 올라 결국 인간의 먹거리가 되었다. 격자 구조로 된 나무 뼈대에 화산암을 쌓아 만든 둑에는 해산물이 걸려들 수 있도록 직조 바구니를 설치했다.

이처럼 정교한 덫 체계에서 벗어나 600여 명(정착민 수는 계속 수정되어 더 늘어날 확률이 높다)이 거주하는 인근 정착촌을 방문하면 아궁이가 있는 돌 오두막을 흔하게 볼 수 있다. 이곳에서 여성들이 다 자란 장어를 잡는 데 쓸 바구니를 손으로 엮으면 남성들이 그 바구니로 장어를 대거 잡아 끌고 왔다. 그 후 장어를 씻고 내장을 제거해 먹을 준비를 한다. 흑단나무의 잎을 태워 연기가 피어오르면 기름기 많은 장어 고기를 훈연해 먹는다. 연구가들은 속이 비고 불에 탄 나무 밑에서 장어의 지방질을 발견했다. 이 장소를 훈연실로 사용해 다른 부족과 교역할 장어를 준비했음을 알 수 있는 대목이다.

일반적으로 훈연은 인류가 고기를 보존하기 위해 사용한 최초의 방법이라고 알려져 있다. 훈연한 고기는 오랫동안 상하지 않게 보관할 수 있을 뿐 아니라 운반도 용이해 교역 상품으로 활용할 수 있다. 고기를 훈연해 말리면 습한 곳에 서식하는 박테리아를 방지할 수 있었고, 연기에서 나오는 화학 성분 덕분에 항균 효과까지 얻을 수 있었다. 또한 날것의 장어 피에는 근육 경련을 유발하고 심장마비를 일으킬 수 있는 치명적 독소가 들어 있는데, 훈연으로 이 독성을 제거할 수 있었다. 군디츠마라인은 장어를 다양하게 활용했다. 장어의 뼈와 껍질로 풍미 있는 요리용 육수를 만들었고, 고기는 켈프나 솔트부쉬 같은 현지 식물을 곁들여 먹었다.

양식업은 수천 년 동안 인류에게 먹거리를 안정적으로 공급해주었다. 19세기에 이곳에 와서 양식 시스템을 직접 목격한 영국인은 정교한 석조 건축물에 관한 최초의 기록을 남겼다. 1841년에 영국의 식민지 관리이자 전도사였던 조지 아우구스투스 로빈슨George Augustus Robinson이 탐사 탐험을 위해 이곳에 왔다가 이 양식 시스템을 보고는 "마치 문명인이 만든 것 같다"라고 묘사했다. 하지만 "내 조사에 따르면, 이는 (오스트레일리아) 원주민이 만든 것으로, 장어를 포획하기 위해 지어졌다"라고 결론지어 당대의 선입견을 여실히 드러냈다.

"물고기 한 마리 빠져나가는 것조차 불가능하다." 로빈슨이 덧붙였다. "세 개의 물길이 서로 다른 지류로 갈라져 복잡한 형태의 연못으로 연결된다."

　오늘날에는 군디츠마라인이 버즈 빔 양식장의 잔해가 방대하게 남아 있는 버즈 빔 국립공원을 오스트레일리아 정부와 함께 관리하고 있다. 이 양식 단지를 관리했던 고대 기술자와 어부의 후손 중 일부는 지금도 전통적 방법으로 장어를 포획하고 요리해서 먹는다. 오스트레일리아의 다양한 지역에서는 장어 축제를 개최해 고대와 현대의 다양한 장어 요리를 즐긴다.

　어떤 사회든 그 사회가 제대로 돌아가려면 먹거리가 안정적으로 공급되어야 한다. 버즈 빔은 인류가 아주 오래전부터 굶주림을 피하기 위해 환경을 인위적으로 관리해왔음을 보여준다. 군디츠마라인은 수천 년 전부터 불을 피웠고, 석조 기반 시설과 인공 연못을 설치해 인근 생태계를 변화시키고 풍요롭게 만들었다. 물을 정교하게 다루어 해산물을 체계적으로 포획하고 저장하고 수확한 시스템은 세계에서 가장 오래된 양식 체계로 손꼽힌다.

우루크
문자

다음으로 살펴볼 도시는 세계 최초의 대도시이자 기원전 3300년경 문자의 발상지로 떠오른 우루크^{Uruk}다. 우루크인은 역사상 최초로 문자 체계를 만듦으로써 인류의 정보 교환 능력에 혁명을 일으켰다.

문자가 발명되기 전, 사람들은 주로 직접 만나 이야기를 나누는 방식으로 소통했다. 하지만 인간의 기억력에는 한계가 있어서, 멀리 떨어져 있거나 시간이 많이 지난 뒤에는 소통이 제대로 이루어지지 못했다. 먼 도시로 사람을 보내 메시지를 전달하는 방법도 있었지만, 그 사람이 안전하게 도착하지 못하거나 메시지를 정확히 기억하지 못할 위험도 있었다. 오랫동안 지식과 역사가 사람들의 입을 통해 다음 세대로 전해졌지만, 시간이 갈수록 세부 내용이 달라지곤 했다.

오늘날 이라크 남부 사막 지역에 있는 우루크는 사람이 살지 않는 고

고대 도시의 발굴 현장 전경 · 현재 이라크 지역에 있는 우루크 유적지에서 고대 메소포타미아 도시의 흔적을 발견할 수 있다.

고학 유적지다. 유네스코는 이 지역을 "메소포타미아 문명을 간직한 도시의 풍경"이라고 평가하며 세계 문화유산으로 지정했다. 이곳에서는 지금도 고대 성벽과 성문의 잔해를 볼 수 있고, 밑동만 남은 기반 시설을 통해 거리 형태와 주택 구조를 파악할 수 있으며, 사원 기단의 금이 간 계단을 확인할 수 있다.

오늘날의 우루크는 유령 도시처럼 고요하기만 하다. 하지만 기원전 4000년대 후반에 우루크를 방문했다면 사람들로 북적이는 예술과 상업의 중심지를 만끽할 수 있었을 것이다. 당시 1만여 명이었던 인구는 기원전 3000년경이 되면서 3만 명 내지 5만 명으로 늘었다.

1만여 명은 오늘날 버몬트주의 작은 마을 브레틀보로 정도의 인구 규모다. 하지만 우루크는 이 정도 규모의 인구를 달성한 고대 도시로

우루크

다섯 손가락 안에 들며, 세계 최초의 대도시로 손꼽히기도 한다. 기원전 3200년경의 우루크는 메소포타미아 지역, 나아가 전 세계를 통틀어서 최대 규모를 자랑하는 도시였다.

인구가 증가하면서 사회는 더욱 복잡해졌고, 수메르문명(기원전 4500년경부터 기원전 1500년경까지 메소포타미아 남부에서 번성했던 세계 최초의 진정한 문명)은 창의성 면에서 전성기를 맞이했다. 지금껏 전해지는 석판에 따르면 우루크에는 100개가 넘는 직업이 있었다. 대사, 사제, 석공, 정원사, 직공, 대장장이, 요리사, 보석상, 도공 등이 여기에 포함된다.

청동기 시대 우루크의 거리를 걷다 보면 물건을 파는 상인, 야자수가 있는 아름다운 정원, 어떤 건축물과 비교해도 단연 높이 솟은 사원을 볼 수 있을 것이다. 사원은 종교적으로도 중요한 장소였지만, 다른 목적으로도 쓰였다. 사원 안에서 곡물로 가득 찬 항아리가 여럿 발견되었는데, 이 사실을 통해 이 인상적인 건축물이 남은 식량을 보관하는 창고로도 쓰였음을 알 수 있다.

우루크 인근의 황량한 사막에는 천연자원이 거의 없었다. 그래서 사람들은 다른 공동체와 강력한 교역 네트워크를 구축할 수밖에 없었다. 토로스산맥, 자그로스산맥과 안티레바논산맥에서 목재를 들여왔고 멀리 떨어진 오늘날의 아프가니스탄 지역에서 청금석을 수입했다. 그 귀금속 수입품의 일부를 사원에 보관하기도 했다.

사원 진입로에 들어서면 역사를 바꾼 획기적 존재를 만나게 될지도 모른다. 바로 곡물 자루가 사원 안으로 들어올 때마다 점토판에 수를 표시했던 회계 담당자 혹은 기록 관리인이다. 그들은 여타 도시의 기록 관리인들이 수천 년간 그래온 것처럼 곡식 줄기를 작게 그리고 그 옆에

텔리 마크(#)를 기록했다.

하지만 이 곡식 줄기 그림은 그림이라고 하기에는 어딘가 엉성해 보인다. 기록 관리인들이 물품 재고를 좀 더 빨리 파악하기 위해 그림을 계속 단순하게 바꾸었기 때문이다. 마침내 사원 기록에서 곡식을 나타내는 데 사용된 이미지는 더 이상 곡식 줄기와 조금도 닮지 않게 되었다. 즉, 곡식을 의미했던 상형문자가 진화하면서 그림과 무관한 상징 체계가 된 것이다.

사원 창고에 저장된 물품을 추상적으로 표시하게 되면서 우루크의 회계 담당자들은 점토판에 일일이 그림을 그리는 수고를 피할 수 있었다.

우루크인은 곡물과 물고기, 양 같은 개념뿐 아니라 사람들이 이 같은 개념을 표현할 때 발음하는 소리까지 기호로 나타내기 시작했다. 다양한 소리를 표현하는 기호를 만들자, 이름이나 다른 단어의 발음을 표기하는 것도 가능해졌다. 이 같은 혁신으로 수메르인은 재고 목록 외에도 많은 것을 기록할 수 있게 되었고, 갈수록 복잡한 문서도 만들게 되었다. 그 결과, 대서사시부터 지혜 문학, 족보, 왕의 목록까지 다양한 기록물이 세상의 빛을 보게 되었다.

고대 수메르인의 기록에 따르면, 우루크는 신화에 등장하는 왕인 엔메르카르가 건설한 도시다. 이 영웅은 수메르의 태양신 우투와 소(수메르인은 우유를 생산하는 소를 모성의 상징으로 여겨 숭배했다)의 아들로 여겨졌으며 수백 년간 우루크를 통치했다고 전해진다. 만약 이 신화적 인물이 실제 통치자를 모델로 했다면, 그 인물은 기원전 4세기 말 무렵 혹은 기원전 3세기 초반에 살았을 것으로 추정된다.

「엔메르카르와 아라타의 군주 *Enmerkar and the Lord of Aratta*」라는 서사시에 등

우루크의 상거래 기록 • 바빌로니아 상인이 이집트와 레바논에서 거래한 상품을 기록한 문서로 우루크 지역에서 발견되었다.

장하는 수메르의 전설에 따르면, 문자 발명의 공로는 엔메르카르에게 돌아간다. 그가 라이벌 도시국가 아라타의 통치자와 치열하게 협상하던 중에 문자를 발명했다는 내용이 등장하기 때문이다. 우루크와 아라타를 오가며 메시지를 전달해야 했던 전령은 그마저도 그대로 전달하기 힘겨웠겠지만, 엔메르카르는 전달할 수 있는 메시지의 길이에 한계가 있다는 사실이 몹시 못마땅했다. 결국 엔메르카르는 점토를 집어들어 순식간에 문자를 완성하고는 전령이 아라타의 군주에게 전달해야 할 메시지를 거침없이 써 내려갔다. 이에 관해 서사시에서는 다음과 같이 적고 있다.

「엔메르카르와 아라타의 군주」· 서사시가 일부 기록되어 있는 설형문자 점토판의 파편으로, 고대 바빌로니아에서 제작된 것으로 추정된다.

[엔메르카르 국왕이] 읊는 이야기는 워낙 긴 데다 내용도 방대하다. 입이 피곤했던 전령은 그 이야기를 그대로 전달할 수 없었다. 전령이 그 이야기를 그대로 전달하지 못하자, [우루크]의 군주는 점토를 빚더니 마치 평판에 쓰는 것처럼 자신의 이야기를 적었다. 이전까지만 해도 점토에 메시지를 쓴다는 건 있을 수 없는 이야기였다. 그런데 그날 그 태양 아래에서 그 일이 실제로 벌어졌다.

이 놀라운 전설에 비춰봤을 때, 수메르인은 문자에 상당한 가치를 부여했고 국왕(표면적으로는 인간화한 신)만이 그렇게 중요한 것을 창조할 수 있다고 여겼음을 알 수 있다.

하지만 실제로 문자를 창조한 것은 국왕이 아닌 도시의 회계 담당자

우루크

들이었다. 심지어 문자는 천재적 창의성이 폭발해 순식간에 생겨난 것이 아니라 수 세대에 걸쳐 점진적으로 만들어진 것이었다. 문자가 발명된 목적 또한 국제 외교에서 우위를 점하기 위함이 아니었다. 문자는 앞서 소개한 것처럼 장부 기록이라는 훨씬 평범한 목적을 위해 만들어졌다. 오늘날 남아 있는 최초의 기록도 재고 목록, 구매 목록, 임금 기록, 사원 노동자들에게 할당한 배급 목록, 구매 영수증 등이 대부분이다.

우루크인은 무언가를 기록할 때 점토와 갈대를 이용했는데, 워낙 흔해서 쉽게 구할 수 있었기 때문이다. 우루크가 위치한 곳은 메소포타미아의 습지대였는데, 인근이 온통 메마른 사막임을 고려하면 이례적이었다. 지금은 말라버린 유프라테스강의 물길이 우루크 근처로 흘러들어 습지대를 이룬 것이다. 과거에는 이 습지대의 면적이 지금보다 훨씬 컸을 것이다.

유프라테스강 주변 습지에서 갈대를 잘라 사용하던 우루크인은 잘린 갈대 단면을 촉촉한 점토에 대고 누르면 선명한 쐐기 자국이 생긴다는 사실을 발견했다. 점토가 말라 굳은 후에도 그 형태는 보존되었다.

회계 담당자들은 상형문자를 더욱 추상적인 기호로 단순화했다. 그 기호가 쐐기 모양 기호의 배열 형태로 나타났고, 이것이 최초의 '문자'가 되었다. 최초의 문자를 라틴어로 '쐐기 모양'이라는 뜻을 가진 '설형문자'라고 부르는 것도 바로 이 때문이다.

본래 회계 담당자들은 점토판의 맨 위부터 아래까지 빽빽하게 적어 내려가는 방식으로 재고 목록을 작성했다. 오랜 세월에 걸쳐 이런 방식을 사용하다가 왼쪽에서 오른쪽으로 써나가는 새로운 시스템을 개발했다. 이 같은 혁신 덕분에 점토가 마르기 전에 적은 내용이 번질 위험이 크게 줄었다.

하지만 우루크의 사제를 비롯해 글을 아는 이들은 왼쪽에서 오른쪽이 아닌, 위에서 아래로 글을 읽는 데 워낙 익숙해서 새로운 기록 방식을 좋아하지 않았다. 이에 서기들은 왼쪽에서 오른쪽으로 기록은 하되, 위에서 아래로 읽을 수 있는 기발한 방법을 고안해냈다. 본래 문자를 90도 회전한 형태로 적는 방식이었다. 이렇게 기호를 옆으로 적으면 평판을 예전처럼 위에서 아래로 읽더라도 전혀 불편함이 없었다.

하지만 시간이 지남에 따라 사람들은 점차 문서가 작성된 방식을 따라 왼쪽에서 오른쪽으로 글을 읽기 시작했다. 하지만 그렇지 않아도 추상적인 기호를 회전시키자 더 추상적으로 보여서 상형문자가 설형문자로 전환하는 과정을 더욱 채찍질했다. 아래는 '머리'라는 설형문자의 진화 과정을 보여주는 사례다. 기원전 3000년경에는 매우 단순했던 그림이(1) 약 1,000년이 지나 고도로 추상적인 설형문자로 발전했음(5)을 알 수 있다.

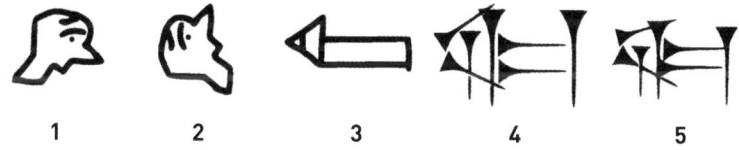

오늘날 우루크는 『길가메시 서사시』에 묘사된 고대 영웅 길가메시의 도시로 가장 잘 알려져 있다. 이 서사시는 기원전 2100년경에 처음 등장했지만, 가장 온전한 형태로 전해지는 판본은 이보다 훨씬 늦은 기원전 12세기에 제작되었다.

학자들은 길가메시라는 실존 인물이 기원전 2800년경부터 기원전 2500년경까지 우루크를 통치했으며, 사망한 이후 신이자 영웅으로 불리게 되었다고 믿는다. 우리가 수메르 문학은 물론, 윌리엄 셰익스피어의 희곡부터 아이작 아시모프 Isaac Asimov의 공상 과학 소설까지 모든 문학 작품을 즐길 수 있는 것은 문자가 발명된 덕분이다.

청동기시대의 우루크는 세계 최초의 대도시이자 문자의 발상지라는 점에서 뛰어난 도시로 인정받는다. 문자는 창의적 자기표현의 새로운 수단으로서, 인류에게 세대와 지역을 넘어 정보를 교환할 수 있는 능력을 부여했다.

모헨조다로

위생

다음으로 살펴볼 도시는 오늘날 파키스탄의 도시이자 위생의 새로운 기준을 개척한 모헨조다로Mohenjo-Daro다. 이곳에 사람이 거주하기 시작한 것은 기원전 3500년경이지만 도시가 건설된 시기는 기원전 2500년경이다. 면적이 2,400제곱미터가 넘어 고대 인더스문명에서는 최대의 도심으로 손꼽히며, 세계적으로도 손꼽히는 고대 대도시였다.

인더스문명 지대의 사람들은 사상 최초로 상수도와 위생 장치를 개발하고 배관과 복잡한 하수도 시스템까지 발명했다. 그들은 모헨조다로 지하에 설치된 터널을 통해 폐수를 도시 인근으로 내보냈다. 도시의 대부분 주택에는 실내 욕조와 배수관을 갖춘 화장실이 있었고, 도심에는 의식을 위한 대형 공중목욕탕까지 마련되어 있었다. 그만큼 이 도시 사람들은 청결에 관심이 많았다. 『내셔널 지오그래픽』에서 작가 트레

모헨조다로 유적지의 모습 · 모헨조다로는 대부분의 건물이 붉은 진흙 벽돌로 지어진 석조 도시였다.

이시 왓슨Traci Watson은 인더스문명이 "고대 세계 최고의 배관 시스템"을 누렸으며, 이 시스템이 어떤 면에서는 향후 로마 문명에서 발견되는 배관 시스템을 넘어서는 수준이었다고 주장했다.

수렵·채집 생활을 그만두고 영구 정착 생활을 시작한 이래 인류는 위생 문제와 폐기물 처리 문제로 골머리를 앓았다. 도시가 생겨난 뒤로는 질병에 더욱 취약해졌는데, 인구가 밀집될수록 질병은 더 쉽게 전파되기 때문이다. 특히, 위생 관리가 제대로 이루어지지 않는 지역에서 이런 문제가 더 심하게 나타났다. 콜레라, 이질, A형 간염, 장티푸스와 각종 위장병 등 수인성 질병이 사망으로 이어지는 경우도 흔했다.

오늘날 사람들이 이전에 비해 전염병 걱정 없이 서로 가까이 살 수 있게 된 것은 위생 수준이 발달한 덕분이다. 특히, 상수원이 오염되지 않도록 폐수를 안전하게 처리할 수 있게 된 것은 진정 획기적인 혁신이었다. 이 때문에 배관공이야말로 문명의 숨겨진 영웅이라는 주장까지 제기되기도 했다.

신드어로 '죽은 자의 무덤'이라는 뜻을 가진 모헨조다로는 파키스탄의 신드주에 위치한 놀라운 고고학 유적지다. 인더스강 우측 강둑에 있으며 유네스코 세계 문화유산으로 지정되었다. 아직 지극히 일부만 발굴된 상태로 대부분의 유적은 여전히 땅속에 묻혀 있지만, 인더스문명 도시 중에는 가장 인상적인 유적지다. 이곳의 건축물들은 붉은 모래로 빚은 벽돌과 점토, 돌로 제작되어 전체적으로 붉은 색조를 띤다.

인더스문명은 현재 인도와 파키스탄 북서부에 위치한 인더스강과 사라스바티강의 범람원에서 약 5,000년 전에 발생했다(사라스바티강은 일종의 역사적 수수께끼로, 이 강이 실존했는지는 확실하지 않다). 이 두 강은 일년에 두 번씩 정기적으로 범람해 땅을 더욱 비옥하게 만들었고, 덕분에 이 유역 사람들은 면화부터 대추야자까지 여러 농작물을 재배해 가파르게 증가하던 인구를 먹여 살렸다.

이들이 이처럼 놀라운 풍요를 누린 것은 분쟁을 피하고 광대한 교역 네트워크를 확립한 덕분이었다. 이들은 기원전 3000년경부터 3,000킬로미터도 넘을 만큼 멀리 떨어진 메소포타미아인과 물품을 교환하는 등 세계 최초의 장거리 무역 관계를 구축했다. 주요 수출품은 정향 같은 향신료, 산 성분으로 정교하게 세공한 카넬리아 비즈 등의 사치품, 물소 같은 가축이었다. 반면 메소포타미아인으로부터는 직물과 다양한 예술적 모티브, 『길가메시 서사시』로 알려진 흥미로운 전설을 수입했다. 인더스인은 독자적인 문자 체계도 가지고 있었는데, 오늘날의 학자들도 이 문자를 아직 해독하지 못하고 있다.

만약 전성기의 모헨조다로를 방문한다면 격자 모양의 거리를 따라 다양한 층수의 주택들이 촘촘히 들어선 모습을 볼 수 있을 것이다. 특히, 평면 지붕은 똑같은 크기의 벽돌로 만들어져 더욱 질서정연한 인상을 준다. 이 주택 중에는 방이 12개나 되는 저택도 있다. 도시 곳곳에서 보이는 공용 우물에서 사람들이 화려하게 장식된 단지로 물을 긷기도 하고, 예술을 주제로 이야기꽃을 피우기도 했다. 고고학적 증거에 따르면, 모헨조다로 주민들은 금속 조각부터 무용까지 다양한 예술을 즐겼다. 어린이들도 여러 게임을 즐겼다. 많은 역사가는 인더스인이 주사위 게임을 처음 만들었다고 주장한다.

모헨조다로의 인구는 최대 4만 명으로 추정되는데, 이는 오늘날 메릴랜드주 아나폴리스 인구와 비슷한 규모다. 당시 남자들은 현대의 도티(인도 남성들이 허리에 치마처럼 두르는 천—옮긴이)와 비슷한 천을 허리에 둘렀고, 여성들은 롱스커트나 가운을 입었다. 부유층은 남녀를 불문하고 상아, 청금석, 홍옥, 금구슬 등의 보석으로 치장했으며, 두건을 두르는 등 세련된 헤어스타일로 멋을 부렸다.

도시를 걷다 보면 한 가지 특이한 점을 발견할 수 있다. 모헨조다로에는 웅

춤추는 소녀 조각상 · 모헨조다로에서 발견된 청동 조각상으로 춤추는 여자의 모습을 하고 있다.

모헨조다로

장한 사원이나 궁전, 기념비, 왕족의 무덤이 없다는 사실이다. 모헨조다로 사회는 교역 상대였던 메소포타미아 지역의 도시와 비교하면 계층 구분이 그리 뚜렷하지 않았다. 모헨조다로에는 국왕이 존재하지 않았을 확률이 높으며, 설사 있었더라도 권위가 약했을 것이다. 왕실의 잔해를 찾아볼 수 없다는 것은 강력한 군주가 없었음을 뜻한다. 이 때문에 아주 오래전 이 도시를 누가, 어떻게 통치했는지는 아직 수수께끼로 남아 있다.

모헨조다로에서 가장 눈에 띄는 시설물은 궁이 아닌, 거대한 공중목욕탕이었다. 모헨조다로 대욕장의 면적은 거의 84제곱미터, 최대 깊이도 2.5미터에 달했다. 고급 벽돌로 지은 데다가 욕탕 바닥도 삼중으로 설치했다. 석고 모르타르에 벽돌을 고정하고 아스팔트 밀봉제를 도포한 뒤 다시 석고 모르타르에 벽돌을 고정하는 식이었다.

당시 도시에서 가장 크고 눈에 띄는 건축물이 목욕탕이었다는 사실은 모헨조다로 사람들이 청결을 상당히 중시했음을 시사한다. 펜실베이니아대학교의 고고학자 그레고리 포셀Gregory Possehl에 따르면 그들의 중심 이데올로기가 청결이었다고 해도 과언이 아니다.

학자들은 당시 목욕탕이 정화 의식을 위한 신성한 장소였을 것이라고 주장한다. 실제로 당시 사람들은 목욕할 때마다 목욕탕에 가지는 않았다. 크기야 다를 수 있지만, 당시로서는 획기적이게도 시내의 모든 집에 화장실이 있었기 때문이다.

이들 화장실은 대개 정사각형 혹은 직사각형의 작은 공간이었다. 벽돌로 포장된 바닥은 벽 쪽으로 경사져 있었고 구석에는 간단한 변기와 배수구뿐 아니라 배수가 되는 샤워 공간도 있었다. 기울어진 바닥 덕분

모헨조다로의 공중목욕탕 · 세계에서 가장 오래된 공중목욕탕으로 일상적인 목욕보다는 정화 의식에 사용되었을 것으로 추정된다.

에 배수가 잘되었을 뿐 아니라, 벽돌이 촘촘히 깔려 물이 샐 일도 없었다. 배수구 주변으로는 섬세하게 문질러 빚은 벽돌이 이음새도 보이지 않을 만큼 잘 맞물려 고정되어 있었다. 이따금 방수 기능을 강화하기 위해 바닥에 도자기 조각들을 펼친 뒤 그 위에 벽돌을 까는 경우도 있었다.

인더스인은 기원전 3000년경부터 실내 배관 시설을 갖춘 최초의 사람들이었다. 화장실이 위층에 있는 집에는 적갈색 파이프가 수직으로 설치되어 폐수를 거리로 흘려보냈다. 이들은 점토를 구워 만든 파이프에 타르를 발라 누수를 방지했다. 파이프는 시내 모든 거리를 따라 설치되었고 지하 터널로 연결되어 배수로 역할을 톡톡히 했다. 배수로가 발명된 덕분에 모헨조다로 거리는 고대 세계로서는 놀라운 위생 수준

모헨조다로

을 보여주었다.

도시 인구가 늘면서 처리해야 할 폐수도 많아지자, 사람들은 원래 있던 벽을 더 높이 쌓아 폐수가 거리로 넘치는 것을 막았다. 실제로 벽이 점점 높아졌다는 고고학적 증거도 존재한다. 모헨조다로 사람들은 배수로와 이에 연결된 지하 하수관으로 폐수를 도시 밖으로 내보내 당시 수원 역할을 했던 우물이 오염되지 않도록 보호했다.

모헨조다로의 화장실은 현대와 마찬가지로 목욕을 포함한 여러 위생 활동을 위해 사용되었다. 지금껏 전해지는 유물에 비춰봤을 때, 인더스인은 도자기 주전자에 물을 받아 사용하고 점토 긁개로 몸을 씻었다. 또한 도자기 강판을 사용해 큐티클을 제거하고 손톱을 다듬었다. 일부 화장실 유적에서는 기름으로 추정되는 잔여물이 발견되었는데, 이 덕분에 모헨조다로 주민들이 피부 관리를 위해 화장실에서 오일을 발랐다는 사실이 알려졌다.

일부 전통은 시대를 초월해 이어진다. 가령 모헨조다로의 어린이도 오늘날의 아이들처럼 목욕 장난감을 갖고 놀았다는 증거가 발견되었다. 단, 이 장난감은 고무 오리나 플라스틱 배가 아닌 도기로 만든 인형이었다. 1920년대와 1930년대에 모헨조다로 발굴을 주도한 영국의 고고학자 어니스트 맥케이Ernest Mackay는 "도기 인형이 하수구에서 얼마나 많이 발견됐는지를 보면 아이들이 욕조에서 장난감을 갖고 노는 관행이 수천 년간 지속되었음을 알 수 있다"라고 말한다.

모헨조다로의 화장실과 하수 시스템은 모든 시민의 건강에 핵심적 역할을 했지만, 누가 뭐래도 가장 큰 수혜자는 어린이들이었다. 현대식 위생 시설을 당연하게 여기는 세상에 태어난 우리는 상상하기 어려울 수 있지만, 인류 역사에서는 위생 수준이 참혹했던 시대가 대부분이었다. 여기에서 비롯된 질병은 특히 많은 어린이를 죽음으로 내몰았다.

모헨조다로의 앞서 나간 배관을 보면 발전이 꾸준히, 점진적으로 일어나지만은 않는다는 사실을 알 수 있다. 수천 년이 지난 시대에도 기원전 3000년에 모헨조다로인이 누렸던 위생 상태보다 훨씬 못한 환경에 있는 사람들이 많기 때문이다.

수많은 도시에서 위생 수준을 개선하고자 애쓰기 시작한 시기는 19세기 이후였다. 노벨 경제학상을 수상한 경제학자 앵거스 디턴Angus Deaton은 이런 발전과 세균 이론의 발견이야말로 인간의 기대 수명이 획기적으로 늘어난 가장 큰 비결이라고 말한다. 이제 역사상 어느 때보다 많은 사람이 쾌적한 환경을 누리고 있지만, 빈곤 지역에는 지금도 비위생적 환경과 그에 따른 질병에 시달리는 이들이 너무나 많다.

약 4,000년 전 인더스강의 물길이 바뀌어 농부들이 더는 관개 작업을 할 수 없게 되면서 사람들은 점차 모헨조다로를 떠나기 시작했다. 오늘날 모헨조다로는 불가사의한 인더스문명의 최대 유적지로 알려져 있다. 현재로서는 인더스 사람들의 문자를 해석할 없어 인더스문명의 많은 요소가 아직 수수께끼로 남아 있다. 모헨조다로의 종교와 정부 체계는 물론, 인더스문명이 결국 사라진 원인도 정확히 알 수 없다.

모헨조다로는 배관 및 폐수 관리 체계를 개발함으로써 세계사를 바꾸었다. 화장실과 하수 시스템이 없었다면 인간은 형편없는 위생 때문에 지금처럼 긴 삶을 누릴 수 없었을 것이다.

모헨조다로

난 마돌

항해

다음으로 살펴볼 도시는 난 마돌Nan Madol로, 이 도시는 역사상 최초의 항해자가 얼마나 멀리 이동할 수 있었는지를 보여준다. 난 마돌이 건설되었던 미크로네시아에 처음 정착한 사람들은 고대 오스트로네시아인으로 4,000년도 이전에 이 지역에 자리를 잡았다. 이들이야말로 인류 최초의 항해용 선박을 발명한 사람들이다.

이들은 선박을 활용해 인도-태평양 인근의 대부분 지역을 탐험하고, 그곳에 정착해 이른바 '오스트로네시아 확장Austronesian expansion'을 달성했다. 이 확장은 기원전 3000년경부터 기원전 1000년경까지 가장 왕성하게 이루어졌지만, 오스트로네시아인은 기원후 1000년이 지나도록 폴리네시아의 일부 섬에는 가보지도 못했고, 뉴질랜드에도 1300년경에야 정착했을 것으로 추정된다.

오스트로네시아인의 대항해시대가 저물어가던 1100년경에 건설된

난 마돌 · 폰페이 남동쪽 해안에 위치한 100여 개의 섬으로 이루어져 있다. 이 섬들에는 1100년경에 지어진 석조 궁전, 사원, 무덤, 거주지 유적이 있다.

석조 도시 난 마돌은(일부 지역은 그보다 앞선 500년까지도 거슬러 올라간다) 사상 최초의 항해자들이 얼마나 독창적이었는지, 얼마나 광범위한 영역을 탐험했는지를 여실히 보여주는 증거물이다.

항해 선박이 등장하기 전까지만 해도 해안선을 넘어 여행하기란 불가능했다. 이 때문에 거주하기에 적합한 조건을 갖추었음에도 사람들의 발길이 닿지 못해 그냥 버려진 땅이 많았다. 일부 문화권에서는 강을 따라 여행할 수 있는 배를 개발하기도 했지만, 바다는 여전히 미지의 영역이었다. 하지만 사람들은 바다 너머에 무엇이 있는지 궁금해서 견딜 수 없었다. 항해용 선박을 개발하면서 고대 오스트로네시아인은 새로운 지역을 탐험할 수 있게 되었고, 말 그대로 인류의 지평이 확장되었다.

항해용 선박은 광대한 바다의 거친 파도에도 끄떡없이 나아갈 수 있도록 강배를 점진적으로 발전시킨 것이다. 당대 사람들은 바다를 바라

난 마돌

보며 오늘날 우리가 우주에 느끼는 것과 같은 막막함을 느꼈다. 하지만 이들은 굴하지 않았다. 물론 초기의 항해 시도들이 실패로 돌아가면서 바다에서 비극을 맞은 이들도 적지 않았다. 하지만 탐험가들은 해안에서 조금씩 더 멀리 나가는 데 성공했다. 항해를 마치고 무사히 돌아올 때마다 이들의 자신감도 점점 커졌다.

실제로 대양을 항해한 최초의 선박은 아우트리거라고 알려진 측면 지지대가 선체 한쪽 혹은 양쪽에 고정된 수상 선박이었다. 아우트리거는 선박이 광대한 대양의 거친 파도 속에서도 전복되지 않고 안정적으로 나아갈 수 있도록 돕는다. 처음에는 통나무나 나뭇가지로 제작되었지만, 시간이 흐르면서 장인들의 섬세한 손길이 더해져 안정성이 높아졌다. 최초의 선원들은 염분에 강한 판다누스 잎으로 짠 돛을 이용해 아우트리거 선박을 조종했다.

이후 쌍동선 혹은 아우트리거 대신 복수의 선체가 나란히 놓인 선박이 개발되었다. 쌍동선 중에는 승객을 80명 넘게 수용하고 몇 개월을 연속으로 항해할 만큼 규모가 큰 선박도 있었다.

현재는 폐허가 된 돌기둥 도시 난 마돌은 뉴욕시보다 조금 작은 폰페이섬의 동쪽 가장자리에 인위적으로 우뚝 솟아 있는 섬이다. 미크로네시아 연방 소속이며 유네스코 세계 문화유산으로 지정되었다. 난 마돌이란 '공간'을 뜻하는 단어로, 작은 섬들 사이를 가로지르는 운하에 착안해 명명되었다. 지금까지 남아 있는 돌기둥 유적들은 식물에 뒤덮여 으스스한 분위기를 자아낸다. 공포 소설로 유명한 작가 H. P. 러브크래프트_{H. P. Lovecraft}는 이렇게 폐허만 남은 난 마돌에서 영감을 받아 괴물 크툴루가 사는 도시를 소설에 등장시켰다.

오스트로네시아인이 어디에서 왔는지는 의견이 분분하다. 타이완부터 동남아시아의 여러 섬에 이르기까지 다양한 이론이 있지만, 학자들도 아직 명확한 결론을 내리지 못했다. 어디에서 왔든 이들은 직접 개발한 아우트리거 선박과 쌍동선 덕분에 태평양 전역으로 나아가서 새로운 땅을 탐험하고 정착했다. 그 결과, 지구의 절반에 이르는 지역에 분포하게 되었고, 16세기 유럽의 대항해시대 이전까지는 지구에서 가장 널리 퍼져 있는 민족 집단이 되었다. 실제로 이들 정착지의 잔해는 오늘날 오세아니아의 뉴질랜드부터 남미 인근 태평양 남동부에 있는 이스터섬, 아프리카의 마다가스카르까지 한참이나 떨어진 여러 지역에서 찾아볼 수 있다.

이렇게 광범위한 지역에 분산되어 살았지만, 오스트로네시아인 사이에는 공통으로 발견되는 특징도 많았다. 방언은 다양했지만 하나의 언어를 구사했고, 문신이나 옥 조각, 거석 건축, 고상 가옥과 다양한 예술 모티브 등 동일한 기술과 전통을 계승했다.

이들은 농사 기술을 서로 공유했고, 닭, 돼지, 개 등 비슷한 가축을 길렀다. 재배하는 품종도 바나나, 코코넛, 빵나무 열매, 참마, 토란 등으로 크게 다르지 않았다. 바다를 건너 이주할 때 선박에 이 씨앗들과 동물을 실어 날랐기 때문이다. 1000년에서 1100년경, 동쪽으로 가장 먼 거리를 항해해 그곳에 정착한 뒤로는 태평양과 동남아시아의 여러 섬에 남아메리카의 감자를 전파하기도 했다.

오스트로네시아 확장 시기에 이들은 서태평양 지역에 있는 미크로네시아의 섬에 이르렀다. 이들은 이곳에 발을 들인 최초의 인류였다. 워낙 외진 곳이라 선박이 발명되기 전에는 인류가 접근조차 할 수 없었기

난 마돌

때문이다. 폰페이 등 미크로네시아 동부 섬들에 정착한 선원들은 오늘날 바누아투와 피지에서 기원전 1000년경 이전에 항해를 시작했다. 고고학과 언어학 증거에 비추어봤을 때 이들은 열도를 따라 순차적으로 올라갔을 것이다.

확장이 절정에 달한 무렵, 오스트로네시아인은(기원전 2000년경 제작된 것으로 추정되는, 인도네시아 술라웨시섬의 로어 린두 국립공원 유물들처럼) 거석을 이용한 다양한 작품을 선보였지만, 정작 자신들의 집을 지을 때는 부식되기 쉬운 재료를 사용했다. 이 때문에 그 시대의 도시 중에는 유적이 잘 보존된 곳을 찾아볼 수 없다.

기원후 1100년경, 선원들은 도시를 지을 때 더욱 오래 보존되는 돌을 이용해야 한다는 사실을 깨달았다. 본래 미크로네시아의 경제와 종교 문화는 각 부족을 중심으로 형성되어 부족마다 다르게 나타났다. 그런데 어느 순간 폰페이와 그곳의 수장을 중심으로 문화가 통합되기 시작했다. 사우델레우르 왕조를 설립하고 절대 통치 체제를 확립한 그는 특유의 품격을 지닌 돌을 활용해 왕실과 사원을 짓기로 했다. 그 덕분에 수 세기가 지난 지금까지도 난 마돌 유적이 잘 보존되어 오스트로네시아인의 삶을 들여다볼 수 있게 해주었다. 난 마돌은 태평양 지역 최초로 한 명의 수장을 중심으로 뭉친 수도였다.

난 마돌 성벽은 현무암을 맞물린 통나무 모양으로 조각해 지었는데, 이는 나무를 사용했던 건축 기술의 잔재로 보인다. 성벽은 길이 1,500미터에 폭은 600미터나 되는 영역을 둘러싸고 있다. 이를 위해 운반된 현무암 기둥과 통나무의 무게를 모두 합치면 75만 톤에 이른다. 이는 폰페이 사람들이 난 마돌을 건설하기 위해 연평균 1,850톤을 무

난 마돌 건축 양식 · 난 마돌은 주로 현무암을 통나무 모양으로 조각해서 건축에 사용했다. 사진은 난 마돌 건축의 예를 잘 보여준다.

려 400년에 걸쳐 운반했음을 의미한다. 이곳의 인구가 3만 명도 채 되지 않았다는 사실을 생각하면 대단한 업적이다.

이들이 돌을 어떤 방법으로 옮겼는지는 여전히 수수께끼로 남아 있다. 미크로네시아 연방의 국가기록보존 문화국 소속으로 난 마돌 유적지에서 일하는 고고학자 루피노 마우리시오 Rufino Mauricio는 이렇게 말한다. "도르래나 지렛대, 금속 등이 전혀 없었던 사람들의 성과 치고는 나쁘지 않죠."

난 마돌의 전성기에 그곳을 방문했다면, 도시에서 선박이 핵심 역할을 했다는 사실에 놀라움을 금치 못할 것이다. 운하가 도시를 가로질러 흐르고, 그 사이로 사람들이 돌이나 산호를 활용해 인위로 조성한 작은 섬은 100여 개에 이른다. 사람들은 이 운하에서 나무로 만든 카누를 타고 다니며 도시를 구경했는데, 이 때문에 태평양의 베네치아라는 별명도 생겼다. 고대 도시 중에서 산호초 위에 세워진 곳은 난 마돌이 유일하다.

고개를 들어 운하 너머를 바라보면 돌로 지어진 궁전과 사원, 무덤과 귀족 계층의 저택이 늘어선 풍요로운 도시가 눈에 띈다. 일부 구역은 족장을 비롯한 고위층을 수용하기 위해 지어졌는데, 1,000여 명의 거주자들을 보면 이들이 고위 계층이라는 사실을 한눈에도 알아차릴 수 있다. 하나같이 목걸이나 팔찌로 화려하게 치장했거나 하인들을 거느리고 다녔기 때문이다. 이곳 성벽은 도시를 요새처럼 감싸 거주자들을 보호했다.

난 마돌에는 대규모 시장도 있어서 트로커스 조개껍데기부터 수정, 독특한 도자기까지 다양한 상품을 판매했다. 낚시용 미끼, 돌이나 조개껍질로 만든 각종 도구, 정교하게 조각한 구슬 목걸이를 판매하는 상인도 보게 될 것이다. 심지어 애완견이나 거북이도 판매되었다. 노점에서는 돼지고기, 가금류, 생선, 쌀, 코프라, 바나나, 빵나무 열매, 토란 같은 먹거리를 판매했다.

난 마돌에서는 작물 재배가 전혀 이루어지지 않았다. 대신 난 마돌은 각 부족이 먹거리와 물건들을 배에 싣고 와서 거래했던 교역의 중심지였다. 또한 영적 중심지이자 다양한 종교의식이 진행되는 장소였다. 사제들은 매년 요리한 거북을 바다장어에 바치면서 속죄를 비는 의식을 치렀다(장어는 신성한 존재로 여겨졌다). 외교와 중요한 정치 회동 역시 이곳에서 이루어졌다.

오스트로네시아인은 영토를 세계의 절반 면적에 달할 만큼 확장하더니 어느날 갑자기 항해를 중단하고 난 마돌을 비롯한 인근 지역에 정착하기 시작했다. 전설에 따르면 농업의 신을 모실 제단을 짓기 위해 배를 타고 적당한 곳을 찾아다니던 한 쌍둥이 형제가 난 마돌을 건설했다고 전해진다. 이는 항해의 시대가 막을 내리고 농경 정착 생활이 시작됐음을 보여준다.

사우델루어 왕조는 1100년에서 1628년까지 난 마돌 지역을 통치하며 이곳에 권력의 기반을 두었다. 폰페이에서 전해 내려오는 역사에 따르면 이 왕조는 세대교체가 일어날 때마다 백성들을 심하게 억압했다. 새로운 권력자가 나타날 때마다 본래 자율적이고 분권 문화가 강했던 사회를 난폭하게 통제하고 중앙집권체제를 강화하려 했던 것이다. 결국 마지막 수장은 통치라는 명목하에 온갖 잔혹한 짓을 서슴지 않아 대중의 울분을 샀다.

그때 신화적 영웅이자 전사인 이소켈레켈^{Isokelekel}이 지역 주민의 전폭적 지지를 받아 이 폭군을 축출하면서 사우델루어 왕조는 막을 내렸다. 이웃한 코스래섬에서 신으로 추앙받았던 그는 16세기 혹은 17세기에 권력을 잡았는데, 그의 후계자들은 19세기 초가 되어서야 난 마돌을 떠났다.

바다를 가로질러 이동할 수 있게 된 사건은 교통의 역사에서 혁명이었다. 난 마돌은 최초의 선원들이 얼마나 멀리까지 이를 수 있었는지를 몸소 보여줌으로써 세계사에 한 획을 그었다. 새로운 땅을 발견하기 위해 바다로 항해를 떠난 모험 정신 덕분에 인류는 마침내 항공 여행과 우주여행까지 할 수 있게 되었으며, 언젠가는 다른 행성에도 발을 내딛게 될 것이다.

난 마돌

멤피스

의학

다음으로 살펴볼 도시는 고대 이집트의 중심지이자 수도로서, 인류의 의학 지식을 비약적으로 끌어올린 멤피스^{Memphis}다. 고대 이집트인이야말로 의학을 주술의 영역에서 학문적 전문 분야로 옮겨온 주인공이라고 해도 과언이 아니다.

멤피스는 이집트인이 적어도 기원전 3000년경부터 멘네페르$^{Men-nefer}$('아름다운 항구'라는 뜻)라고 불렀던 도시의 그리스어 이름이다. 오늘날 멤피스의 고고학 유적지는 유네스코 세계 문화유산으로 지정되어 많은 관광객이 이 고대 유물을 보기 위해 '멤피스 야외 박물관'으로 몰려든다. 가장 유명한 유적지는 기원전 1279년부터 기원전 1213년까지 군림하며 이집트 최고의 권력을 떨친 람세스 2세의 쓰러진 석회암 거상으로, 높이만 약 10미터에 이른다. 관광객들은 무리를 지어 이동하며 거대한 석고 스핑크스와 화강암으로 만든 람세스 2세 동상 등의 유물을

람세스 2세의 쓰러진 석회암 거상 · 길이만 무려 약 10미터에 이르는 이 거상은 멤피스 박물관에 소장되어 있다.

감상한다. 이집트에서 가장 오래된 피라미드와 수많은 파라오의 무덤이 있는 사카라의 공동묘지에도 방문객이 밀려든다. 영국의 역사학자 존 줄리어스 노리치John Julius Norwich는 멤피스를 "묘지에 잠식된 특이한 도시"라고 부르기도 했다.

멤피스는 오늘날 카이로에서 약 25킬로미터 떨어진 나일강 삼각주 남쪽, 나일강 계곡 입구에 위치한다. 전략적 요충지라는 입지 덕분에 기원전 3500년경부터 기원전 3100년경까지 정치 독립체로 존재했던 하 이집트에서 수도 역할을 맡았다.

농업 및 가축 사육에 관한 고고학적 증거에 따르면, 신석기시대부터 사람이 거주했으며, 그들은 이미 기원전 3600년경에 찬란한 문화를 꽃피웠다. 하지만 일각에서는 기원전 2925년에 메네스가 이 도시를 세웠다고 주장한다. 이집트 최초의 파라오이자 신화적 인물로 추앙받는 그는 선사 왕국인 상이집트와 하이집트를 통합해 통일 이집트를 수립한 것으로 유명하다.

그리스 역사가 헤로도토스는 메네스가 나일강 범람으로 인한 재앙을 막고자 멤피스 평야를 물로 메우고 도시 외곽을 따라 대규모 댐을 건설했다고 주장했다. 일부 학자들은 메네스라는 이름이 '멤피스인'을 의미한다고 주장하며, 이집트의 건국과 멤피스라는 도시 사이 연관성을 강조한다. 메네스는 62년간 집권하다가 한 야생동물을 맞닥뜨려 사망했다고 전해진다. 그 동물이 하마였는지 악어였는지 혹은 알레르기 반응을 일으키는 말벌이었는지는 의견이 분분하다(그때 에피펜만 발명되었어도 그는 살았을 것이다).

노리치에 따르면 멤피스는 통일 이집트 최초의 수도였을 뿐 아니라 기원전 3000년경 파라오 시대 초기부터 기원후 641년 아랍에 정복되기 전까지 3500여 년간 때때로 수도로 사용되었다. 제2왕조 기간에는 티니스(통일되기 전 상이집트의 수도)로 수도가 바뀌기도 했지만, 제3왕조~제8왕조 기간에는 다시 수도 자리를 되찾았다. 기원전 2240년경 왕조가 테베로 옮겨간 후에도 멤피스는 수 세기 동안 이집트의 종교, 문화, 경제 중심지로 남았다.

기원전 2700년경부터 기원전 2200년경까지 이집트 최초의 황금기인 고왕국 시대에 멤피스에는 3만 명이나 되는 사람들이 거주해, 정착지로는 당대 최대 규모를 자랑했다. 우리가 만약 야자수로 가득하고 풍요로운 이 도시를 방문할 수 있었다면, 행정관과 노동자, 노예가(대부분의 고대 사회처럼 이집트에도 노예제도가 있었다) 궁을 드나들고 시장에서 물건값을 흥정하거나 담소를 나누며 함께 보드게임을 즐기는 모습을 목격했을 것이다. 기원전 3100년경부터 기원전 2900년경에는 도시 곳곳의 사원으로 신도들이 몰려들기도 했다. 사원 안에 제1왕조 시절에 설립된 생명의 집이라는 의료기관이 있어서 병자들을 고쳐주었기 때문이다.

여러 도시가 의학 발전에 큰 공헌을 했다. 성형수술을 포함하는 세계에서 가장 오래된 의료 시스템은 인도의 고대 도시 카시에서 시작되었다. BBC에 글을 기고하는 로시 톰슨은 세계 최초의 상설 해부학 극장이 있었던 이탈리아 파두아를 "현대 의학의 발상지"라고 칭했다. 사상 최초로 심장 수술에 성공해 의학 역사에 획을 그은 지역은 남아프리카공화국 케이프타운이었다. 일각에서는 그리스를 서양 의학의 요람으로 손꼽고 그리스 의사 히포크라테스에게 경의를 표한다. 하지만 멤피스 또한 이 도시들 못지않게 의료 분야를 개척한 선구자들을 배출했다.

기원전 2650년경부터 기원전 2575년경까지 재위했던 제3왕조 파라오 조세르Djoser의 총리이자 수석 마술사였던 임호테프Imhotep는 멤피스에 거주했던 인물로, 『브리태니커 백과사전』에서 '최초의 의사'로 분류되어 있을 만큼 의학 분야에서 위대한 혁신가로 칭송받는다. 그는 멤피스 외곽 사카라에 세계에서 가장 오래된 돌계단 피라미드를 건축했는데, 조세르의 무덤으로 지어진 것

임호테프의 조각상 · 임호테프는 계단식 피라미드를 건축하였으며, 역사상 최초의 의사로 나중에 신격화된다.

멤피스

이었다. 일각에서는 멤피스에 있는 세계에서 가장 오래된 의학 학교 역시 임호테프가 설립했다고 주장한다.

『브리태니커 백과사전』은 당시 "파라오의 수석 마술사는 국가의 최고 주치의로도 자주 활동했다"라고 서술해 인류 역사에서 오랫동안 마법과 의학의 구분이 모호했다는 점을 강조했다. 하지만 마술이 아닌 의학 관련 문서 가운데 최초라고 알려진 에드윈 스미스 파피루스 Edwin Smith surgical papyrus(기원전 1600년경 문서로 추정되지만, 고대 상형문자로 적혀 있어 오래전 임호테프가 작성한 양피지를 베낀 것으로 보인다) 역시 고대 이집트의 문서였다('에드윈 스미스 파피루스'라는 이름은 한때 이 문서를 소지했던 미국인 유물 수집가로부터 따왔다). 이는 간단한 수술 지침서로 군사 현장에서 의학 매뉴얼로 활용되었을 것이다.

초창기 인류는 질병을 치유하기 위해 의식을 치르거나 주문을 외는 등 과학과는 완전히 동떨어진 마술에 의존했다. 고대 바빌로니아인은 잠자리에 들기 전 인간의 해골에 일곱 번 입을 맞추면 이갈이를 고칠 수 있다고 믿었고, 고대 로마인은 쓰러진 검투사의 피를 마시면 간질을 치료할 수 있다고 여겼다. 뜻을 알 수 없는 주문으로 유명한 '아브라카다브라'는 한때 말라리아 치료제로 명성을 떨치기도 했다. 기원후 2세기, 로마 작가 세레누스 사모니쿠스 Serenus Sammonicus는 자신이 쓴 『리베르 메디스날리스 Liber Medicinalis』라는 의학서에서 고열 환자들에게 마법의 단어 '아브라카다브라'를 여러 번 적은 뒤 그 종이를 아마亞麻 섬유로 묶어 목걸이처럼 걸고 다니다가 열흘째 되는 날 동이 트기 전 동쪽으로 흐르는 개울에 던지라고 조언했다. 고대인은 대개 질병에 걸리면 의사가 아닌 주술사나 마술사를 찾았다.

최초의 의료 시술은 상당히 극단적이었다. 신석기시대의 두개골에는 천공의 흔적이 종종 남아 있는데, 간질이나 정신 질환, 머리 부상을 치료하기 위해 두개골에 의도적으로 구멍을 뚫거나 긁어낸 것으로 추정된다. 기이하지만 이렇게 원시적인 수술이 시발점이 되어 점차 우리가 아는 의학으로 발전했다. 선사시대 사람들은 다른 부위를 다쳤을 때보다 머리를 다쳤을 때 의식을 잃는 경우가 더 많은 것을 관찰하고는 머리가 상당히 중요한 역할을 한다고 결론지었다. 쿠바계 미국인 의학사가 미구엘 파리아Miguel Faria에 따르면, "머리가 수술 부위로 선택된 것은 마술 때문이 아니라 석기 시대 원시인들이 언쟁이나 사냥 도중 머리에 부상을 자주 당했던 경험이 축적된 결과"다.

물론, 천공을 실시한 데에도 나름대로 합리적인 이유가 있었을 것이다. 하지만 자칫 치명적 결과를 초래할 수 있는 이 수술이 더 이상 시행되지 않는 데에도 그만한 이유가 있었다. 고대 이집트인은 이런 기술을 거의 사용하지 않고도 수술 분야에 길이 남을 혁신을 이루었다. 기록에 따르면 최초의 외과적 봉합은 기원전 3000년경에 이루어졌으며, 지금까지 남아 있는 가장 오래된 봉합 흔적은 기원전 1100년경의 것으로 추정되는 미라에서 발견되는데 보존 상태가 아주 좋다. 고대 이집트의 의사는 식물 섬유, 힘줄, 머리카락과 털실에서 봉합사를 추출했다.

고대 이집트인은 역사상 최초로 수준 높은 문서 기록을 갖춘 의료 체계를 개발했다. 심지어 그리스보다 앞서 합리적 의학 체계를 갖추었다는 사실도 속속 밝혀지고 있다. 실제로 그리스인은 이집트 의학을 추앙하기도 했다. 호메로스(기원전 800년경)는 『오디세이아』에서 "이집트인은 다른 어떤 인류보다 숙련된 의학 기술을 갖고 있다"라고 언급했다.

히포크라테스, 헤로필로스(고대 그리스의 의학자이자 최초의 해부학자), 에라시스트라토스(생리학의 아버지라 불리는 고대 그리스의 의사) 그리고 후대의 갈레노스(로마제국시대의 그리스 출신 의학자)는 이집트에서 수학한 뒤 이집트가 그리스 의학에 지대한 영향을 미쳤다고 인정했다. 이탈리아 의학자 마르코 로시$^{\text{Marco Rossi}}$는 "이집트 의학이 그리스 의학의 기초"라고까지 주장했다.

에드윈 스미스 파피루스는 "의학 분야 내 분석적 사고의 탄생"이라고 불렸다. 이 문서에는 정신적 외상을 동반한 부상을 중심으로 총 48가지의 의료 상황이 기술되어 있으며, 진료 방법, 진단 증상에 따른 환자의 생존 가능성, 간단한 수술 방법 등 구체적 치료법을 알려준다. 오늘날 우리는 진료를 통해 진단을 내리고 예후를 지켜보는 절차를 당연한 듯 여기지만, 당시로서는 획기적인 발전이었다.

잘 보존된 또 다른 의학 논문인 에버스 파피루스$^{\text{Ebers papyrus}}$(역시 기원전 1550년경 문서로 추정되지만, 더 오래된 문서를 베낀 것으로 보인다)에는 '마술적' 치료법과 그보다 합리적인 치료법이 모두 포함되어 있다. 이 문서의 이름은 19세기 독일의 이집트학자인 게오르그 에버스$^{\text{Georg Ebers}}$에게서 따왔다(에버스 파피루스에서는 메디나충증에 걸릴 경우, 피부 밖으로 삐져나온 애벌레의 끝부분을 막대로 감아 천천히 빼내도록 권고했는데, 이는 오늘날까지도 표준 치료법으로 받아들여지고 있다).

의학 분야는 수백 년간 마술 기반 의료 행위와 공존하다가 16세기와 17세기에 걸쳐 과학혁명이 진행된 뒤에야 독립된 분야로 발전하기 시작했다. 멤피스에서 개발된 의료 체계 역시 '사체액설', 유혈, '방황하는 자궁' 등을 신뢰했던 그리스 의학처럼 기괴한 오류를 많이 포함하고 있

에버스 파피루스 판본(1875) • 기원전 1550년경 작성된 문서로, 고대 이집트의 의학 지식과 치료법을 상세히 기록한 가장 오래되고 중요한 문서 중 하나다.

었다.

 오늘날 환자 중에서 멤피스에서 치료를 받고 싶은 사람은 없겠지만, 그곳에서 이루어진 의학의 발전은 놀라운 것이었다. 고대 이집트야말로 해부학의 발상지라고 해도 과언이 아닌데, 이는 미라 문화에 힘입은 바도 크다. 이집트에서 미라로 사후 시신을 보존하는 문화는 기원전 3500년경부터 이미 시작되었으며, 멤피스가 이집트의 중심지로 부상할 무렵에는 이미 그러한 관행이 사회에 깊이 뿌리 내리고 있었다. 멤피스의 방부처리사와 의사는 순환계와 내부 장기에 관해 놀라운 지식을 갖추었으며 맥박을 측정하는 법도 알고 있었다.

멤피스

멤피스의 의사들은 다양한 분야에서 의학을 발전시켰다. 헤로도토스는 "[이집트인] 사이에서 의료 행위는 상당히 전문화되어 있어서 각 의사는 한 가지 질병만 치료한다"라고 언급했다. 이집트 문헌을 보면 '안과 의사'와 '장의사', '항문의 목자(항문 전문의)'라는 용어가 나온다. 많은 학자는 기원전 2650년경부터 기원전 2575년경까지 제3왕조 초기 멤피스의 고등 법원 관리였던 헤시라[Hesy-Ra]가 '위대한 치과의사'라고 불린 기록을 근거로, 그가 역사에 이름이 알려진 최초의 치과의사였다고 믿는다. 카훈 부인과 파피루스[Kahun gynecological Papyrus](기원전 1825년경)는 가장 오래된 부인과 관련 문서다. 페세셰트[Peseshet]라는 귀족 여성은 멤피스가 이집트의 수도였던 기원전 5세기에 "여성 의사를 감시하는 관리인"이라는 직위에 올랐으며, 최초의 여의사로 기록되었다.

고대 이집트 의사들은 의학의 전문화를 이끌었을 뿐 아니라, 효과적인 치료법을 개발하고 수술과 영양학, 약리학과 보철학 등 새로운 분야를 개척했다. 맨체스터대학교의 이집트학자 앤 로잘리 데이비드[Ann Rosalie David]는 의학 학술지 『란셋 The Lancet』에서 "해부학 및 방사선학에 기초해 유골의 뼈대와 미라를 연구한 결과, 골절을 치료한 부위 및 절단된 부위가 확인되어 이집트인이 수술을 성공적으로 시행했음을 알 수 있다"라고 언급했다. 일찍이 제4왕조의 유골 중에도 치료 흔적이 있는 아래턱뼈가 발굴되어 구강 수술에 성공했음을 보여준다. 멤피스의 어의들은 구리, 상아, 흑요석으로 만든 메스를 사용했으며, 이집트인은 기원전 3000년 무렵부터 버드나무 껍질을 끓인 물을 진통제로 활용했다. 수천 년 후, 버드나무 껍질에서 유래된 활성 성분 살리신을 기반으로 세계에서 가장 널리 쓰이는 약품인 아스피린이 개발되었다.

이집트인은 임호테프 사후 100년 무렵부터 그를 치유의 신으로 숭배하기 시작했다. 왕족이 아닌 자가 사후 신으로 승격되는 일은 드물었지만 임호테프의 경우, 세기를 거듭할수록 추종자가 늘어 결국 멤피스의 수호신으로 자리 잡았다. 프톨레마이오스 시대에는 새로운 항구도시 알렉산드리아(이 책에서 소개할 또 다른 도시)를 통해 이집트의 의학 지식이 지중해의 다른 지역으로 수출되면서 학문의 중심지가 나뉘어졌고 멤피스의 중요성도 줄어들었다. 기원후 7세기에는 아랍인이 멤피스를 정복하면서 멤피스는 당시 수도로 지정된 푸스타트(현재 카이로의 도심)를 포함한 새로운 정착지를 위한 건설 자재 채석장으로 전락하고 말았다.

고대 멤피스에서 합리적 의학과 의사가 등장하지 않았거나 질병 치료의 기초가 다양하게 발전하지 못했다면, 우리는 훨씬 많은 질병에 시달리다 일찌감치 생을 마감했을지도 모른다. 그만큼 멤피스는 세계사에서 중요한 한 축을 담당하는 도시다.

우르

법

　다음으로 살펴볼 도시는 기원전 21세기, 이른바 수메르 르네상스 시대의 메소포타미아 도시 우르^{Ur}다. 당시 우르는 우르남무$^{Ur\text{-}Nammu}$라는 왕에 의해 수도로 지정되었다. 또한 우르남무 왕의 지시에 따라 지금껏 전해지는 것 중 최고^{最古}의 역사를 자랑하는 우르남무 법전이 편찬되었다. 널리 알려진 함무라비 법전보다 3세기나 앞서 만들어진 이 법전은 테라코타 석판에 새겨져 왕국 전역에 배포되었고, 이후 인류 문명사를 밝히는 데 중요한 역할을 했다.

　모든 자유인이 재산이나 지위와 무관하게 범죄에 따라 정해진 형벌을 받는다는 발상이 확립된 것도 우르남무 법전 덕분이었다. 다시 말해, 새로운 범죄가 발생할 때마다 들쭉날쭉 적용되던 정의의 기준이 일관성 있고 투명한 기준으로 대체된 것이다. 이 형벌 중 상당수는 현대인이 보기에 끔찍하기 짝이 없지만, 오늘날 우리 사회의 근간이 되는

| **우르남무 법전과 함무라비 법전** · 수메르어로 기록된 우르남무 법전은 함무라비 법전보다 300년 정도 앞선 우르의 왕 우르남무가 편찬한 것으로 전해진다.

법치를 향한 비약적 발전을 보여준다.

고대 수메르인의 운문에 따르면, 우르남무 법전보다 더 오래된 법전도 있었다. 기원전 24세기에 작성된 우루카기나 법전이 그것인데, 안타깝게도 본문은 남아 있지 않다. 따라서 지금껏 전해지는 법전 중 가장 오래된 우르남무 법전이야말로 인류 역사에서 법이 어떻게 만들어지기 시작했는지 알 수 있는 최고의 유적이다.

오늘날 우르는 이라크 남부 사막 지대의 폐허 지역이다. 수메르인이 달의 신을 기리기 위해 세운 대지구라트가 위용을 자랑하고, 세계에서 가장 오래된 아치가 위엄을 뽐낸다. 지금은 우르에서 발견된 유물 상당수가 이전되어 런던의 대영박물관과 필라델피아의 펜실베이니아대학교 고고학 박물관에서 보관되어 있다. 우르는 이 책에서 소개하는 또 다른 도시이자, 100킬로미터도 떨어져 있지 않은 우루크와 더불어 유네스코 세계 문화유산으로 지정되어 있다.

황금기 우르는 바빌로니아 전역을 넘어 동쪽 끝으로 뻗어 있는 넓은 국가의 수도였다. 바빌로니아를 비롯해 남쪽과 동쪽의 여러 지역을 연결하는 항구 도시로서 교역의 중심지이기도 했다.

머릿속으로 황금기 우르를 떠올려보자. 서쪽 유프라테스강으로 이어지는 지류를 활용해 물을 대놓은 덕분에 비옥해진 땅이 야자수로 둘러싸여 있다. 좀 더 가까이 다가가면 보리밭을 일구는 농부와 개울에 그물을 던지는 어부, 양을 방목하는 목동을 만날 수 있다.

혼잡한 도심에 들어서면 더 다양한 사람들이 나타난다. 고대 우르의 인구는 6만 5천 명까지 불어났는데, 당시로서는 전 세계 인구의 0.1퍼센트에 이르는 규모였다. 우르는 이내 전 세계에서 인구가 가장 많은 도시로 올라섰을 테고, 기원전 1980년경까지 그 자리를 지켰을 것이다.

우르 사람들은 모직물에 나뭇잎이나 꽃잎이 다발로 매달린 패턴의 카우나케스^{kaunakes}라는 치마를 입거나 둘렀다. 부유층은 금이나 은으로 된 벨트를 맸고, 여성들은 같은 소재의 머리 장식과 장신구까지 착용했다. 왕족을 포함한 모든 사람은 맨발로 다녔으며, 원주민들은 머리카락 색이 어두워 '검은 머리'로 통했다. 거리에서는 황소들이 각종 물품을 실은 마차를 끌고 다녀서 분뇨로 인한 악취가 진동했다. 최고 부유층은 당나귀나 그와 유사한 품종이 끄는 마차를 타고 다녔다.

우르의 건축물은 기둥과 아치, 금고, 돔으로 구성된다. 사람들이 제물로 가득 찬 바구니를 머리에 이고 도시 곳곳에 있는 사원으로 걸어가는

우르의 지구라트 · 우르남무 왕이 건축한 것으로, 달의 신 난나를 기리는 신전이었다.

모습도 볼 수 있다. 사원은 청금석 눈을 가진 조각상과 모자이크, 금속 부조 장식으로 화려하게 치장되어 있었다. 사원 기둥은 다채로운 모자이크나 광택 나는 구리로 덮여 있었으며, 기단에는 명문이 새겨진 석판이 설치되어 있었다.

진흙 벽돌과 소성 벽돌을 역청으로 번갈아 고정하면서 지구라트가 건설되고 있는 곳도 볼 수 있다. 바로 그 터 위에 3층 높이의 사원이 세워진다. 달의 신이자 우르의 수호신인 난나를 기리는 이 사원은 우뚝 솟아 있어 지평선이 펼쳐진 메소포타미아 지역에서는 아무리 멀리서도 볼 수 있었다. 오늘날 부분적으로 재건된 지구라트는 우르에서 가장 눈에 띄는 건축물로 자리 잡았다.

신성한 구역 외곽에는 당시 기준으로 50여 년간 방치된 왕립 묘지가 있었다. 그곳에는 약 1,800명의 왕족이 묻혀 있었는데 정교한 금 장신구는 물론, 왕족 수행원들과 인간 제물도 함께 매장되었다. 하지만 이처럼 우려스러운 관행도 당시에는 이미 중단된 상태였다.

시장에는 직접 만든 제품을 가져와 파는 장인들이 있었다. 품목도 다

우르

양해서 모직 직물부터 옷, 태피스트리, 항아리, 주름진 그릇, 귀금속으로 제작된 잔, 설형문자가 정교하게 새겨진 석조 그릇, 홍옥수 등의 준보석과 귀금속으로 된 장신구, 다양한 도구와 무기까지 없는 게 없었다. 먹거리 가판대에는 밀, 보리, 렌틸콩, 콩, 마늘, 양파, 염소젖이 널려 있고 포도주와 귀한 기름이 담긴 석조 용기도 있었다.

어쩌면 조각된 악기를 파는 노점에서 발길을 잠시 멈추게 될지 모른다. 오늘날 아프가니스탄에서 1,600킬로미터도 더 떨어진 콕차강 상류의 청금석으로 만든 수금이 감탄을 자아냈을 테니 말이다. 이는 당시 우르가 얼마나 광범위한 지역과 교류했는지 잘 보여준다.

계속 걷다 보면 보드게임에 몰두하고 있는 두 남성이 눈에 띌 것이다. 당시 우르의 게임은 메소포타미아 전역에서 계층을 막론하고 많은 사람에게 인기를 얻었다. 사람들이 게임 규칙을 놓고 말싸움을 벌이다 점토판에 적힌 설명을 보며 갈등을 해결하는 모습도 흔히 볼 수 있었다(게임의 규칙을 설명하는 점토판이 아직도 전해지고 있다).

세계에서 가장 오래된 보드게임 • 1920년대에 영국의 고고학자 레오나드 울리가 우르의 왕실 무덤에서 발견한 것으로, 당시의 게임 규칙을 확인할 수 있다.

우르 사람들은 이보다 훨씬 중대한 문제를 해결하는 데 도움이 될 지침도 갖고 있었다. 만약 당신이 기원전 2045년경, 당시 지역민들이 "우르남무가 이 땅에 정의를 구현한 해"라고 칭한 시기에 이곳을 방문했다면, 세계사를 바꾼 역사적 순간을 직접 목격했을 것이다. 심지어 우르의 전령들이 새로운 법전이 담긴 석판을 왕국 전역에 전달하기 위해 출발하는 모습까지 지켜보는 행운을 누렸을지도 모른다.

현존하는 가장 오래된 법전인 우르남무 법전은 정의에 관한 대중의 인식을 새롭게 바꾸었다. 이 법전에서는 "만약 ~했다면, ~해야 한다"라는 식의 인과관계를 차용해 법을 나열했고, 각 범죄와 그에 따른 형벌을 구체적으로 설명했다. 이중 총 32개 법이 살아남았다.

우르남무 법전은 우리가 지금도 사용하는 벌금 형식의 형벌을 처음 도입했으며, 납부에 사용된 물품도 은에서 보리까지 다양했다(수메르의 계량 체계는 완전히 파악되지 않았지만, 당나귀가 운반할 수 있는 무게를 기준으로 삼았을 가능성이 크다).

우르남무 법전은 후대의 함무라비 법전에 비하면 꽤 진보적이어서 범법자에게 신체적 처벌을 내리기보다 벌금을 부과하는 경우가 더 많았다. 다시 말해, 가해자에게 보복적 정의를 구현하기보다는 피해자에 대한 보상을 선호했다. 함무라비 법전에는 "타인의 눈을 뽑은 자는 똑같이 눈을 뽑는 형벌로 다스린다"라는 유명한 조항이 있는데, 이 "눈에는 눈, 이에는 이" 규정은 구약성경의 출애굽기와 레위기에도 인용되었다. 반면, 훨씬 오래된 우르남무 법전에는 "타인의 눈을 뽑은 자는 은 반 미나를 [지불]해야 한다"라고 명시되어 있다.

우르남무 왕은 법전 서문을 통해 자신의 다양한 업적을 뽐내고, 자신이 "이 땅에 정의를 확립했다"라고 주장했다. 여기서 그가 말하는 정의가 현대적 의미의 정의와 같은 의미라고는 볼 수 없다. 하지만 그는 범죄자를 일관성 있게 처벌함으로써 부유하든 가난하든 자유인 모두가 법 앞에 평등한 사회를 확립했다. 그는 서문에서 이렇게 말한다.

> 나는 고아를 부자에게 넘겨주지 않았다. 미망인을 신에게 넘겨주지 않았다…. 명령을 내리지도 않았다. 적개심과 폭력을 없애고 정의를 갈구하는 목소리가 더 이상 나오지 않도록 했다. 나는 이 땅에 정의를 확립했다.

왕은 법전을 자신의 중요한 유산으로 여겼고, 스스로 정의로운 통치자로 기억되고자 했다. 이 법은 그야말로 무작위였던 형벌 체계와 비교할 때 분명 진일보한 것이었다. 앞서 언급한 함무라비 법전을 포함해 이후 나온 일부 법전보다 훨씬 인간적이었다고 해도 과언이 아니다. 물론, 현대인이 기꺼이 따를 만한 내용이라고는 할 수 없다. 법 조항의 일부는 터무니없거나 ("마법을 부린 혐의로 기소된 자는 물고문으로 다스려야 한다"), 성차별적이거나("한 남자의 아내가 외간 남자를 따라가 그와 동침하면 여자는 죽이되 남자는 풀어준다"), 야만적이기 때문이다("남자의 여자 노예가 자신을 여주인과 비교하고 버릇없이 말하면 그 입을 1리터의 소금으로 박박 문지른다").

기이할 만큼 상황을 구체적으로 설정한 법도 있었다. 가령 "구리 칼로 다른 사람의 코를 베어낸 사람은 은 2/3미나[약 500그램]를 내야 한다"와 같은 조항이다. 그렇다면 구리가 아닌 다른 소재의 칼을 사용했을 때는 처벌도 달랐을까? (궁금한 분들을 위해 덧붙이자면, 오늘날 타인의 코를 절단할 경우에 최소 1년에서 최대 20년의 수감생활을 해야 하는데, 이는 미국에서 유일하게 코 절단 사례를 명시한 로드아일랜드주의 경우다.)

오늘날 우르시는 성경 속에서 아브라함이 태어난 도시로 잘 알려져 있다. 아브라함은 유대교, 기독교와 이슬람교에서 매우 중요한 위치를 차지하는 인물이다.

법의 출현으로 일관되고 투명한 규칙이 확립되면서 정의를 구현하는 방식도 크게 달라졌다. 물론 잘못된 법도 있다. 지금도 많은 국가에서 공정하지 못한 법이 심각한 문제를 야기한다. 그럼에도 법체계는 통치자의 변덕이나 폭도들에 의해 일관성 없이 내려지는 형벌을 방지해준다. 수메르 르네상스 시대의 우르는 현존하는 가장 오래된 법률을 제정한 혁신적인 도시였다.

치첸 이트사

스포츠

다음으로 살펴볼 도시는 메소아메리카의 문명지인 치첸 이트사Chichén Itzá다. 이곳에는 세계 최초의 구기 종목이자 인류 최초의 팀 스포츠를 즐긴 장소 중 최대 규모와 최고 시설을 자랑하는 경기장이 잘 보존되어 있다. '공으로 하는 경기'라고 알려진 이 스포츠는 올멕부터 마야, 아즈텍까지 메소아메리카 전역에서 인기를 누렸다. 이 인기는 적어도 기원전 1650년경부터, 어쩌면 기원전 2500년경부터 계속되었을 것이다.

돌로 지어져 더욱 눈길을 끄는 경기장은 식민지 시대 이전 메소아메리카 도시가 지닌 특징적 건축물로 이런 구장이 몇 군데나 되는 도시도 여럿 찾아볼 수 있다. 현재 멕시코 남부의 폐허 도시 파소 델 라 아마다Paso de la Amada의 고고학 유적지에서 발견된 흙 구장은 기원전 1400년경에 지어진 것으로, 현존하는 가장 오래된 구장이라고 알려져 있다. 하

| **공놀이 경기장** • 치첸 이트사 안에 있는 공놀이 경기장으로, 어마어마한 규모를 자랑한다.

지만 기원후 900년경 치첸 이트사에 세워진 돌 구장이야말로 메소아메리카 최대 규모와 최고 시설을 자랑해, 이 지역 구기 종목의 전성기를 상징한다.

　예나 지금이나 대부분의 문화권에서는 어떤 형태로든 스포츠를 즐겼다. 몇몇 동물도 신체적 특징을 이용하는 게임을 즐기기는 하지만(돌고래 무리의 경우, 복어를 공처럼 앞뒤로 던져 '잡기' 게임을 한다), 규칙과 점수가 있는 진정한 스포츠를 즐기는 것은 오로지 인류뿐이다.

　스포츠는 인류가 초창기에 일으킨 혁신 중 하나다. 동굴 벽화에서 볼 수 있듯 최초의 운동 경기는 간단한 레슬링 대회였다. 그밖에 고대에 인기 있었던 스포츠로는 육상 경주, 전차 경주, 복싱, 역도, 수영, 양궁을 꼽을 수 있다. 메소아메리카 지역의 공 경기는 당시 스포츠 종목 중

치첸 이트사

최초로 현대 구기 종목이 보여주는 기본 특징을 갖추었다(일부 학자들은 축구와 유사한 중국의 스포츠 종목인 '쿠주'를 세계에서 가장 오래된 팀 구기로 꼽기도 한다).

오늘날 치첸 이트사는 현대 멕시코의 유카탄반도 북부에 있는 폐허 도시다. 유명한 석조 건축물 중 상당수가 지금껏 잘 보존되어 있는데, 200개 기둥에 전사戰士들이 낮은 양각으로 조각된 전사의 사원, (엘 카스티요라고도 불리는) 쿠쿨칸 사원, 탑 내부의 나선형 계단 때문에 엘 카라콜(달팽이)라고도 알려진 원형 전망대 등이 대표적이다. 매년 100만 명이 넘게 방문해 멕시코 최고의 인기 관광지로 손꼽히는 치첸 이트사는 고고학 연구가 활발히 이루어지는 유적지이자, 유네스코 세계 문화유산이다.

치첸 이트사는 한때 유카탄반도에서 마야문명이 가장 발달한 중심지였다. 마야문명은 메소아메리카문명 중에서도 콜럼버스가 도착하기 전

| **쿠쿨칸 사원** • 치첸 이트사에서도 손꼽히는 건축물로 엘 카스티요라고도 불린다. 약 30미터의 높이를 자랑하고, 9개의 층으로 된 테라스로 이루어져 있다.

아메리카 대륙에서 가장 발전한 문자 체계를 고안한 것으로 유명하다. 그뿐 아니라 정교한 달력을 만들고 피라미드와 비슷한 종교적 건축물을 짓기도 했다.

치첸 이트사는 마야 부족 혹은 민족 집단인 이트사^{Itzá}에 의해 건설되었다. 인근에 있는 두 웅덩이가 자연 우물이 되어준 덕분에 인근의 지하수를 이용하기 좋은 입지였다. 유카탄반도는 석회암으로 된 평원이어서 강이나 개울이 거의 없었지만, 자연스럽게 발생한 싱크홀이나 세노테스^{cenotes}라는 우물은 적잖이 찾아볼 수 있었다. 치첸 이트사라는 이름 역시 '이트사의 우물가'를 뜻하는데, 여기에 이트사라는 단어까지 번역하면 '물 마법사의 우물가'가 된다. 치첸 이트사는 5세기부터 건설되기 시작했다.

치첸 이트사가 마야문명의 정치, 의식, 경제 활동의 중심지로 급부상한 시기는 750년경이었다. 그즈음 150만 평이 넘는 면적에 석조 건물이 빽빽이 들어선 마야문명 지대 최대 도시로 성장했다. 삭베오브^{sacbeob}, 즉 포장된 둑길이 도시의 수많은 구조물을 연결했는데, 이들이 흰색을 띠는 이유는 처음에 석회암 반죽을 덧칠했기 때문이다. 외곽에는 도심보다 작은 건축물들을 세웠다. 9세기경 치첸 이트사는 사실상 수도가 되었고, 통치자들은 유카탄반도 북부와 중부의 대부분을 다스렸다. 1,600킬로미터 넘게 떨어진 툴라의 톨텍시와 비슷한 건축물이 놀라울 정도로 많고, 거의 동일한 사원도 있다. 이 때문에 두 문화의 연결고리를 찾으려는 시도가 번번이 있었지만, 이런 시도는 또 다른 논란으로 이어지기도 했다.

일부 학자들은 톨텍의 전사들이 10세기에 치첸 이트사를 정복했으

치첸 이트사

며, 교역이 잦았던 덕분에 톨텍이 치첸 이트사에 문화적으로 영향을 끼쳤다고 주장한다. 물론 이밖에도 다양한 이론이 존재하지만, 어쨌든 톨텍 문화와 마야 문화는 뒤섞이게 되었다. 치첸 이트사에서 가장 유명한 사원은 톨텍의 신을 섬기는 사원인데, 이 톨텍의 신 '케찰코아틀'을 마야인이 받아들이면서 '쿠쿨칸'으로 이름을 바꾸었다.

전성기에 치첸 이트사를 방문했다면, 그 색채에 감탄했을지도 모른다. 오늘날 이곳의 석조 유적들은 회색으로 색이 바랬지만, 고고학자들은 건물들이 본래 밝은색으로 칠해졌을 것이라고 주장한다. 오늘날 '마야 블루'라고 알려진 하늘색을 비롯해 빨강, 초록, 파랑 등 강렬한 색을 띠는 건축물이 저마다 다채로움을 뽐냈다.

부유층은 동물 가죽을 색색으로 염색한 옷을 입고 머리는 화려한 깃털로 장식했으며, 금이나 터키석, 옥으로 만든 구슬 목걸이 등 장신구를 착용했다. 남성이 여성보다 보석을 더 많이 둘렀고 지위가 높을수록 머리 장식도 더 높았다. 하층민의 경우, 남성은 스코틀랜드 남자들이 입던 킬트처럼 다리를 감싸는 치마나 천 조각을 단추나 벨트로 고정해 입었다. 여성은 고대 로마인들이 입던 튜닉 같은 우이필 블라우스와 긴 치마를 입었다. 날씨가 추울 땐 남녀 할 것 없이 어깨에 숄을 둘렀으며, 일부는 바닐라나 꽃에서 추출한 향수를 몸에 발랐다.

화학 잔여물을 분석한 결과, 유카탄반도의 고대 마야인이 시장에서 음식을 거래했다는 사실이 밝혀졌다. 치첸 이트사의 시장에서는 사슴부터 아르마딜로까지 다양한 동물의 고기뿐 아니라 아보카도, 질경이, 라임, 시큼한 오렌지, 하바네로스, 차야 잎, 카카오(초콜릿), 아치오테, 생선 등 다양한 음식을 볼 수 있었다. 물론, 마야인들의 주식인 옥수수도 빠지지 않았다. 옥수수는 물을 넣고 라임과 함께 끓여서 죽으로 만든 뒤, 칠리 페퍼를 섞어 먹거나, 도우로 만들어 토르티야나 플랫 케이크 또는 타말레로 구워 먹었다.

마야인은 화폐 대신 물물교환 시스템을 사용했다. 이들은 교역을 통해 도자기부터 담요까지 다양한 상품을 구매했다. 치첸 이트사 북쪽 해안의 이슬라 세리토스 항구가 이 도시를 아메리카 대륙 전역의 여러 도시와 상업적으로 연결해주는 거점 역할을 했다. 이곳 사람들은 과테말라 고원에서 붉은 진사 안료를 들여오는 등 멀리 떨어진 지역에서도 다양한 상품을 수입했다.

최고의 번영을 누리던 시절, 치첸 이트사의 인구는 5만 명에 달했다. 이는 오늘날 일리노이주 댄빌과 비슷한 수준이지만, 당시로서는 유카탄반도 최대 규모였다. 심지어 마야문명 지역 중 인구 구성도 가장 다양해서 유카탄반도 전역, 톨텍, 오늘날 중앙아메리카 지역에서 온 사람들까지 섞여 있었다. 이 같은 다양성은 멀리 떨어진 지역과도 빈번하게 교류하는 상업 거점이라는 지위에서 비롯되었다.

도시 북서부에서는 쏨판틀리^{tzompantli}, 즉 인신 공양 희생자들의 두개골로 세워진 벽을 만날 수 있다. 치첸 이트사는 팀 스포츠 발전에 상당한 공헌을 했지만, 분명 현대인이 살고 싶을 만한 도시는 아니다. 저 멀리 스포츠 팬들의 함성이 희미하게 들려오는 쪽을 향해 계속 걷다 보면 거대한 구장이 나타나고 마침내 사상 최초의 팀 대항 구기를 목격할 수 있다.

치첸 이트사의 구장은 폭 68미터, 길이 166미터에 이를 만큼 거대한 규모를 자랑한다. 돌로 된 기단만 해도 길이 30여 미터에 높이는 7미

쏨판틀리 · 해골이 새겨져 있는 벽으로, 멕시코 분지의 문화적 영향을 극명하게 보여준다. 공놀이 경기에서 진 패배 선수들의 목을 잘라 올려놓기도 했다.

터가 넘는다. 구장의 양쪽 끝에 설치된 6미터 높이의 돌담 위에는 역시 돌로 만든 골대가 튀어나와 있다. 이 골대에는 깃털 달린 뱀이 새겨져 있는데, 그들이 모시던 신이었던 쿠쿨칸을 묘사한 것이다.

구장은 멋진 음향 효과를 자랑한다. 구장의 양 끝에 늘어선 사원들 덕분에 강한 울림 효과가 발생해 한쪽 끝에서 한 이야기가 구장 전역으로 퍼져 나가 반대편까지 전해진다. 치첸 이트사의 구장이 마야문명에서 존재감을 발휘한 것도 이렇게 놀라운 소리 전달 효과 덕분이었다. 팬들의 환호와 선수들의 함성은 귀가 먹먹해질 만큼 크게 울려 퍼졌다.

구장의 양 측면에는 관객을 위한 벤치가 경사면에 설치되어 있어 공이 구장을 넘어가지 않게 막아주었다. 이 벤치에는 승자들이 상대방의 잘린 머리를 하늘 높이 쳐든 모습이 정교한 부조로 새겨져 있기도 하다. 스포츠 경기에서 승리한 선수들은 부와 명성을 거머쥐는 등 유명인사에 버금가는 대우를 받았다.

일부 석판에는 11명의 선수와 주장이 새겨져 있고, 다른 석판에는 선수 12명과 주장이 새겨져 있어서 경기마다 규칙이 달랐음을 알 수 있다. 경기의 정확한 규칙은 알려지지 않았지만, 선수들은 고무공을 패스하며 경기장을 누비다가 공을 돌 골대에 넣어 점수를 획득했던 것으로 추정된다.

경기가 끝나고 나면 패배한 팀의 선수들은 참수되어 마야의 신들에게 제물로 바쳐졌다. 하버드대학교 심리학 교수인 스티븐 핑커 Steven Pinker가 지적했듯 고대 메소아메리카에서 인신 공양이 얼마나 흔하게 벌어졌는지를 떠올려보면, 인류가 과거의 무분별한 폭력성에서 벗어나 눈부신 발전을 이루었음을 알 수 있다.

한편, 구기 종목이 전쟁을 대신하는 경우도 있었다. 후기 아즈텍문명에서는 라이벌 국가의 정치 지도자들이 전장이 아닌, 경기장에서 실력을 겨루는 데 동의했다는 기록이 있다. 사실, 일부 심리학자들은 오늘날에도 스포츠가 인간의 승부욕과 공격적 본능을 해소해 폭력 사태의 발생을 줄이며, 운동 경기가 확산되면서 국가 간 노골적 갈등이 감소했다고 주장한다.

13세기 중반, 마야문명의 권력이 치첸 이트사 남서부 지역에 새롭게 건설된 도시인 마야판 Mayapan 으로 옮겨가면서 치첸 이트사의 인구도 줄기 시작했다. 16세기에는 스페인 정복자들이 이곳에 임시 수도를 건설했지만, 이내 이 도시를 버리고 떠났다.

오늘날 치첸 이트사는 멕시코의 마야 유적지 중 가장 유명한 곳으로

치첸 이트사

가장 많은 관광객을 자랑한다. 새로운 세계 7대 불가사의로 선정되었으며, 경이로운 건축물로 전 세계 관광객을 끌어모으고 있다.

고대 구기 종목에서 파생된 공놀이 울라마^{ulama}는 지금도 여전히 많은 이가 즐기는 스포츠다. 다행히 패배한 팀 선수들의 인신 공양 관행은 제외하고 말이다. 그만큼 이 경기는 지금껏 세계에서 가장 오래된 구기 종목이다.

스포츠의 발전은 중대한 문화적 성과였다. 스포츠는 사람들이 여가를 보내는 방법에 혁신을 일으켰고 가장 사랑받는 오락거리로 자리 잡았다. 특히 스포츠에서 삶의 또 다른 의미를 찾는 등 심리적으로 충만해지는 효과를 누리는 이들도 적지 않다.

스포츠는 우리 삶을 풍요롭게 해준다. 짜릿함은 기본이요, 억눌린 감정을 표현하고 신체 에너지를 발산하는 건전한 창구가 될 수 있으며, 현실 세계의 문제를 외면하고 갈등을 대신하는 수단이 될 수 있기 때문이다. 이 같은 이유로 치첸 이트사는 세계사를 바꾼 도시에 당당히 이름을 올릴 만하다.

아테네

철학

다음으로 살펴볼 도시는 아테네^Athens다. 아테네는 고대(기원전 5세기와 기원전 4세기) 전반, 특히 페르시아전쟁이 끝나는 기원전 449년부터 펠로폰네소스전쟁이 시작되기 전인 기원전 431년까지 평화로운 문화 번영기를 누렸다. 도시국가 아테네는 지적 추구와 열린 탐구를 상당히 중시한 만큼 '지혜를 향한 사랑'이라는 의미의 '철학'('철학'을 뜻하는 philosophy는 '지혜를 향한 사랑'을 뜻하는 고대 그리스어 φιλοσοφία에서 왔다) 발전을 이끌었다. 아테네의 철학은 자연철학(자연 세계를 이해하려는 시도)은 물론, 도덕철학(윤리), 형이상학(존재의 본질에 대한 이론)과 정치철학까지 아우른다. 아테네는 제한적이나마 세계 최초의 민주주의 국가였으며, 서양 문명의 요람이라고도 불린다.

물론, 아테네의 황금기 이전에도 철학 사상에 중요하게 기여한 사람은 차고 넘친다. 가령, 기원전 6세기에 활동한 공자와 노자의 저작은 오

아테네의 경관 · 고대와 현대가 어우러진 풍경 뒤로 그리스 최고의 신이라 일컬어지는 제우스의 신전이 눈에 띈다.

늘날에도 상당한 영향을 미친다. 특히 독재에 반대한 노자의 메시지는 세대를 뛰어넘는 깨달음을 준다. 하지만 고대 아테네인이 인류 지성사에 미친 영향을 간과하고 넘어갈 수는 없다.

비록 '경험적 연구'라는 개념 자체는 르네상스 말기 과학혁명이 시작된 후에야 등장했지만, 고대 아테네인이 자신과 주변 세계를 이해하기 위해 쏟아부은 노력은 인류 역사에서 중요한 지적 돌파구가 되었다. 무엇보다 토론과 진리 탐구의 중요성에 관한 이들의 통찰은 이후 수천 년간 여러 사상가에게 영감을 주었고, 현재 우리가 살고 있는 세계에도 상당한 영향을 미쳤다.

오늘날 아테네는 그리스의 수도이자 그리스에서 가장 큰 도시로, 유럽 남동부 최대의 경제 중심지다. 세계적인 여객항으로 손꼽히는 피레아스가 위치한 곳이기도 하다. 인구는 아테네 시내만 해도 60만 명이 넘고, 아테네 수도권 전역으로 따지면 375만 명에 이른다. 아테네는 '유럽의 역사적 수도'로 불릴 만큼 잘 보존된 유적지 덕분에 유럽의 핵심 관광지로 자리 잡았다. 아테네에는 유네스코 세계 문화유산이 두 군데 있는데, 아테네 아크로폴리스와 중세 비잔틴 시대의 다프니 수도원이다.

아테네라는 이름은 올림포스 지혜의 여신이자 아테네의 수호신이기도 했던 아테나에서 따왔다. 학자 중에는 오히려 반대로 아테나 여신의 이름을 도시 아테네에서 따왔다고 주장하는 이도 있다. 아테나는 차갑지만 아름다운 외모를 지닌 여신으로, 평소에는 가운을 걸치거나 전신 갑옷을 착용했다. 전쟁의 여신이지만 역설적으로 평화의 여신이기도 하며, 장인 정신과 직조의 여신도 겸했다. 아크로폴리스에 있는 파르테논신전은 아테나를

아테나 여신상 · 아테네의 수호신으로, 지혜와 전쟁의 신이다. 로마 신화에서는 '미네르바'라고 불린다.

모시는 신전이자 도시의 금고 역할을 했다. 이 신전은 기원전 447년경에 건축이 시작되어 기원전 432년경에 완성되었다. 기원전 420년경 이오니아 건축 양식으로 지어진 아테나의 또 다른 대형 신전 역시 아크로폴리스에서 그 위용을 뽐내고 있다.

아크로폴리스는 기원전 5세기부터 오늘날까지 살아남아 아테네에서

가장 상징적인 건축물이 되었다. 이 건축물은 바위 벼랑 위에 여러 건물이 모여 도시를 내려다는 형태로 되어 있다. 만약 기원전 5세기에 아테네를 방문할 수 있었다면, 장엄한 건축물뿐 아니라 활기찬 도시의 에너지에 깊은 인상을 받았을 것이다. 아테네의 심장부는 '사람들이 모이는 곳'이라는 의미의 아고라, 즉 시장이었다. 아크로폴리스 북서쪽에 있는 분주하고 시끄러운 아고라에서는 상품과 서비스뿐 아니라 아이디어까지 교환하는 사람들을 흔하게 볼 수 있었다.

아고라의 시장에서는 줄줄이 놓인 돌 벤치, 다채로운 제단과 신전(특히 헤파이스토스 신전), 법률과 판결이 전시된 건물 아이아케이온(그리스 신화에서 지하세계의 판사를 뜻하는 이름), 다양한 스토아(건축물에서 기둥이 줄지어 선 회랑—옮긴이)와 지붕이 있는 포르티코(대형 건축물 입구에 기둥을 받쳐 만든 현관 지붕—옮긴이)를 볼 수 있었다. 왕실 스토아에는 아테네의 법전 전문이 전시되어 있었고, 채색된 스토아(그림으로 뒤덮여 있어 이렇게 불렸다)에는 저글링 하는 사람, 칼이나 불을 삼키는 사람을 비롯한 여러 재주꾼이 몰려들었다. 그뿐 아니라 연설가와 철학자들도 엄청난 군중을 끌어모았다(철학의 스토아학파가 이 구조물의 이름을 따온 것이다).

아고라의 가판대에서는 먹거리, 와인, 기름, 가구, 옷, 가죽 샌들, 향수부터 항구를 통해 들여온 먼 나라 제품까지 볼 수 있었다. 이곳에는 이탈리아산 목재, 이집트산 곡물과 리넨, 페니키아산 대추야자, 북아프리카산 상아와 시리아산 향신료까지 없는 게 없었다. 기원전 5세기 당시 아테네는 그리스의 다른 도시국가에 비해 특이할 정도로 문이 활짝 열려 있어서 세계 최초의 글로벌 도시였다고 해도 과언이 아니다. 베스트셀러 작가인 에릭 와이너는 저서 『천재의 지도』(문학동네, 2021)에 이렇

아탈로스의 스토아 · 아테네의 아고라에 위치한 것으로, '스토아'는 그리스 건축에서 기둥이 줄지어 선 회랑을 가리킨다.

게 적었다. "이 같은 개방성이 아테네를 아테네로 만들었다. 외국 제품, 이상한 사람, 낯선 아이디어에 대한 개방성 말이다."

아테네 사람들은 비교적 자유롭고 광범위하게 외국과 무역했고, 사상 교류에도 적극적이었으며 외국인도 곧잘 수용했다. 아테네에 거주하는 자유로운 외국인들은 (외국인 거주자 정도의 의미인) '메틱^{metics}'이라고 불렸는데 사회 고위직에도 진출할 수 있었다. 아테네인은 페니키아의 알파벳, 이집트의 의학과 조각 기술, 바빌로니아의 수학, 수메르의 문학 등 외국의 문화를 거리낌 없이 받아들였다. 이들에게는 일단 외국의 문화를 받아들인 후 그것을 한층 발전시키는 능력이 있었다. 가령 조각 예술을 발명한 것은 이집트인이었지만, 실제 사람과 흡사하게 조각하기 시작한 것은 그리스인이었다. 철학자 플라톤이 이런 특성을 한마디로 잘 요약한 바 있다. "그리스인이 외국인으로부터 빌려온 것은 이내 완벽해진다."

하지만 아테네에 거주하는 외국인 중에는 자유롭지 못한 이도 많았다. 고대 세계에는 노예제가 만연했는데, 아테네 역시 예외가 아니었다. 만약 그 시절 아고라를 방문했다면, 사람을 판매하는 모습을 보고 경악을 금치 못했을 것이다. 아테네의 노예는 대부분 그리스 출신이 아니라 북부 분쟁 지역에서 포로로 붙잡힌 소위 바르바로이(야만인)들이었다. 이들은 머리칼이 어둡고 피부색도 올리브 톤이어서, 본토 사람들과는 한눈에 구분될 수밖에 없었다. 금발을 의미하는 '산티아스'나 빨간 머리라는 뜻의 '피리아스' 같은 이름도 사실상 '노예'라는 말과 동의어였다.

아테네의 노예들이 상당한 고통에 시달린 것은 사실이지만, 다른 도시국가에 비하면 노예제 자체는 훨씬 유연한 편이었다. 다른 그리스인들은 노예와 자유인 사이의 경계가 모호한 아테네 문화에 충격을 금치 못했다. 오늘날 소위 '가짜 크세노폰$^{Pseudo-Xenophon}$'이라고 알려진 한 작가는 아테네의 노예와 자유인, 외국인 거주자와 시민 사이의 평등을 두고 '통제불가의 무자비함'이라고 언급하기도 했다. 가짜 크세노폰은 아테네에서 일부 노예가 막대한 부를 축적한 반면, 정작 일부 자유인은 끔찍한 가난에 시달리는 등 노예와 자유인의 구분이 모호하다는 사실에 경악했다.

아고라를 벗어나면 석회암으로 된 불레우테리온, 즉 고대 그리스 의회의 회의장을 만나게 된다. 그리스 의회에서는 추첨으로 선발된 아테네 시민 500명이 1년간 활동했다. 이들은 (축제일을 제외하고) 매일 의회 건물에 모여 에클레시아^{ekklesia}, 즉 전체 시민 투표에 부칠 법안을 준비

불레우테리온 • 고대 그리스 평의회의 참석자들은 불레우테리온에 모여 정치적 안건을 논의하고 결정했다.

했다.

최초의 민주주의 국가라고 평가받는 아테네는 공식 정책을 결정할 때 성인 남성 시민이 1인당 한 표를 행사하는 투표제를 시행했다. 기원전 5세기 중반에는 유권자 수가 무려 6만 명에 달했다(펠로폰네소스전쟁에서 아테네의 많은 남성이 사망하면서 이 수도 크게 감소했다). 이것도 아테네 전체 인구의 10~20퍼센트에 불과한 수치였는데, 대다수는 여성이나 외국인 거주자, 노예여서 투표에 참여할 수 없었기 때문이다. 이처럼 세계 최초의 민주주의에는 심각한 결함이 있었지만, 아테네의 정치적 실험은 현대의 대의 민주주의가 발전하는 데 큰 영향을 주었다.

기원전 5세기 아테네에서는 수많은 천재와 혁신가가 배출되었다. 극작가 아이스킬로스를 비롯해, 소포클레스, 에우리피데스, 역사가 투키

디데스, 헤로도토스, 막대한 영향력을 미친 철학자 소크라테스와 플라톤이 모두 아테네 출신이다.

소크라테스는 질문을 던져 비판적 사고를 유도하고 새로운 생각을 끌어내며 사실과 가정을 구분하는 '소크라테스식 질문법'을 개발했다. 18세기 계몽주의 시대, 볼테르를 비롯한 많은 사상가는 일찌감치 이성의 중요성을 설파했던 소크라테스로부터 영감을 얻었다. 소크라테스의 제자 플라톤은 이상주의로 유명한 철학 학파의 아버지가 되었으며, 서양 정치철학의 창시자로 추앙받는다.

소크라테스는 공개된 장소에서 아테네의 저명인사들을 향해 그들이 답을 하지 못할 때까지 집요하게 질문을 퍼붓곤 했다. 공개적으로 망신을 당한 저명인사들은 소크라테스를 눈엣가시처럼 여겼다. 펠로폰네소스전쟁에서 스파르타와 동맹국에 참패한 이후 아테네 사회는 사회 격변기로 접어들었고, 도시 내 지적 자유와 탐구에 대한 의지도 위기를 맞았다. 사람들은 이런 불행의 원인을 돌릴 희생양으로 소크라테스를 택했다. 결국 그를 '불경'과 '청년 부패' 혐의로 고발했고, 소크라테스는 사형을 선고받았다. 철학과 비판적 사고의 수도로 추앙받던 도시가 단순히 질문을 계속 던졌다는 이유로 한 사람을 처형했다는 것은 역설이 아닐 수 없다.

철학이 출현하기 전까지만 해도 사회는 대개 당장 처리해야 할 실질적 사안에 집중했을 뿐, 지적 탐구 자체에는 많은 시간과 노력을 투자하지 않았다. 철학은 삶의 우선순위를 뒤바꾸었다. 아테네인은 지적 탐구에 높은 가치를 부여함으로써 사람들이 도덕과 사회, 우주의 원리를 깊이 성찰하도록 동기를 부여했다. 인간은 본질적으로 호기심이 많은 존재지만, 이 호기심을 도덕적 의무로 끌어올린 사람들이 바로 아테네인이었다.

아테네에서는 인류의 탐구적 본성을 지원하기 위한 제도가 탄생하기도 했다. 기원전 4세기 무렵, 아테네는 수많은 권위자 중에서 아리스토텔레스(플라톤의 제자)를 발탁해 현대적 대학의 선구적 형태를 선보였다. 서양 최초의 고등교육 기관이자 후대 대학의 원형이 된 플라톤의 아카데미와 교육, 토론과 학문의 중심지 역할을 했던 아리스토텔레스의 리케움이 바로 그것이다.

아리스토텔레스는 논리학 분야의 창시자로 평가받을 뿐 아니라 물리학, 화학, 생물학, 역사학, 문학 이론, 더 나아가 정치 이론과 윤리학 등 수많은 분야에 획기적 공헌을 했다. 그는 에우다이모니아^{eudaimonia}, 즉 인간의 번영을 위한 실용적 수단으로 이른바 '덕 윤리학'을 장려했고, 정부의 궁극적 존재 이유는 덕을 함양하기 위함이라고 믿었다(가령 그는 공유 재산은 불화를 일으킬 수 있고 관대함의 미덕을 저해할 수 있다는 이유로 사유 재산을 옹호했다).

오늘날 아테네는 고대 세계의 지적 중심지로서 광범위한 영향력을 행사한 도시로 잘 알려져 있다. 아테네라고 하면 일반 대중은 분명 〈아테네 학당〉이라는 제목의 16세기 프레스코화를 가장 먼저 떠올릴 것이다. 이탈리아 르네상스 시대 예술가 라파엘로가 바티칸궁전을 장식하기 위해 그린 이 그림에는 최고의 권위를 자랑하는 고대 아테네 철학자들이 서로 열띤 토론을 벌이거나 새로운 시상을 기록하고, 제자들에게 지식을 전수하거나 진리 추구에 전념하는 모습이 다양하게 묘사되어 있다.

〈아테네 학당〉(1509-1511) · 라파엘로의 작품으로 고대 그리스의 뛰어난 철학자들을 그렸는데, 중앙에 플라톤과 아리스토텔레스가 있다.

아테네는 열린 탐구, 이성, 토론, 진리 추구의 중요성을 설파하는 데 역사적으로 핵심 역할을 했다. 현대 대학의 선구적 형태라 할 학문 기관을 탄생시켰고, 새로운 방식으로 자연 세계에 접근해 현대 과학의 출현을 앞당겼으며 새로운 정치적 실험으로 추후 현대적 대의 민주주의에 영감을 주었다. 이처럼 '지혜를 향한 인류의 사랑'에 불을 지핀 아테네는 인류 역사에서 빼놓을 수 없는 진보의 중심지다.

아테네

알렉산드리아

정보

다음으로 살펴볼 도시는 기원전 3세기경의 알렉산드리아Alexandria다. 당시 알렉산드리아는 대도서관의 설립에 힘입어 세계의 지적 수도로 자리매김했다. 기원전 3세기에 문자 그대로 '무사의 사당'을 의미하는 무세이온Mouseion이라는 교육 연구 재단이 알렉산드리아에 건립되었다. 무세이온은 박물관을 뜻하는 영어 단어 'museum'의 어원이기도 하다. 대도서관 역시 이 재단의 일부로 건설되었다. 수치에 관해서는 여러 의견이 있지만, 대도서관에 소장된 두루마리는 모두 70만 개로 책으로 치면 10만 권 이상이었다고 알려진다. 이렇게 상당량의 기록이 한데 모여 있었다는 사실은 정보를 저장하고 배포하는 방식에 혁신이 일어났음을 의미한다.

오늘날 인터넷 덕분에 정보의 바다를 마음껏 헤엄치게 된 이들에게 정보를 구할 수 없는 세상이란 떠올려보기도 어렵다. 하지만 역사적으

무세이온 · 헬레니즘시대 학문 연구의 중심지로, 각지에서 초청된 학자 약 100명이 자연과학과 문헌학을 연구했다.

로는 지식이 기록되어 있지 않을 때가 더 많았으며, 설령 기록되었다고 해도 여러 곳에 흩어져 있어 쉽게 접근하기가 어려웠다.

   알렉산드리아의 대도서관에서는 의학부터 천문학까지 다양한 주제에 관한 인류의 집단 지식을 한자리에서 접할 수 있었다. 도서관에서 열람할 수 있는 문헌에는 역사, 철학 논문, 시와 산문 등의 문학 작품뿐 아니라 세계 최초의 도서관 장서 목록이라고 알려진 피나케스^{Pinakes}도 포함되어 있었다. 많은 철학자와 학자가 이렇게 방대한 자료와 지식의 중심지라는 명성에 이끌려 알렉산드리아로 모여들었다.

알렉산드리아

알렉산드리아는 기원전 331년, 당시 페르시아제국의 정복에 한창이던 마케도니아의 알렉산드로스대왕(기원전 356-기원전 323)에 의해 설립되었다. 알렉산드로스대왕은 페르시아가 고대 이집트를 침략해 왕을 몰아낸 지 불과 10년 만에 다시 이들을 몰아냈다. 이후 알렉산드리아를 세우고 클레오메네스를 총독 자리에 앉힌 뒤 이집트를 떠났다.

기원전 323년, 알렉산드로스대왕이 세상을 떠난 뒤 그의 부하이자 마케도니아 장군인 프톨레마이오스 1세 소테르가 이집트를 장악했다. 그는 클레오메네스를 처형하고 파라오 자리에 앉았다. 기원전 305년에는 프톨레마이오스 왕조의 시작을 알리고 알렉산드리아를 수도로 공표했다. 프톨레마이오스 왕조는 비만과 무기력증이라는 유전병에 시달렸음에도 기원전 30년까지 권력을 유지했다.

알렉산드리아는 인구가 30만 명이 넘을 만큼 빠르게 성장했고 헬레

| **알렉산드로스대왕** • 고대 그리스 북부에 있었던 마케도니아 왕국의 제26대 군주였다. 사진은 알렉산드로스대왕의 모습을 담은 로마의 모자이크 작품이다.

니즘 문명의 중심지로 거듭났다. 기원후 641년에 라시둔 칼리파국이 이집트를 정복하기 전까지 거의 1,000년에 걸쳐 프톨레마이오스에서 로마 왕국, 다시 비잔틴 왕국으로 권력이 교체되는 동안 수도의 지위를 놓치지 않았다. 알렉산드리아는 로마가 더 큰 도시로 성장해 그 자리를 빼앗기 전까지 고대 세계에서 최대 규모를 자랑하는 도시였다.

오늘날 알렉산드리아는 이집트에서 두 번째로 큰 도시이자, 경제 중심지다. 인구가 500만 명이 넘어 지중해에서 가장 붐비는 도시이기도 하다. 이에 따라 아랍 세계에서는 여섯 번째, 아프리카에서는 아홉 번째로 큰 규모를 자랑한다. 역사적으로 워낙 중요한 곳이다 보니 관광지로도 인기가 높으며, 천연가스와 석유를 수송하는 수에즈운하 덕분에 산업 중심지 역할도 하고 있다.

대도서관이 명성을 떨치던 시기에 바다를 건너 알렉산드리아를 방문했다면, 고대 세계의 7대 불가사의 중 하나가 우뚝 솟은 모습에 감탄을 금치 못했을 것이다. 헬레니즘 시대 알렉산드리아에는 고대 세계에서 가장 인상적이고 유명한 유적지로 손꼽히는 파로스 등대가 위용을 뽐냈다. 기원전 3세기에 건설된 파로스 등대는 높이만 최소 100미터가 넘어 자유의 여신상(93미터), 리우데자네이루의 상징인 구세주 그리스도상(38미터)보다 높았다. 그뿐 아니라 수 세기 동안 인간이 만든 구조물 중 세계 최고 높이를 자랑했다. 등대 건물 꼭대기에는 나무가 아닌 기름으로 피운 불이 알렉산드리아 항구로 들어오는 선박에 길을 밝혀 주었다.

좀 더 가까이 다가가면 파로스 등대가 서 있는 작은 섬 맞은편으로 알렉산드리아가 등장한다. 질서정연하게 뻗은 거리 가운데로 고전 양

〈지중해의 고대 등대: 알렉산드리아의 파로스〉(1924) • 해럴드 오크리의 작품. 파로스 등대는 높이가 약 100미터에 달하며, 세계 7대 불가사의 중 하나다.

식의 건축물들이 한눈에 펼쳐진다. 알렉산드리아를 건축한 사람은 로도스섬의 건축가 디노크라테스다. 그는 히포다미아식 격자 계획을 활용해 이 도시를 설계했다. 항구에 정박해 도시 땅을 밟으면 수없이 다양한 민족과 마주치게 되는데, 그중에서도 그리스인과 유대인, 이집트인이 가장 많았다.

한마디로 알렉산드리아는 다양한 민족이 모인 국제도시였다. 남서쪽에는 나중에 알렉산드리아에 흡수된 도시 라코티스가 있다. 아랍 국가가 이집트를 정복하기 전, 이곳에는 아프리카인을 비롯한 셈족과 함족이 뒤섞여 거주했다. 이들 중 일부는 알렉산드로스대왕이 정복하고 프톨레마이오스가 지배하기 전 흔히 볼 수 있었던 이집트식 킬트와 튜닉, 드레스를 계속 입었다. 하지만 대부분은 헬레니즘 의상으로 자신의 사회적 지위를 드러냈다. 알렉산드리아 북동부에 있었던 유대인 거주지는 당시 유대인 공동체 규모로는 세계 최대였다. 이는 전성기의 알렉산드리아가 다른 종교에 관대했음을 보여준다. 알렉산드리아에서 유명했던 유대인으로는 역사가 아르타파누스, 연대기 작가 데메트리우스, 비극 작가 에제키엘 등이 있다.

부유한 그리스인 혹은 왕족이 거주했던 구역인 브로키온에는 알렉산드리아에서 가장 웅장한 건축물이 있었다. 이곳 사람들은 대부분 히마티온이나 키톤 같은 그리스 의상이나 이집트 전통 의상을 그리스식으로 변형해서 입었다. 브로키온에는 그리스 신을 모시는 웅장한 신전들도 많았는데, 그중에서도 바다의 신 포세이돈의 신전이 가장 눈에 띄었다. 이를 통해 알렉산드리아가 해상 무역에 의존하는 해안 도시였음을 알 수 있다. 극장도 있어서 관객들은 그 주변을 서성이며 최신 연극을 두고 토론을 벌이기도 했다. 예술이 꽃을 피웠던 알렉산드리아는 시인과 극작가뿐 아니라, 뉴욕 메트로폴리탄 미술관이 "마임과 무용수의 조합"이라고 일컬은 전문 엔터테이너로도 유명했다.

복잡한 건물과 꽃이 만발한 정원으로 이루어진 브로키온 왕궁의 경내에는 아름답게 장식된 두 건축물, 무세이온과 대도서관이 있었다. 무세이온 건물에는 긴 옥상 산책로와 대규모 홀이 있었다. 학자들은 이곳에서 식사를 즐기며 자유롭게 의견을 주고받았다. 그뿐 아니라 현대 '전시관' 개념의 시초인 전시실, 개인 연구실, 강의실, 학자들을 위한 주거 공간과 라이브 공연을 위한 극장도 있었다. 대도서관에는 파피루스 두루마리를 꽂을 수 있는 선반이 층층이 설치되어 있었다.

무세이온은 프톨레마이오스 왕조의 초대 왕인 프톨레마이오스 1세 소테르가 설립한 것으로 추정된다. 그는 조국 땅에서 권력을 잃고 몰락해 프톨레마이오스의 궁으로 피신한 팔레론의 데메트리우스에게 무세이온과 대도서관의 건축을 의뢰했다. 기원전 2세기에 작성되어 지금껏 전해지는 서신에 따르면, 무세이온은 세계의 모든 지식 기록을 수용하는 전 지구적 도서관으로 구상되었다.

> 데메트리우스는 … 가능한 한 세상의 모든 책을 수집하기 위해 대규모 예산을 배정받았다 … 그리고 최선을 다해 왕의 목표를 수행했다.

이내 대도서관에는 아리스토텔레스의 저서를 비롯한 그리스 서적은 물론, 이집트어 등 다른 언어로 된 다양한 문서가 쌓였다. 무세이온의 학자들도 새로운 작업에 대거 착수해 도서관의 장서를 추가했다.

무세이온은 100명이 넘는 학자들이 상주하며 일하는 연구 기관이었다. 무세이온의 학자들은 급여를 받는 직원이었는데, 급여 외에도 숙식을 무료로 제공받았고, 세금도 전혀 내지 않았다. 무세이온에는 광범위한 분야의 학자들이 고용되어 있어서 한 구역은 해부학 연구실로, 또 다른 구역은 천문학 연구실로 사용되었다. 나중에 갈렌이 수학한 것으로 유명해진 의과대학 역시 무세이온에 설립되었다. 대도서관에 소장된 파피루스 두루마리에는 정신 장애부터 장 질환, 수술, 뼈 접합, 치의학, 심지어 가짜 치아 제작에 이르는 모든 것이 기록되어 있었을 것이다.

무세이온의 학자들이 많은 업적을 달성한 데는 대도서관의 공이 컸다. 이 도서관 덕분에 알렉산드리아는 세계 정보의 수도라는 명성을 얻었고, 당대 최고의 인재들을 끌어 모을 수 있었다. 알렉산드리아의 천문학자 아리스타르코스(기원전 310?-기원전 230?)는 지구가 태양 주위를 돈다고 주장했는데, 코페르니쿠스보다 무려 1,800년이나 앞선 발견이었다. 물리학자 헤로필로스(기원전 335?-기원전 280?)는 신체의 움직임을 조절하는 기관이 뇌라는 사실을 최초로 밝혀냈다. 이집트 사제 마네토(기원전 3세기 초)가 이집트의 파라오를 연대순으로 기록하고 이집트 역사를 왕조별로 정리한 자료는 오늘날까지도 역사학자들이 유용하

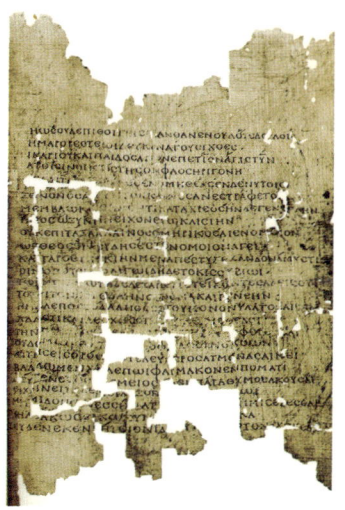

피나케스 · 칼리마코스가 만든 세계 최초의 장서 목록이다. 그는 책을 알파벳순으로 정리했으며, 서정시를 비롯해 비극, 희극, 연설 등 문학 장르에 따라서 분류했다.

게 사용하고 있다. 시인 칼리마코스(기원전 305?-기원전 240?)의 경우, 도서관에 있는 텍스트를 주제와 저자별로 정리해 최초의 장서 목록을 만듦으로써 '문헌정보학의 아버지'라고 불리게 되었다.

발명가이자 수학자였던 아르키메데스(기원전 287-기원전 212)는 알렉산드리아에서 공부하고 그곳에서 가르치기도 했을 것으로 추정된다. 목욕하던 그가 넘치는 물을 이용해 물체의 부피를 측정할 수 있다는 사실을 깨닫고는 "유레카!"('알아냈다!'라는 뜻을 가진 그리스어)라고 외친 뒤 욕조에서 뛰쳐나와 옷도 입지 않은 채 거리를 뛰어다니며 자신의 발견을 알렸다는 일화는 유명하다.

지리학자 에라토스테네스(기원전 276?-기원전 194?)도 알렉산드리아에서 학문을 가르치다가 지구 둘레를 계산할 획기적 방법을 알아냈다. 연대기의 창시자인 그는 사상 최초로 지구 축의 기울기를 계산했고, 세계 지도 투영법까지 고안해냈다(지도 제작에서 '지도 투영법'은 지구 표면을 평면으로 나타내면서도 정확성을 유지하는 정밀한 방법이다).

수학의 하위 분야인 기하학을 창시한 유클리드(기원전 300년 혹은 325년경 출생) 역시 알렉산드리아에서 학문을 가르쳤다. 이들보다 세대는 늦지만, 고대 최고의 실험가로 불린 공학자 겸 수학자 헤론(또는 헤로, 기원후 10?-70?) 역시 알렉산드리아에 거주했다. 그는 이곳에서 증기를 회전 운동으로 변환하는 최초의 장치인 에올리필레를 발명했다(당시 증기 터빈은 실질적 활용을 위한 탐구 대상이 아닌, 호기심의 대상으로만 취급되었다).

대도서관과 무세이온은 출신 지역과 배경을 막론하고 모든 학자에게 열려 있었으며, 남성뿐 아니라 여성에게도 연구 기회가 열려 있었다. 기록상 최초의 여성 학자라고 불리는 철학자이자 수학자 히파티아가 몇 세기 후 알렉산드리아에서 연구하며 이미 파괴된 무세이온의 정신을 이어갔다.

이미 다른 도시에도 도서관은 있었지만, 알렉산드리아는 글로벌 도서관이라는 개념을 유례없는 규모로 구현해냈다. 이집트, 메소포타미아, 시리아, 그리스 등 다양한 고대 문명의 많은 도시에 도서관과 기록보관소가 있었다. 하지만 이 초기 기관들은 해당 지역의 지식만 소장하거나 특정 주제만을 다루었을 뿐 아니라, 특정 문화 전통이나 유산을 보존하는 데만 중점을 두었다.

그런 면에서 알렉산드리아의 대도서관은 혁신을 일으켰다. 이곳에는 멀리 떨어진 지역의 저작물까지 소장되어 있었는데, 그중에서도 불교를 설명한 두루마리는 인도의 아쇼카 대왕과 프톨레마이오스 2세 필라델푸스 간 외교적 활동의 결과물이었다. 알렉산드리아는 다른 도시도 글로벌 도서관 설립 경쟁에 뛰어들도록 부추겼다. 오늘날의 튀르키예에 있고, 페르가몬이라고도 불리는 '페르가몬 도서관'도 그중 하나다.

하지만 대도서관은 결국 파괴되었다. 본관 건물은 기원전 48년, 프톨레마이오스 시대의 마지막 통치자 프톨레마이오스 13세가 그의 아내이자 여동생인 클레오파트라와 그녀의 연인이던 로마 독재자 율리우스 카이사르를 포위했을 때 불탄 것으로 추정된다. 처음 지어진 본관 건물에 더 이상 남는 공간이 없어 세라페이온 신전에 추가된 두 번째 건물은 비잔틴 황제 테오도시우스가 모든 이교도 사원의 철거를 명령한 4세기 말까지 보존되었던 것으로 보인다.

기원전 3세기의 알렉산드리아는 세상에 알려진 모든 지식을 한데 모아 지중해 전역의 학자들에게 자유롭게 제공함으로써 세계사에 크게 공헌했다. 알렉산드리아는 보편적 도서관이라는 개념을 개척했다. 사람들은 대도서관의 운영이 중단된 뒤에도 인류의 지식 창고를 무한히 확장시켰고, 그에 대한 접근성도 계속 확대하더니 결국 인터넷 검색 엔진과 크라우드소싱 백과사전인 위키 등 정점의 도구를 선보였다. 오늘날에는 많은 사람이 알렉산드리아 도서관과 비교도 안 되는 규모의 도서관을 스마트폰이라는 형태로 주머니에 넣어 다니고 있다.

로마

도로

다음으로 살펴볼 도시는 공화정부터 제국 초기까지의 로마Roma다. 로마인은 당대 최고의 기술력으로 송수로와 하수도부터 교각, 원형 극장과 목욕탕까지 다양한 사회기반시설을 건설했다. 특히 비아이 로마나에viae Romanae(로마 가도)라고 불리는 로마의 도로는 획기적 발전을 가져왔다. 처음에는 군인과 군수물자의 수송을 용이하게 하려고 건설한 것이었지만, 이 덕분에 민간인과 무역 상품의 이동도 더 자유로워졌다. 로마인들은 가능한 한 최단 거리의 직선 도로를 만들기 위해 이정표를 세우고 고급 측량 기술을 도입하는 등 새롭고 경이로운 공학적 개념을 다양하게 선보였다.

비록 로마인이 도로를 최초로 개발한 것은 아니지만(도로는 청동기시대의 혁신이다), 그들은 도로의 개념을 개선하고 그 잠재력을 크게 향상시켰다. 기원전 4000년경에 고대 인더스문명에서 이미 직각으로 교차하는 직선 포장도로가 등장했지만, 로마의 도로망은 그보다 훨씬 크고 혁신적이었다.

오늘날 우리는 발전된 도로 체계를 당연하게 받아들이지만, 예전에는 '도로'라고 부를 만한 길이 드물었다. 사람들은 대개 도로가 아닌 곳으로 이동했다. 발전된 로마의 도로 덕분에 이동이 더 쉽고 빨라지면서 상품과 사람, 메시지 수송의 효율성은 크게 높아졌다. 로마의 도로 체계는 문화 교류의 속도를 높이고 연결성을 확대해 다양한 문화와 신념, 제도의 용광로였던 로마제국이 탄생하는 데 일조했다.

로마의 대로는 보통 돌로 포장되어 있었고 한쪽으로는 말길, 다른 한쪽으로는 오솔길이 나 있었다. 사람과 동물의 길이 구분되어 있었던 것이다. 또한 빗물이 양옆 도랑이나 배수로로 흘러갈 수 있도록 도로의 가운데 부분을 살짝 봉긋하게 만드는 경우가 많았다. 로마의 위력이 정점을 찍은 무렵, 제국의 중심부에서 각 지역으로 연결된 다리는 모두 372개였고, 이중 로마 중심지에서 뻗어 나온 주요 고속도로만 해도 약 29개에 달했다. "모든 길은 로마로 통한다"라는 유명한 말이 여기서 생겨났다.

오늘날 로마는 이탈리아의 수도이자 인기 최고의 관광 도시다. 유럽 비즈니스의 중심지요, 여러 유엔 기관의 소재지이기도 하다. 가톨릭교회의 수장이자 로마의 주교이기도 한 교황도 1929년 로마에서 분리 독립한 바티칸 시국에 거주하고 있다. 이탈리아반도 중서부에 있는 로마는 유럽에서 가장 오래전부터 사람들이 거주한 도시로 손꼽힌다. 역사가 중에서도 로마야말로 세계 최초의 제국 도시이자 진정한 대도시라고 꼽는 이들이 많다. (이 타이틀을 마우리아제국의 파탈리푸트라에 돌려야

로마

한다고 주장하는 이들도 있다.) 로마는 일명 영원한 도시(라틴어로는 Urbs Aeterna, 현대 이탈리아어로는 La Città Eterna), 카푸트 문디(세계의 수도)라고도 불린다.

로마는 일반적으로 기원전 753년에 세워졌다고 알려졌지만, 이미 그 전부터 사람들은 거주하고 있었다. 전설에 따르면 이탈리아 중부의 라틴계 도시 알바 롱가에서 왕의 여동생이 로마 전쟁의 신인 마르스와 판박이인 쌍둥이를 출산했다. 왕은 아기들이 자신의 통치에 위협이 될 수 있다고 여겨 여동생에게 쌍둥이를 내다 버리도록 종용했다. 쌍둥이 형제 로물루스와 레무스는 결국 버려져 암컷 늑대의 보살핌 속에 성장했고, 나중에 양치기에게 입양되었다. 장성한 형제는 삼촌에게 반란을 일으켜 할아버지의 왕권을 복원한 뒤, 로마의 일곱 언덕으로 돌아가 도시를 세우기로 결심했다. 두 사람은 어느 위치에 도시를 세울지를 두고 갈등했다. 끝내 로물루스가 레무스를 살해하기에 이르렀고, 로물루스는 로마를 건국한 뒤 초대 왕으로 군림했다.

로물루스와 레무스 형제 · 로마의 전설에 등장하는 쌍둥이 형제로, 형제 가운데 로물루스는 로마의 건국자이자 초대 왕으로 알려졌다.

고대 로마의 역사는 도시 지배 구조의 발전에 따라 왕정(기원전 625-기원전 510), 공화정(기원전 510-기원전 31), 제정(기원전 31-기원후 476)으로 나뉜다. 로마는 전쟁의 신, 즉 마르스의 아들이 세운 도시국가라는 전설에 걸맞게 역사 대부분을 분쟁으로 보냈다. 영토 확장을 위한 정복 활동에 빈번히 나선 제국의 수도인 만큼 전성기에는 영토 면적이 500만 제곱킬로미터에 달했다. 여기에는 현대의 스페인, 포르투갈, 프랑스, 벨기에, 독일 일부, 영국, 웨일스, 유럽 중부 및 남동부, 튀르키예, 시리아 일부, 북아프리카 해안의 긴 영토와 현대 이집트의 상당 부분도 포함된다.

로마인은 팽창주의를 실현할 정예군을 대규모로 조직했다. 이때 멀리 떨어진 지역까지 군인들을 이동시키기 위해 광범위한 도로망을 구축했는데, 지금도 유럽 여러 지역, 북아프리카와 중동 일부 지역에서 그 잔해를 볼 수 있다. 이보다 더 복잡한 도로 체계가 나타난 것은 약 1,000년 후 잉카제국에 이르렀을 때였다(로마의 포장도로는 잉카제국의 도로보다 두 배나 길었다).

로마인들이 최초로 건설한 대로는 로마시와 캄파니아평원 북동쪽 끝의 카푸아를 연결하는 아피아 가도였다. 아피아 가도의 건설이 시작된 시기는 기원전 312년으로, 당시는 비선출 원로 의원과 집정관이라는 관리가 로마를 통치하던 공화정 시대였다(로마의 공화정 체제는 민주주의가 아닌, 소수의 부유한 가문이 권력을 독점했던 과두체제였다는 데 유의하라).

기원전 244년경에 이 대로는 카푸아를 지나 이탈리아 풀리아 남동부 지역 아드리아해의 항구 도시 브린디시까지 뻗어 있었다. 시인 호레이스와 스타티우스는 아피아 가도를 '롱가룸 레지나 비아룸'(장거리 도로

| **오늘날 아피아 가도의 모습** · 아피아 가도는 고대 로마에서 가장 먼저 만들어진 도로였다.

의 여왕)이라고 칭하며 찬사를 보냈다. 이탈리아 남동부의 항구로 이어지는 최고의 길이었던 아피아 가도는 그리스와 지중해 동부로 통하는 중요한 관문으로서, 전략적으로 상당히 중요한 위치를 차지했다.

아피아 가도는 삼니움전쟁 당시 군수 물자를 신속하게 운송하기 위해 건설된 최초의 도로였지만, 나중에는 군사적 용도를 넘어 훨씬 막중한 역할을 맡은 최초의 도로가 되었다. 이로부터 몇 세기 후, 율리우스 카이사르의 조카이자 양아들로서 앞서 소개한 아우구스투스 카이사르(기원전 63-기원후 19)가 군림한 시대에 로마를 방문했다면, 이미 훌륭하게 연결된 로마의 가도를 통해 광대한 제국의 번창하는 수도에 들어서게 되었을 것이다.

로마 공화정이 부패했다고 여기는 시각이 확산하면서 냉소주의가 퍼지자, 아우구스투스는 이를 기회로 삼아 절대 권력을 손에 넣었다. 자신은 독재자가 아니라는 점을 부각하기 위해 스스로 제1시민이라는 호칭을 사용했으며, 복지 제도를 확대해 대중의 지지를 얻었지만, 그리 오래가지는 못했다. 현대인의 눈에는 기괴하고 성차별적이며 가혹한 도덕법을 제정하기도 했는데, 레게스 줄리아$^{Leges\ Juliae}$로 알려진 아우구스투스의 법에는 간통 혐의자가 여성인 경우 살인을 정당화하거나 과부에게 재혼을 강요하는 법도 포함되어 있었다. 이 법은 당시 사회에서 제대로 받아들여지지 않았고, 오래가지도 못했다.

하지만 아우구스투스의 통치 기간 중 '팍스 로마나$^{Pax\ Romana}$'라고 알려진 상대적 평화의 시기가 시작되었다. 거의 두 세기에 걸친 이 기간에는 영토 확장을 위한 소규모 전투는 있었지만, 대규모 전쟁은 일어나지 않았다. 로마는 제국의 도로를 활용한 압도적 교역망을 바탕으로 무서운 기세로 성장하고 번창했다. 거대하면서도 정교한 건축물, 다양한 민족이 로마 거리를 가득 메웠다. 대부분은 튜닉 차림을 한 가운데 남성은 무릎까지 내려오는 키톤이나 토가를, 여성은 발목 길이의 튜닉이나 자유의 여신상의 어깨에 걸쳐진 것과 같은 모직 스톨을 입기도 했다.

고대 문명의 대부분 지역이 그랬듯 로마에도 노예제가 있었다. 심지어 회계사나 의사 등 숙련된 직업에 종사하는 많은 사람 역시 노예 신분이었다. 현대인의 눈에는 그렇지 않겠지만, 그때 로마는 지구상에서 가장 부유한 도시로 손꼽혔다. 당시 로마 인구는 100만 명에 달했거나 적어도 그 수치를 향해 빠르게 늘고 있었는데, 이는 19세기까지 유럽의 어느 도시에서도 찾아볼 수 없었던 규모였다. 로마는 그 당시만 해도 감히 대적할 곳이 없는 세계 최고의 도시였다.

로마

포로 로마나 · 오늘날 로마의 주요 관광지로 손꼽히는 '포로 로마나'는 고대 로마 당시 정치와 경제의 중심지였다.

도시 중심부에는 직사각형의 트래버틴 광장으로 여러 주요 건물에 둘러싸인 '포로 로마나'가 있었다. 로마인들이 포럼 매그넘 또는 간단히 '포럼'이라고도 부른 이 공간은 본래 로마의 시장이었다가 공화정 시대에 시민 문화의 중심지가 되었다. 공개회의, 법정 재판, 검투사 경기가 열렸으며 매장들이 줄지어 노천 시장을 형성했다. 우리가 살펴보고 있는 기원전 20년경에는 포럼에서 종교의식이나 세속 행사를 주관하기 시작했으며, 승리를 자축하는 군사 퍼레이드도 열렸다.

기원전 20년에 포럼을 방문했다면, 밀리아리움 아우레움(황금 이정표)이 세워지는 모습을 보았을 것이다. 이 황금 이정표는 약 3.5미터 높이의 대리석에 금빛 청동으로 뒤덮인 중요한 기념물이었다. 포럼의 새턴 신전 인근에 있어 상징적으로나 실질적으로나 로마의 도로 체계에서 구심점 역할을 했다. 로마제국의 모든 도로는 황금 이정표에서 시작되었고, 이 이정표를 기준으로 거리가 측정되었다. 지금도 로마에서는 이 기념물의 기단으로 추정되는 대리석 구조물을 볼 수 있다.

이 기념물의 봉헌식은 마치 축제와 같아서 많은 관중이 모여 엄숙한 연설도 듣고 신나게 즐기기도 했다. 황금 이정표는 안정된 도로망을 통해 세계의 상당 부분을 연결했던 상징으로, 여행, 물품 운송, 서신의 신속한 전달을 가능하게 했다는 점에서 놀라운 성과를 보여주었다.

당시 대부분 도로는 자연적 장애물을 그대로 둔 채로 건설되어 구불구불하고 고르지 못했지만, 로마인은 곧게 뻗은 도로를 만들었고, 이에 자부심을 느꼈다. 그들은 자연적 장애물을 그대로 두어 구불구불한 도로를 만드는 대신, 교각이나 터널, 고가다리를 건설하는 방법으로 직선 도로를 만들었다. 또한 필요에 따라 습지의 물을 빼고 숲을 베어내는가 하면 개울의 경로를 바꾸기도 했다.

도로를 건설하기 전에는 광범위한 측량을 실시해 두 지점을 연결하는 최단 거리 직선 경로를 찾아낸 뒤, 해당 경로에 놓인 장애물을 제거하려면 어떤 공학 기술을 사용할지 고민했다. 측량사는 땅의 수평을 확인하고 나무 말뚝으로 경로를 표시했는데, 직선을 만들기 위해 그로마(무게추가 달린 나무 십자가)라는 도구를 사용했다. 경로가 결정되면 흙으로 길을 만든 뒤 포장하고 양옆으로는 배수를 위한 도랑을 팠다.

돌을 층층이 쌓아 도로를 건설하기도 했다. 가장 먼저 압축 모래나 마른 흙을 깔아준 뒤 그 위에 돌가루를 깔고, 다시 (시멘트로 만든) 석판을 놓고 역시 돌가루나 자갈로 된 시멘트를 깔아주었다. 로마의 도로는 이렇게 여러 층으로 이루어져 쉽게 망가지지 않았다. 다른 도로들은 빠르게 닳아서 진흙 길이 되어버린 반면, 로마 도로는 수백 년, 심지어 수천 년이나 지속되었다. 일정 거리마다 표지판이 세워졌고 도로 폭도 통일했다. 나아가 바퀴 달린 수레와 전차의 편리한 운행을 위해 도로에 홈도 파여 있었다.

로마는 광대한 제국을 건설하고 공화정 시대에는 군주제를 열렬히 거부함으로써 역사에 큰 영향을 주었다. 후자의 사례는 미국 건국의 아버지들에게 영감을 주기도 했다. 로마제국 시대의 사회기반시설 프로젝트는 전 세계에 사라지지 않은 흔적을 남겼는데, 이는 영국의 코미디 영화 〈라이프 오브 브라이언〉에 다소 씁쓸하게 묘사되어 있다. 한 무리의 사람들이 로마인이 훌륭한 수로와 도로를 만들었다는 사실을 인정하면서도 이들에 대한 반란 음모를 꾸미는 내용이다.

로마의 목욕탕은 건설된 지 2천 년이 지난 지금까지 알제리에서 사용되고 있으며, 프랑스에 있는 로마의 원형경기장 '님 아레나$^{Arena\ of\ Nimes}$' 역시 현재까지 공연장으로 활용 중이다. 로마 내에서도 아우구스투스 시대에 건설된 클로아카 막시마(가장 큰 하수도)의 일부 구간이 여전히 사용되고 있다. 하지만 로마의 도로야말로 가장 위대한 흔적을 남겼다고 해도 과언이 아니다. 오늘날에도 많은 도로가 남아 있으며 그중 일부는 최초 노선에 현대식 도로를 덧씌워 여전히 사용되고 있다. 가령 영국 도로의 일부는 디시포스와 캐터릭을 잇는 A1 구간처럼 옛 로마의 노선을 따라간다. "모든 길은 로마로 통한다"라는 옛말은 더 이상 진리가 아니지만, 여전히 많은 길이 로마로 통하고 있다.

로마는 고대 세계 최고의 도로망을 구축해 그토록 포괄적이고 효율적이며 지속적인 도로 체계가 가능하다는 사실을 증명함으로써 도로의 개념을 새로운 차원으로 끌어올렸다. 서유럽부터 북아프리카까지 로마인이 건설한 수많은 길에는 지금도 사람들이 무수히 오간다. 로마는 도로가 사람은 물론, 물품과 정보 이동의 효율을 높여준다는 사실을 전 세계에 입증했다.

장안

무역

이번에 살펴볼 도시는 당나라 시대의 장안Chang'an, 長安으로, 한때 세계에서 가장 긴 무역로였던 실크로드의 동쪽 끝에 있는 도시다. 많은 역사가가 당나라 시대(618-907)야말로 국제 문화의 황금기, 중국 문명의 최고 정점이었다고 평가한다. 수도였던 장안은 왕조가 끝날 무렵 성벽 내 거주자가 100만 명에 달할 만큼(도시 외곽을 합치면 3백만 명에 이른다) 가장 인구가 많고 번창한 도시였다. 이 책에서 소개한 고대 도시 중 상당수가 활발한 무역의 덕을 봤지만, 장안만큼 무역이 성장에 중요한 역할을 한 도시는 없었다.

실크로드는 로마제국과 중국 등 많은 문명을 연결하는 통로였다. 대형 마차를 끈 상인들이 실크로드를 오가며 실크와 양모 같은 직물, 금과 은 등의 귀금속을 비롯해 다양한 물품을 수출했다. 실크로드는 6,400킬로미터가 넘는 긴 무역로로, 동서양 세계를 연결하고 국제무역

실크로드 · 중국에서 유럽 지역에 이르는 긴 무역로로 초원길, 사막길, 바닷길이 있었으며, 유라시아의 문물을 교류하는 중요 네트워크였다.

과 문화 교류의 새 장을 열었다. 실크로드는 세계에서 가장 오래된 장거리 통신 네트워크이기도 했다.

장안은 현재 산시성의 주도인 시안(서안)의 중심부에 있었다. 인구가 1,200만 명이 넘어 중국 북서부에서는 최대 규모였던 만큼 중국의 신흥 대도시 혹은 거대 도시라고 불렸다. 중국에서도 손에 꼽힐 만큼 오래된 도시 중 하나이자, 소위 실크로드의 시작점으로 잘 알려져 있다. 또한 '병마용' 즉, 중국 최초의 황제를 내세에서도 호위하기 위해 함께 묻힌 병사들의 조각상 수천 개가 있는 곳으로도 유명하다.

장안은 중국 역사에서 열 개가 넘는 고대 왕조의 수도였다. 장안이라는 이름은 '영원한 평화'를 뜻하는데, 무역을 위해서는 상품의 교환이 평화롭고 안전하게 이루어져야 하는 만큼 이 도시에 잘 어울리는 이름이었다. 최초로 중국을 통일한 진시황은 기원전 246년부터 기원전 208년까지 향후 장안이 들어설 지역에서 동쪽으로 약간 비낀 지점에

장안

병마용갱 · 1974년에 처음 발견된 병마용갱은 아직도 전부 발견되지 않을 정도로 규모가 상당하다. 진나라의 군사편제·갑옷·무기 등의 연구에 귀중한 자료가 되었다.

자신이 묻힐 묘를 건설하고 내부를 병마용으로 가득 채웠다. 장안이 처음 세워진 것은 한나라를 건국한 황제가 이 도시를 수도로 지정한 기원전 202년이었다. 황제가 이때 장안에 건설한 궁은 면적이 무려 1,500평에 달해 당시로서는 세계 최대 규모를 자랑했다. 이 황궁 또한 외양에 걸맞게 미앙궁(중국어로는 '웨이양'으로 '끝없는 궁전'이라는 뜻을 가진다)이라고 불렸으며 당나라 후기까지 보존되었다.

장안에서 중앙아시아의 심장부까지 복잡하게 이어지는 거대한 무역로는 기원전 2세기부터 기원후 1세기까지 300여 년에 걸쳐 만들어졌다. 실크로드는 500~800년 사이에 가장 번성해 값진 상품의 대규모, 장거리 무역을 가능하게 했다. 대형 마차가 북서쪽으로 난 만리장성을 따라가다 타클라마칸사막을 우회하고 타지키스탄의 파미르산맥을 넘어 아프가니스탄을 가로지른 뒤 레반트까지 가면 거기서부터는 선박이 지중해를 가로질러 상품을 운반했다. 실크로드 전 구간을 직접 여행한 상인은 거의 없었고, 대부분은 실크로드의 일부 구간만 이동하며 순차적으로 상품을 전달했다.

실크로드라는 이름은 이 경로를 통해 거래되는 상품 중 가장 값비싼 상품에서 유래했다. 장안시에서는 매년 봄이면 실크 생산을 기념하는 황실 행사가 열렸다. 이때 궁중 여성들이 고급 실크를 준비한 뒤 팽팽하게 펼쳐서 완벽하게 다림질했는데, 이 모습을 그린 유명한 작품도 있다(보스턴 미술관에서 송나라 후기에 제작된 이 그림의 복제품을 볼 수 있다). 실크로드를 통해 수출된 상품은 실크 외에도 종이, 막걸리, 향수, 장뇌, 약재 등 훨씬 다양했다. 그뿐 아니라 다양한 수입품이 들어와 장안 시민의 삶을 훨씬 생기 있게 만들었다.

실크로드의 전성기에 장안을 방문했다면, 축제 분위기 속에서 다양한 문화를 즐기는 국제도시를 마주했을 것이다. 거리에는 관객의 환호가 끊이지 않는 가운데 고대 이란 문명 소그디아의 연극이 재연되는가 하면 로마에서 온 마술쇼가 열리는 등 온갖 순회공연이 펼쳐졌다. 활기 넘치는 선술집에서는 오늘날의 우즈베키스탄 타슈켄트 지역에서 온 유명 극단을 비롯한 다양한 극단의 무용수들이 공연을 선보였다.

도시의 정교한 건축물 사이로 아름다운 사원과 (지금도 솟아 있는) 대안탑을 볼 수 있는데 대안탑에는 인도에서 온 경전을 소장한 불교 도서관이 마련되어 있었다. 시장은 페르시아의 카펫, 태국의 상아, 인도의 향신료, 로마의 유리 제품 등 외국 상인들의 마차에서 나온 신기한 물

장안

건들로 넘쳐났다. 도시를 거닐다 보면 다양한 민족과 언어도 접할 수 있었다.

무역으로 융성한 장안에는 황제가 제국의 부유함을 과시하기 위해 지은 아름다운 궁이 차고 넘쳤다. 황제의 궁에 있는 무용수만 해도 수백 명에 달했고, 악단도 아홉 개가 넘었다. 각 악단은 다양한 지역에서 유래한 서로 다른 스타일의 음악을 선보였으며, 인도에서 온 심벌즈, (실크로드에 있는 고대 불교 왕국) 쿠차에서 온 칠기 북 등 수입 악기를 사용했다.

대안탑 · 652년에 당나라의 고승 삼장법사 현장이 인도에서 귀국할 때 가지고 온 경전이나 불상 등을 보존하기 위해 고종에게 요청하여 건립한 탑으로, 측천무후가 재위 중이던 704년에 재건되었다.

『브리태니커 백과사전』에 따르면 "당나라의 음악 문화에서 느껴지는 국제화는 20세기 중반, 라디오와 축음기가 등장해 다양한 선택의 즐거움을 제공하기 전까지만 해도 단연 독보적이었다."

하지만 모두가 문화 교류의 결실을 반긴 것은 아니었다. 8세기 시인이자 정부 관리였던 원진(779-831)은 중국인 이외의 사람들을 '야만인'으로 분류하고, 중국에 외국인과 외국 문화가 판친다는 사실에 분노했다. '대기오염'을 유발하는 외국인뿐 아니라, 외국식 화장을 하는 중국 여성, 외국 음악을 추종하는 예능인까지 비난했다. 사실 이 같은 비판은 자신의 고향인 하남河南에 관해 쓴 글에서 쏟아낸 것이지만, 문화 교류의 영향은 장안에서 더욱 두드러지게 나타났을 것이다.

서양의 야만인들이 연기와 먼지를 일으킨 이래 … 양털, 펠트와 양고기 냄새를 풍기는 자들이 하남에 넘쳐난다. 우리 여성들은 야만인의 처가 되어 그들의 화장법을 배웠고 노래하는 여인들은 야만인의 취향에 맞는 야만인의 음악을 하는 데 집중하고 있다.

(원진에게 '서양'이란 만리장성 너머의 모든 세계였다.)

장안은 예술적으로 풍요로웠을 뿐 아니라, 새로운 사상도 곧잘 받아들였다. 실크로드를 통해 다양한 철학과 종교가 중국으로 전파되었는데, 특히 인도의 불교가 대표적이다. 장안 시민들은 시리아의 네스토리우스 기독교, 페르시아의 조로아스터교와 마니교, 유대교, 아랍 상인들이 전파한 이슬람교에 익숙했고, 742년에는 무슬림이 이곳에 대사원을 짓기도 했다. 장안은 한동안 종교적·철학적 다름을 수용하는 개방성으로 이름을 떨칠 만큼 다양한 사상이 활짝 꽃피던 도시였다.

하지만 당나라가 내리막길을 걷기 시작하면서 외국인 혐오 사상과 편협한 종교관이 퍼져 나갔다. 게다가 장안이 부유해지면서 군사 공격의 표적으로 떠올라 도시 상황도 갈수록 불안해졌다. 급기야 755년에는 안록산이라는 장군이 이끄는 반란군이 장안을 점령했지만, 이듬해 당나라가 재탈환에 성공했다. 763년에는 티베트제국의 침략군에 잠시 점령당했고, 765년에는 티베트제국과 위구르 카간국의 연합군이 다시 장안을 포위했다. 이 같은 긴장감 속에 당나라의 반란군 지도자 전신공田神功과 황소黃巢가 실크로드의 외국인 상인들을 대상으로 각기 대학살을 자행했다. 첫 번째가 양저우 학살(760년)이고 뒤이어 일어난 사건이 광저우 학살(878년 또는 879년)이다. 각 사건 중에 아랍과 페르시아의 상인 10만 명 이상이 학살당했으며, 피해자에는 무슬림, 유대인, 기독교인뿐 아니라 조로아스터교도도 포함되어 있었다.

황소가 주도한 반란을 비롯한 일련의 반란은 당나라에 치명타로 작용했다. 황소는 881년에 장안을 점령했다. 이후 당나라는 반란을 진압하고 도시를 재탈환하는 데 성공했지만, 끝내 완벽한 재기에는 실패해 역사의 뒤안길로 사라지고 만다. 게다가 로마가 아시아에서 많은 영토를 상실하고 레반트에서는 아랍 세력이 급부상하면서 세계 전역의 정치적 불안이 가중되었다. 이 때문에 실크로드를 통한 무역도 급격히 감소했다.

하지만 13~14세기, 몽골제국이 부상하면서 실크로드도 다시 상인들로 북적거렸다. 작가이자 상인이었던 마르코 폴로(1254-1324)가 베네치아에서 중국으로 여행을 떠난 것도 이 시기였다. 실크로드는 무역이

동방견문록 · 마르코 폴로의 여행기를 담은 책으로 알려져 있으며, 이 기록의 진위 여부에 대해서는 아직 논란이 있다.

삶의 질을 높이고 경제적 풍요를 창출하는 동시에 문화적 충돌을 일으키거나 전염병을 확산시키기도 한다는 사실을 잘 보여주었다. 14세기 중반, 실크로드는 페스트의 원인이 된 균을 아시아에서 유럽으로 퍼뜨리는 데 일조했다.

장안만큼 실크로드와 관련이 깊은 도시도 아마 없을 것이다. 이 무역로의 동쪽 끝에 있는 데다 실크의 본고장으로서 실크로드의 '시작점'이라 불리기 때문이다. 장안은 무역 덕분에 문화와 경제 측면에서 상당한 풍요를 누렸을 뿐 아니라, 당대 최고의 화려한 국제도시라는 명성을 얻었다. 상품과 사상의 교류를 전 세계적 규모로 확대한 실크로드와 핵심적으로 연결되어 있었던 덕분이다. 오늘날 국제무역과 문화 교류는 실크로드 상인들이 감히 상상도 못 했던 수준까지 성장했다. 국제화로 팬데믹 같은 부작용이 나타나기도 했지만, 무역과 교류는 지금도 우리의 삶을 헤아릴 수 없을 만큼 풍요롭게 한다.

장안

바그다드

천문학

다음으로 살펴볼 도시는 소위 이슬람의 황금기가 시작되던 9세기, 아바스왕조Abbasid Caliphate가 집권했던 바그다드Baghdad다. 당시 바그다드는 세계 최대 도시로 빠르게 성장하고 있었으며, 학문의 주요 거점으로서 수학과 천문학에서 획기적 발전을 이루었다. 스페인에서 중국에 이르는 거대 무슬림 세계의 지적 수도였던 만큼 여러 지역의 학자들이 이곳으로 모여들었다. 시민 대부분은 이슬람교도였지만, 다른 종교와 문화를 배제하지 않고 한동안은 비교적 열린 태도를 견지했다. '지혜의 집'은 아바스왕조 시대에 설립된 도서관으로 이내 역사상 가장 위대한 지성의 중심지로 성장했다. 이곳은 번역과 철학사상의 교류, 혁신의 거점이기도 했다. 이 당시 바그다드의 문해율은 유럽의 수많은 도시보다 높았다.

오늘날 바그다드는 이라크의 수도로, 일부 집계에 따르면 아랍 세계에서 카이로와 리야드에 이어 세 번째로 인구가 많은 도시다. 최근 분쟁과 불안정한 정국이 이어지면서 수많은 인명 피해가 발생했고, 사회 기반시설과 유일무이한 역사적 유물까지 파괴되는 비극을 겪었다. 지금은 테러와 무역 분쟁의 위험 때문에 지구상에서 가장 위험한 도시로 손꼽히며 여행 금지 지역이 되었다. 오늘날의 바그다드는 평화와 관용, 학문의 중심지였던 황금기 시절에는 상상조차 할 수 없던 모습으로 변해버렸다.

바그다드는 이슬람교가 등장하기 전부터 티그리스강을 따라 생겨난 여러 마을 중 하나의 이름이었다. 이 지역은 수자원이 워낙 풍부해 수천 년에 걸쳐 정착 생활이 이어졌다. 8세기에 아바스왕조(두 번째 이슬람 왕조)가 기존의 바그다드 정착촌이 있던 강변에 수도를 세웠다. '바그다드'라는 이름의 의미를 두고 논란이 계속되고 있지만, 많은 학자는 이 이름이 '신의 선물'을 의미하며 페르시아어에서 유래했다고 보고 있다. 아바스왕조 시대 당시 바그다드의 공식 명칭은 '마디나트 알 살람'(평화의 도시)이었다.

아바스왕조의 초대 칼리프(이슬람 제국 주권자의 칭호)이자 통치자였던 알 만수르$^{al-\ Mansūr}$는 각국에서 엔지니어, 건축가, 측량사와 예술가를 불러 모아 4년(764-768)에 걸쳐 도시를 건설했다. 7월에 공사를 시작했는데, 아바스왕조의 점성술사들이 사자자리일 때 건설을 시작해야 도시가 성공한다고 조언했기 때문이다.

비록 바그다드가 점성술에 의지해 시작되기는 했지만, 그 당시만 해도 점성술사와 천문학자가 항상 뚜렷하게 구분되지는 않았다. 당시 밤하늘이 인간의 운명을 예언한다고 믿었던 사람들은 별의 움직임을 정

야히야 알 와시티가 그린 삽화(1237) • 바그다드의 아바스 왕조 도서관에 있는 학자들을 묘사하고 있다.

확하게 예측하려는 의지가 강했다. 따라서 점성술사들 가운데 합리적으로 천문학을 공부하는 이들이 많았고, 점성술은 여러 세기에 걸쳐 천문학의 한 분야로 인정받았다.

당시 바그다드를 방문한 사람이라면, 수많은 문화권의 사람들이 모인 만큼 다양한 언어가 들려오는 상업과 학문의 중심지를 경험했을 것이다. 바그다드인 대부분은 아랍, 이란-튀르키예 및 지중해 헬레니즘 복식의 요소를 결합한 샌들과 고급 의상을 입었다. 둥근 아치형 통로와 곡선형 벽이 원형 구조를 이룬 도시의 중심부에는 골든 게이트 궁전과 바그다드 최대 사원의 돔형 지붕이 솟아 있었다. 9세기 작가 알 자히즈 Al-Jahiz는 다음과 같이 적었다.

> 나는 견고한 건축으로 유명한 도시를 비롯해 위대한 도시들을 수없이 보았다. 시리아와 비잔틴 영토, 다른 지방에서도 그런 도시들을 보았지만 [바그다드]보다 더 높고, 더 완벽한 원형을 이루며, 더 월등한 미덕을 지닌 곳, 더 거대한 성문이나 더 완벽한 방어를 갖춘 곳은 본 적이 없다.

바그다드에서는 상업 활동이 왕성했다. 원형 도시 안에 마치 바큇살처럼 배치된 네 개의 주요 도로를 따라 아치로 이어진 회랑에서 상인들이 저마다 상품을 판매했다. 혼잡하기로 유명한 시장 거리에는 낙타가 쿠라산 로드Khurasan Road를 따라 운반했거나 티그리스강의 무역로를 통해 도착한 세계 각국의 상품이 가득했다. 중국의 고급 실크와 도자기, 인도의 코끼리와 향신료, 오늘날의 스리랑카 지역에서 온 루비 등의 보석, 주다바 같은 지역 별미가 사람들의 시선을 사로잡았다(중세 바그다드 사람들은 음식에 워낙 관심이 많아 도시 지도자들이 요리 경연대회를 개최하기도 했다). 사람을 판매하는 광경도 목격할 수 있었을 텐데, 당시 모든 주요 사회가 그랬던 것처럼 바그다드에도 노예제가 있었기 때문이다.

시장 거리에서는 점성술사들이 점을 봐주고 여러 행성과 그리스 황도 12궁을 그린 작품을 판매했다. 하지만 밤하늘에 관해서라면, 점성술보다 더 많은 열정을 지닌 곳이 따로 있었다.

바그다드의 '지혜의 집'이나 대도서관에서는 천문학자들이 연구에

아바스 왕조 시대의 필사본 · 소실되거나 역사 속으로 잊힐 뻔 했던 고대의 수많은 고전 작품들이, 아바스 왕조 치하에서 아랍어와 페르시아어로 대거 번역되었다.

매진하며 다른 학자들과 어깨를 나란히 했다. 통치자들은 시립 도서관 장서에 책과 필사본을 추가하는 일을 자부심으로 여겼다. 9세기 무렵에는 페르시아어, 시리아어, 산스크리트어, 그리스어를 비롯한 다양한 언어로 쓰인 다양한 저작이 소장되었고, 학자들은 이 작품들을 아랍어로 번역했다. 바그다드 학자들의 대규모 번역 작업은 이후 '번역 운동'으로 알려지게 되었는데, 주로 그리스의 지혜를 번역하려 애썼기 때문에 그리스-아랍어 번역 운동이라고도 불렸다.

813년부터 833년까지 통치한 칼리프 알 마문$^{Al-Ma'mun}$은 특히 유명했던 번역가 후나인 이븐 이샤크$^{Hunayn\ ibn\ Ishaq}$(808-873)에게 번역한 책의 무게만큼의 금을 하사한 것으로 알려져 있다. 지혜에는 말 그대로 금에 맞먹는 가치가 있다고 여긴 것이다. '번역가의 셰이크'(셰이크는 왕자나 통치자의 칭호로 쓰였다)라는 별명을 가진 후나인 이븐 이샤크는 그리스 의학 및 과학 문헌을 가장 많이 해독한 당대 최고의 해독가가 되었다. 비주류에 속했던 기독교 신자였음에도 그가 그렇게 높은 사회적 지위를 달성할 수 있었다는 사실은 당시의 개방성과 관용을 잘 보여준다. 그의 아들인 이샤크 이븐 후나인(830?-910?) 역시 유클리드의 『원소론』과 프톨레마이오스의 『알마게스트 Almagest』를 아랍어로 번역해 가문의 전통을 이어나갔다. 바그다드 사람들은 오랫동안 유클리드를 추앙했고, 바그다드의 원형 디자인 역시 유클리드의 기하학적 가르침에 대한 경의를 담고 있다.

『알마게스트』는 본격적으로 천문학을 다룬 최초의 저작이었을 것이다(경쟁작으로 기원전 350년경 쓰인 아리스토텔레스의 『데 카엘로 De Caelo』를 들 수 있다). 이 책이 아랍어로 번역된 후 바그다드의 천문학자들은 행성의 움직임에 관한 프톨레마이오스의 계산을 수정하는 작업에 착수했다. 천문학뿐 아니라 항해에도 중요한 도구로 사용된 아스트롤라베를 완성하기도 했으며, 별의 움직임을 정밀하게 계산하는 데 꼭 필요했던 구면 삼각법과 대수학도 발전시켰다.

페르시아의 수학자이자 점성술사, 천문학자로서 820년에는 지혜의 집 수장으로 임명된 무함마드 이븐 무사 알-크와리즈미 Muhammad ibn Musa Al-Khwarizmi는 사인 사분면을 발명했다. 이로써 천문학과 항해를 위한 고도의 각도를 측정할 수 있게 되었다. 828년, 칼리프 알마문은 지혜의 집 안에 이슬람 세계 최초의 천문대를 설치하도록 지시했다. 아랍의 헤로도토스라고도 불린 역사학자 겸 과학자 알 마수디 Al-Masudi는 9세기 말에 태어나 10세기에 활동했으며, 망원경의 전신을 개발했던 것으로 추정된다.

외국에서 들여온 지식과 더불어 다양한 배경을 가진 학자들에게 열린 태도를 유지한 덕분에 기존 연구가 한층 더 발전되었을 뿐 아니라 독창적이고 새로운 학문도 발전했다. 지혜의 집 학자로 천문학, 화학, 수학, 의학, 형이상학과 음악 등 다양한 분야를 연구한 아부 유수프 야쿱 이븐 이샤크 알-킨디 Abu Yusuf Ya'qub ibn Ishaq Al-Kindi(800?-873)의 말은 바그다드의 번영을 가능하게 해준 개방적이고 관용적인 세계관을 잘 보여준다.

> 진실이 아무리 우리와 무관한 민족이나 멀리 떨어진 국가에서 발견되었다고 하더라도 우리는 그것을 인정하고 받아들이는 것을 부끄럽게 여겨서는 안 된다. 진실을 구하는 이에게 진실보다 중요한 것은 없으며, 진실을 폄하하는 것도, 진실을 말하거나 전달하는 사람을 경시하는 것도 용납되지 않는다.

바그다드의 엘리트들은 다른 의견을 폭넓게 수용하는 태도를 보였다. 칼리프 알 마문 Caliph Al-Ma'mun은 알 킨디 Al-Kindi를 자신의 동생이자 후계자인 칼리프 알 무타심 Caliph Al-Mu'tasim의 가정교사로 임명했다. 833년부터 842년까지 통치한 알 무타심은 알 킨디를 다시 자신의 조카, 즉, 알 마문의 아들을 가르치는 가정교사로 임명했다.

당시 지배적이었던 이슬람 교리에 따라, 철학적 사유와 과학적 탐구가 왕성하게 일어났다. 자주 인용되는 하디스, 즉 예언자 무함마드의 말씀에는 충성스러운 무슬림일수록 '지식을 추구해야' 한다는 내용이 들어 있었다. 여기에는 "요람에서 무덤까지 지식을 구하라" "중국의 지식까지 추구하라"는 권고도 포함된다. 이는 바그다드에 살았던 많은 학자의 태도를 대변한다. 그중 일부는 지식의 추구를 종교적 의무로 여겼다. 또한 바그다드의 학자들은 인간의 이성을 굳게 신뢰했고, 신의 계시와는 별개로 인간에게도 지혜의 원천이 존재한다고 믿었다.

외국의 철학과 과학적 지혜를 이슬람 사회에 대한 위협으로 간주한 보수 세력도 있었다. 이들은 종교적 가르침을 지식의 유일한 원천으로 보는 대신, 인간의 이성을 지혜의 원천으로 끌어올린 발상을 불경하다고 여겼다. 결국 반이성주의 세력이 승리하고 이슬람의 외국 혐오 사상이 기승을 부리며, 자유주의적 무슬림 학자들에 대한 박해가 일어나면서 이슬람의 황금기는 일찌감치 종식을 맞았다.

바그다드는 몽골에 정복되며 최종적으로 몰락했다. 칭기즈칸의 손자인 훌라구칸이 1258년 병사를 이끌고 바그다드를 침략한 이후 티그리스강은 "먹물로 검게 물들었다"라고 전해진다. 몽골군은 지혜의 집을 부수고 책들을 강물에 던졌다. 바그다드가 수집하고 제작한 수천 권의 책이 분실되거나 파괴되는 비극이 일어났다.

하지만 유럽의 과학계가 소위 암흑기를 거치는 동안 바그다드의 학자들은 우주에 대한 인류의 지식을 크게 증진했다. 유럽에서 후기 르네상스 시대에 천문학이 비약적으로 발전한 것도 아랍어 연구 번역에 기반을 두고 있었다. 천문학 분야는 오늘날까지도 아바스왕조 시대의 바그다드 학자들에게 크게 빚지고 있다. 알타이르, 베텔게우스 등 이슬람 황금기에 붙여진 아랍식 이름을 지금껏 그대로 유지하고 있는 별도 많

몽골의 침략 · 훌라구칸이 몽골군을 이끌고 1258년에 바그다드를 침략함으로써 바그다드는 최종적으로 몰락의 길을 걸었다.

다. 천문학자들도 '천정' '방위각' '황도'를 의미하는 천문학 용어로 '제니스' '아지무스' '나디르'라는 아랍어를 그대로 사용한다.

『천일야화』중 많은 이야기가 9세기의 바그다드를 배경으로 한다. 『아라비안 나이트』라는 제목으로 더 유명한 이 이야기는 이슬람의 황금기에 처음 선을 보였다. 여기에는 「알리바바와 40인의 도둑」「신밧드의 모험」처럼 유명한 이야기도 다수 포함되어 있다. 덕분에 바그다드는 경이로운 모험의 장소라는 이미지로 대중의 머릿속에 각인되었다. 하지만 현실에서의 바그다드는 진지한 학문적 연구의 현장이었다.

천문학의 수준을 크게 끌어올리고 수학 등 다른 학문의 발전에도 기여한 아바스왕조 초기의 바그다드는 세계사를 바꾼 중대한 도시로 손꼽힌다. 지혜의 집을 비롯한 바그다드의 학계는 독창적 연구뿐 아니라 외국과의 지적 교류에도 열린 태도를 유지해 이후 천문학 발전에 결정적 역할을 했다. 유럽이 소위 암흑기라는 마비 상태에 빠져 있을 때도 바그다드는 별들로부터 결코 눈을 떼지 않았다.

교토

소설

다음으로 살펴볼 도시는 헤이안(교토의 옛 지명으로 '평화'라는 뜻) 시대(794-1185)의 교토Kyoto, 京都다. 헤이안 시대는 품격 있는 아름다움을 추구하는 고급문화가 부상하고, 유행을 타지 않는 예술 양식이 출현했던 일본 문화의 황금기였다. 황실이 있었던 교토에서는 최고의 예술가들을 후원함으로써 명성을 얻으려는 귀족 가문 간 세력 다툼이 끊이지 않았다. 고위층 간 경쟁으로 문학 등 문화예술이 놀라울 정도로 발전했고, 새로운 문학 형식까지 탄생했으니 다름 아닌 소설이다.

오늘날에도 교토는 여전히 일본 문화의 중심지다. 잘 보존된 불교 사원, 신사, 황궁에는 전 세계 관광객이 몰려들고 '선zen, 禪 양식' 또는 '가레산스이'라고 불리는 일본의 정원 양식이 조경 예술에 미친 영향도 지대하다. 유네스코 세계 문화유산으로 지정된 유적지 17개도 남다른 위

가레산스이 · 일본의 정원 양식 중 하나로 물을 일절 사용하지 않고 돌과 모래로만 산수를 표현한다.

엄을 자랑한다. 교토 경제에서는 전통 공예가 차지하는 비중이 상당하다. 기모노 직공, 사케 양조업자 외에도 유명 장인들이 선대로부터 물려받은 기술을 사용해 제품을 계속 생산하고 있기 때문이다.

다른 한편으로는 최첨단을 달린다. 교토는 정보 기술과 전자 산업의 중심지로 비디오 게임 회사 닌텐도의 본사가 있으며, 명문 교토대학교를 비롯한 고등교육 기관도 많다. 교토의 인구는 이제 145만 명을 넘어섰으며, 오사카와 고베를 포함한 광역 도시권으로 치면 일본에서 두 번째로 인구가 많은 지역이다.

삼면이 산으로 둘러싸인 교토는 사가노 대나무 숲부터 도시 남서쪽 가모강 유역을 따라 늘어선 벚나무까지 고대로부터 자연의 아름다움을 간직한 도시로 유명하다.

교토

고고학적 증거에 따르면, 이 지역에 사람이 살기 시작한 것은 구석기 시대부터였다. 도시 초기의 유물은 거의 남아 있지 않지만, 시모가모 신사 등 일부 건축물은 6세기의 유물로 밝혀졌다. 일본의 건축물은 주로 목재로 되어 있는데, 나무가 워낙 빨리 썩는 통에 지금껏 보존되어 있는 건물이 많지 않다. 하지만 유네스코의 웹사이트에 나와 있는 '고대 교토의 역사적 기념물'에 따르면 일본은 목재 구조물에 대한 애정이 강해서 "지난 수천 년간 초기 형태를 복원하려는 전통을 지켜온 만큼 오늘날 볼 수 있는 건축물은 본래의 구조물과 세부 사항까지 거의 동일하다". 이렇게 건축물을 새롭게 고친 사례로 가장 유명한 것은 교토에서 남동쪽으로 약 130킬로미터 떨어진 이세 신궁으로, 이 건물은 수천 년에 걸쳐 20년마다 완전히 해체되고 재건되었다. 헤이안 시대에 이 신궁은 천황의 후원으로 사용되었다. 천황은 교토에서 종종 사자(使者)를 보내 이 신성한 장소에 경의를 표했다.

교토는 794년에 공식적으로 세워졌다. 간무 천황(735-806)은 불교 지도자들의 세력이 커지는 데 위협을 느껴 궁정을 옛 수도 '나라'에 있던 대사원으로부터 멀찍이 옮겼다. 784년에는 나가오카쿄로 먼저 천도했지만, 얼마 못 가 온 나라에 온갖 재앙이 연이어 닥쳐왔다. 황실의 핵심 고문이 암살당하고 황제의 모친과 황후를 포함한 세 명의 부인이 사망하는가 하면 홍수와 가뭄이 번갈아 일어났다. 지진과 기근이 발생하고 천연두가 퍼지더니 황태자까지 중병에 걸렸다. 정부 관청 중 점괘를 보던 부서는 황태자의 투병이 정치적 동기로 옥에 갇힌 후에 스스로 굶어 죽은 천황의 이복형제 사와라의 복수라고 지적했다.

이후 간무 천황이 이 망령을 피해 나가오카쿄를 버렸다는 설화가 널리 퍼졌지만, 다른 주장도 있다. 793년에 천황의 고문이자 8세기 최고의 수력 공학자로 손꼽히던 와케노 기요마로(733-799)가 홍수 피해를 막기 위해서는 나가오카쿄를 개조하는 것보다 홍수가 잘 일어나지 않는 지역에서 처음부터 다시 시작하는 편이 더욱 경제적이라고 천황을 설득했다는 주장이다.

이유가 무엇이었든 간무 천황은 794년에 또다시 천도를 감행했고, 이미 탁월하기로 정평이 난 중국 당나라 수도 장안을 모방해 격자 패턴의 도시를 세웠다. 당시 이 수도를 짓는 데 일본 국가 예산의 5분의 3이라는 천문학적 비용이 소요되었다. 도시 구조는 중국의 풍수지리학을 엄격하게 따랐는데, 이는 인공 구조물을 동서남북 정방향에 정확히 정렬하면 행운이 온다고 믿었기 때문이다. 직사각형의 거대한 외벽 다이다이리大內裏에 둘러싸인 황궁 건물은 도시 북쪽에 남향으로 지어졌다. 나무가 주요 자재로 사용된 만큼 화재가 끊임없이 일어나 여러 번 재건되었지만, 현재에는 더 이상 남아 있지 않다(헤이안 시대 양식을 본뜬 오늘날의 교토 황궁은 교토 인근 지역에 있다).

헤이안신궁의 정문에서부터 중앙대로가 길게 뻗어 있는데, 가히 기념비적이라 할 수 있는 주작대로朱雀大路다. 폭이 80미터가 넘는 이 거리는 교토 중심부를 통과해 남쪽의 거대한 라쇼몬羅生門까지 이어진다. 이 문의 이름은 헤이안 시대 말기에 발생한 살인 사건의 재판을 다룬 구로사와 아키라 감독의 유명 영화 제목에서 따왔다. 교토 북부, 황궁과 가까운 지역에는 귀족들이 거주하던 대규모 중국식 주택들이 늘어서 있었다. 천황은 이 값비싼 대도시의 이름을 헤이안쿄(평화와 평온의 수도)라고 지었지만, 지금은 이곳을 단순히 '수도'라는 의미의 교토라고 불

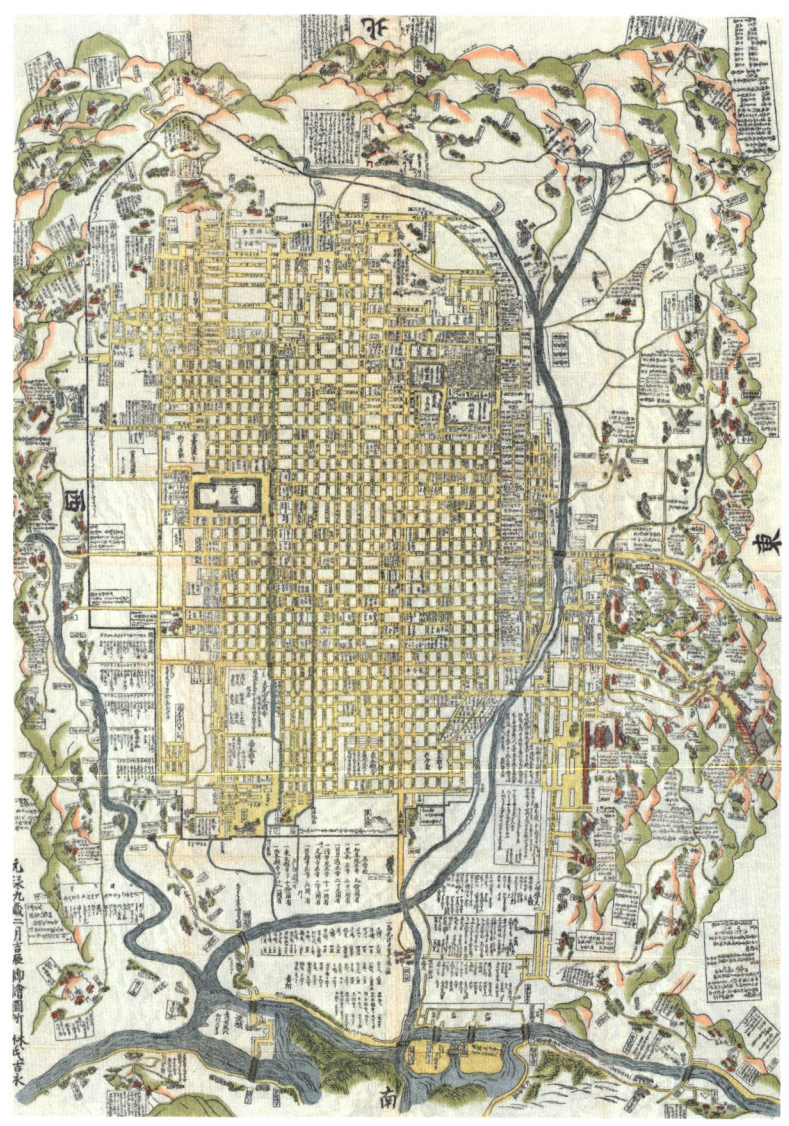

| 헤이안쿄의 모습(1696년) • 헤이안쿄는 794년부터 1869년까지 약 1,000년간 일본의 수도였다.

린다. 이 이름은 1868년 도쿄가 일본의 수도로 바뀐 뒤에도 변하지 않았다.

헤이안 시대라는 이름은 당대 수도의 지명이던 헤이안쿄에서 유래했다. 이름 그대로 이 시대는 실제로 평화로웠으며, 내전(1180년부터 1185년까지 지속된 겐페이 합전)이 일어나 헤이안 시대가 막을 내리기 전까지는 분쟁도 별로 없었다. 이처럼 평화가 오래도록 지속된 덕분에 황실은 품격 있는 아름다움을 추구하는 고급문화를 발전시킬 수 있었다.

귀족 계층이던 후지와라 가문은 몇백 년간 황족과 혼인을 맺어 많은 천황을 배출하며 교토의 황실을 장악했고, 예술과 황실의 품격을 내세워 도시 문화를 주도하고자 했다. 귀족들은 온갖 예술 분야를 경쟁적으로 후원하고 서예, 연극, 노래, 조각, 조경, 인형극(분라쿠), 무용, 회화 분야에서 당대 최고의 혁신가들과 교류하며 명성을 얻었다.

귀족들이 직접 예술 활동을 나서기도 했다. "중간 계층의 궁정 관리들이야말로 최고의 시인이었다"라고 프린스턴대학교 일본 문학 교수인 얼 로이 마이너Earl Roy Miner는 말했다. 후지와라 가문이 경제력과 영향력 면에서 더 막강했지만 "최고의 시인을 다수 배출한 것은 아리와라 가문과 오노 가문, 기 가문이었다." 그중에서도 시인 오노 노 미치카제(894-966)는 일본식 서예를 창시한 인물로 알려져 있다.

교토 궁정은 더 이상 중국 사회를 모방하지 않고 일본 고유의 전통을 발전시키기 시작했다. 예를 들어, 묘사된 장면의 일부를 가리기 위해 공중 원근법과 구름을 사용하는 것으로 유명한 일본의 야마토에 회화 전통은 중국의 영향을 받은 가라에 회화의 전통과 경쟁했다.

헤이안 시대의 궁정 관리들은 무엇보다 시적·문학적 성취를 중시했다. 컬럼비아대학교 동아시아 도서관 관장인 아미 블라데크 하인리히 Amy Vladeck Heinrich에 따르면, "시 창작 능력이 그 사람의 사회적 입지를 결정하는 주요 기준이었으며, 심지어 정치적 지위에도 영향을 미쳤다". 공식적으로 시를 주고받으면서 다른 왕국과 외교 관계를 다졌을 뿐 아니라 개인적으로는 좋아하는 사람에게 마음을 전달해 궁중 로맨스도 꽃피울 수 있었기 때문이다.

시의 주요 양식은 '와카'로, 더 유명한 양식인 '하이쿠'가 여기서 파생되었다. 와카는 31음절로 구성되며 보통 다섯 줄에 5, 7, 5, 7, 7음절이 각각 배치되어 있다. 당대 최고의 시인 중 한 명인 교토의 귀족 기노 츠라유키(872-945)는 천황이 최초로 후원한 시 선집을 공동 편집하고 와카에 관한 비평 에세이를 집필했다. 그는 "일본의 시는 인간의 마음에 뿌리 내리고 무수한 말의 잎사귀 속에서 번성한다"라고 적었다. "인간은 지나치게 다양한 관심사를 지닌 만큼 시를 통해 마음의 명상을 표현한다. 이때 눈에 보이는 풍경과 귀에 들리는 소리가 표현 수단이 된다. 꽃들 사이에서는 꾀꼬리가, 맑은 물에서는 개구리가 노래하는 것을 들으니 살아 있는 생명체 중 노래하지 않는 것이 어디 있겠는가!"라고 적기도 했다('노래'라는 의미의 일본어는 '시'라는 뜻도 가지고 있다).

교토의 예술가와 작가들이 가장 좋아했던 주제는 자연, 특히 계절에 따라 변화하는 자연이었다. 메트로폴리탄 미술관에서 밝힌 대로 "교토 주민은 주위 언덕과 산을 물들이고 일상생활의 패턴을 조절하는 계절의 미묘한 변화에 깊은 감동을 받았다".

자주 등장한 또 다른 주제는 아름다움의 무상함과 인생의 덧없음이었다. 이 주제처럼 교토에서의 삶은 상대적으로 풍요로웠던 한편, 극도로 짧았다. 일본 역사학자 히구치 기요유키는 다음과 같이 적었다.

> 오늘날 기준에서 황실 안팎의 생활 여건은 상상을 초월할 만큼 비위생적이고 부자연스러웠다. 전염병과 의학의 역사에 관한 책에 따르면, 귀족 여성의 평균 사망 나이는 27~28세였고, 남성의 평균 사망 나이는 32~33세였다. 물론, 이마저도 극도로 높은 영유아 사망률은 제외한 수치였다. 영아 사망률이 상당히 높았던 데다 출산 중 사망하는 여성의 비율 역시 높았다 … [중략] 당시 사망 원인을 구체적으로 살펴보면 결핵(폐렴 포함)이 54퍼센트, 각기병이 20퍼센트, 피부병(천연두 포함)이 10퍼센트를 차지했다.

당시 시대를 풍미했다고 손꼽힌 시 중 하나가 궁정 관리이자 아름답기로 유명했던 오노 노 고마치의 시인데, 그녀는 시들어버리는 미모의 본질에 초점을 맞췄다.

> 花の色は　꽃의 빛깔이
> うつりにけりな　어느새 바랬으니
> いたづらに　이 얼마나 무의미한가
> わが身世にふる　세상을 통과하며 늙어버린 나는
> ながめせしまに　초점 없는 시선으로 비를 바라보네

이 시는 중의법이 많이 사용되어 정확하게 번역하기 어렵다. 가령 동사 'ふる'는 '나이 들다'라는 의미가 될 수도 있고 '비 내리다'라는 의미가 될 수도 있다. 'ながめ'라는 단어 역시 '오래도록 내리는 비' 혹은 '초점 없는 시선'이라는 중의적 의미를 지닌다.

헤이안 시대 초기만 해도 일본인들은 대개 중국의 문자를 그대로 사용해 고충이 많았다. 일본어에는 중국어에 존재하지 않는 언어적 요소가 있어 그 뜻을 온전히 전달하기가 어려웠기 때문이다. 그러던 9세기, 중국어를 배울 수 없었던 교토 궁정의 여성들이 일본어 뉘앙스가 더 잘 반영된 데다 간결하기도 한 음성학적 음절 문자 체계를 개발했다. 이렇게 탄생한 '히라가나'는 여성의 문해력을 끌어올렸고, 작가들의 표현력도 풍부하게 만들어주었다. 이 덕분에 당대 최고의 여성 문학 작품이 탄생할 수 있었다. 오늘날 일본어는 한자와 히라가나, 가타카나(승려들이 개발한 또 다른 음절 문자)를 조합해서 사용한다.

헤이안 시대 일본 문학에 여성이 얼마나 막강한 영향력을 행사했는지는 이치조 천황(980-1011)의 두 부인이었던 데이시 황후(977-1001)와 쇼시 황후(988-1074) 간의 경쟁을 통해 가장 극명하게 드러난다. 두 사람은 상대방을 제치고 자신의 아들을 왕좌에 앉히려고 안간힘을 썼는데, 폭력을 휘두르는 대신 예술로 경쟁했다. 각자의 가문을 훌륭한 시인과 예술가들로 채움으로써 궁중에서의 명성을 높이려 했던 것이다.

이 두 황후의 신경전은 두 귀족 여성의 문학 경쟁으로 이어졌다. 필명 세이 쇼나곤(966?-1025?)과 무라사키 시키부(978?-1014?)가 그들이었는데, 세이 쇼나곤은 데이시 황후를, 무라사키 시키부는 쇼시 황후를 모셨다. 이들은 무엇보다 뛰어난 문학적 재능에 힘입어 각 황후에게 발탁되었다.

쇼나곤은 1002년에 시와 관찰, 사색을 엮어 오늘날 일본 고전 문학

세이 쇼나곤(왼쪽)과 무라사키 시키부 • 두 문인은 뛰어난 문학적 재능으로 교토의 문학 발전을 이끌었다.

의 걸작이자 헤이안의 궁중 생활이 가장 잘 담겼다고 평가받는 『마쿠라노소시』를 완성했다. 이에 무라사키는 자신만의 걸작으로 대응하면서 쇼나곤의 성격까지 물어뜯는 비평을 적었다. 1008년 무렵에는 무라사키의 『겐지모노가타리』 중 적어도 일부가 교토의 귀족 계층 사이에 인기를 끌었다.

『겐지모노가타리』는 잘생기고 사랑에 잘 빠지는 왕자의 젊음과 로맨스, 죽음에 이르는 일대기를 그린 작품으로, 이를 세계 최초의 소설이라고 보는 주장도 있다. 『브리태니커 백과사전』에서는 『겐지모노가타리』를 두고 "헤이안 시대뿐 아니라 모든 일본 문학을 통틀어 소설로 분류되는 최초의 작품"이라고 평했다. 『겐지모노가타리』는 오늘날 소설이 지닌 특징 중 상당수를 갖추고 있다. 일정 분량 이상의 픽션 산문으로서 주인공과 주변 인물이 등장하고 서사적 사건과 병렬 플롯, 갈등으로 구성된다. 이 소설에는 등장인물들이 의사소통을 위해 자주 사용하는 '와카'도 800편이나 삽입되어 있다. 이 이야기는 귀족 계층에서 뜨거운 인기를 얻었고, 소설 속 장면을 그린 작품도 수없이 등장했다.

소설은 궁정의 사랑을 마냥 아름답게 그리는 데 그치지 않고, 갑작스러운 죽음처럼 교토 궁정에서 흔하게 일어났던 일상적 사건까지 다루었다. 가령 목욕에 대한 언급이 전혀 없는 점은 교토의 안타까운 위생 상태를 반영한다. 히구치는 다음과 같이 지적했다.

당시 귀족 계층에는 목욕하는 관습이 널리 퍼져 있지 않았다…. 오늘날의 사람들은 상상이 잘 안 되겠지만 헤이안 시대의 귀족 여성에게서 강력한 체취를 맡을 수 있을 것이다. 게다가 그들은 감기에 걸리면 생마늘을 씹어먹었기 때문에 특유의 냄새가 더 심했을 게 분명하다. 『겐지모노가타리』에서는 이 점을 분명히 묘사하고 있다. 한 여성이 남성에게 답장을 쓰면서 오늘 밤에는 마늘을 먹어 냄새가 지독하니 들르지 말아달라고 부탁하는 내용이다.

교토의 위대한 문학 경쟁은 결국 무라사키의 승리로 끝났다. 쇼나곤이 모시던 황후가 출산 중 20대 초반의 어린 나이에 사망하면서 점차 쇼나곤의 명성도 빛을 바랬다. 반면, 무라사키가 모시던 황후의 두 아들이 황제 자리에 오르면서 무라사키의 작품은 더 오래 전해질 수 있었다. 오늘날 교토 외곽의 우지시에는 『겐지모노가타리』 기념 박물관까지 세워져 있다.

헤이안 시대는 사무라이(세습 군사 귀족) 문화가 부상하고 일본의 실제 통치권이 교토의 궁정으로부터 쇼군으로 불리는 전투적 장군들에게로 넘어가면서 막을 내렸다.

일본 황실은 오늘날까지도 매년 시 짓기 대회를 개최한다. 헤이안 시대에는 시나 산문을 창작할 만한 시간적 여유와 교육 수준을 갖춘 사람이 귀족과 승려뿐이었다. 하지만 현대에는 많은 사람이 아마추어 글짓기를 즐긴다.

교토의 문학이 찬란하게 꽃피운 지 수 세기가 지난 1905년, 미국의 영문학 교수 셀든 링컨 휘트콤Selden Lincoln Whitcomb은 "소설은 인간이 발견한 가장 포괄적인 형태의 표현 예술"이라고 말했다. 헤이안 시대의 교토는 소설 창조의 중심지로 문학사에 일대 전환을 일으켰을 뿐 아니라 예술과 시 부문에서도 놀라운 성취를 이루었다.

16
볼로냐
대학

다음으로 살펴볼 도시는 일반적으로 알려진 최초의 대학이자, 오늘날까지 계속 운영되는 가장 오래된 대학이 위치한 볼로냐Bologna다. 최초의 대학에 관해서는 여전히 논란이 많다. 유네스코는 5세기 굽타 왕조 시대의 고대 마가다(오늘날의 인도 비하르주)에 있던 불교 연구원 날란다Nalanda야말로 최초의 기숙형 대학이라고 주장해왔다. 기네스북 세계 기록은 859년 모로코 페즈에 이슬람 사원으로 설립된 알 카라윈의 마드라사(이슬람 고등교육 시설 —옮긴이)를 최초의 대학으로 인정한다. 하지만 1088년에 설립되었다고 전해지는 볼로냐대학교야말로 학위를 수여하고 현대의 대학과 같은 방식으로 고등교육을 실시한 최초의 교육기관이다.

오늘날 볼로냐는 이탈리아에서 일곱 번째로 인구가 많은 도시로 인구가 100만 명이 넘는다. 도시의 상징이자 석조로 만들어진 두 탑은 각

각 1109년과 1119년에 세워진 것으로 추정된다(당시 기록이 부족해 정확한 건축 연대는 알 수 없다). 유구한 역사를 자랑하는 볼로냐 도심은 제2차 세계대전 중 입은 폭격 피해를 아직 간직하고 있지만 전반적으로 잘 보존되어 있다. 면적이 4,000제곱미터가 넘는 만큼 유럽의 중세 건축물 중 두 번째로 큰 규모를 자랑한다. 광장에는 장군이나 정치인의 동상이 아닌, 중세 교수들의 무덤과 기념비가 주를 이룬다. 볼로냐는 피렌체와 베네치아, 로마에 비해 명성이 높지는 않지만, 최근에는 관광지로도 인기가 많아지고 있다. 대학 외 유명한 지역 산업으로는 에너지, 기계, 지역 농산물 가공 및 포장, 패션, 자동차를 꼽을 수 있다. 볼로냐는 오토바이 기업 두카티와 고급 스포츠카를 생산하는 람보르기니의

볼로냐의 전경 · 오늘날 대학 도시로 널리 알려져 있으며, 도시를 대표하는 중세풍의 빨간 지붕이 인상적이다.

본사가 있는 도시이기도 하다.

　이 도시에는 세 가지 별명이 있다. 먼저 '라 로사'(빨강)는 중세에 지어진 놀라운 건축물 덕분에 생긴 별명이다. 빨간 지붕과 빨간 테라코타 포르티코(건물 입구에서부터 이어지는 지붕으로 뒤덮인 통로—옮긴이)는 이 도시의 상징이다. 특히, 유네스코 보호 유산으로 지정된 포르티코 덕분에 사람들은 햇빛에 노출되지 않고도 도시 대부분을 가로지를 수 있다. 볼로냐는 좌파 정치로도 명성이 높아 라 로사라는 별명이 중의적으로도 쓰인다. '라 도타'(배움)는 최초의 대학을 배출했을 뿐 아니라 전통적으로 대학생이 많고 지식에 헌신하는 문화 덕분에 붙여진 별명이다. 마지막으로 '라 그라사'(지방)는 이 도시가 이탈리아의 미식 수도 중 하나로서 이탈리아 요리에 큰 공헌을 했음을 인정한다는 의미로 붙여진 별명이다.

　볼로냐는 세계 음식 문화에서도 중요한 지위를 차지한다. 이 도시에서 이름을 따온 '볼로네제 소스'는 고기 베이스의 파스타 소스로, 전 세계 이탈리아 레스토랑에서 이 소스를 활용한 다양한 요리가 판매된다. 영어권 국가에서는 볼로냐[bologna] 혹은 간단하게 발로니[baloney]라고 불리는 가공식품도 유명하다(철자를 어떻게 쓰든 같은 음식을 의미한다).

　가공식품 볼로냐는 14세기에 처음 만들어진 볼로냐의 모르타델라 소시지를 변형한 제품이다. 모르타델라와 볼로냐 모두 열처리한 돼지고기를 갈아서 만들며, 20세기 초에 미국으로 건너간 이탈리아 이민자들이 이 제품을 대중화했다. 남은 돼지고기로 만든 이 저렴한 음식은 미국에서 '어불성설'을 의미하기도 하는데, 볼로냐가 고등교육을 통해 인류의 지식 수준을 한층 끌어올린 도시였음을 떠올려보면 아이러니가 아닐 수 없다.

볼로냐 인근은 리노강 주변의 광대하고 비옥한 저지대라는 최적의 입지를 자랑하는 덕분에 오늘날에도 이탈리아의 주요 농업 지역 중 하나다. 지리적 입지를 생각하면, 기원전 9세기라는 이른 시기부터 인류가 거주한 것도 딱히 놀랄 일은 아니다.

볼로냐는 입지가 워낙 훌륭해 외세의 침입에 자주 시달릴 수밖에 없었다. 본래 에트루리아인이 세운 '펠시나Felsina'라는 도시였던 이곳은 기원전 4세기경 갈리아에 함락되었다. 켈트족은 이 정착지를 '요새'라는 의미의 '보나Bona'라고 불렀으며, 기원전 196년에는 로마인들이 이 도시를 볼로냐의 어원인 라틴어 보노니아Bononia라고 칭하면서 외부 기지로 사용했다. 로마제국이 멸망한 후, 볼로냐는 서고트족, 훈족, 고트족, 롬바르드족에 의해 끊임없이 약탈당하고 점령당했다. 이후 8세기에는 샤를마뉴 대제가 이끄는 프랑크족이 도시를 정복했고, 10세기에는 헝가리인의 약탈이 이어졌다.

11세기에 이르러 볼로냐는 봉건적 통치에서 벗어나 '리베르타스Libertas'(자유)를 모토로 하는 자유 공동체로 거듭나고자 했다. 실제로 이 같은 전환이 이루어진 정확한 시기는 알 수 없지만, 현존하는 헌법 중 가장 오래된 항목은 1123년으로 거슬러 올라간다. 하지만 호전적 귀족 계층이 이탈리아 중세부터 르네상스 때까지 도시를 장악하기 위해 치열하게 경쟁했기 때문에 독립은 그리 오래가지 못했다.

중세의 기록은 날짜나 사건의 순서가 불분명하다. 하지만 11세기의 어느 시점에 볼로냐는 고등교육, 특히 법학에 관한 뜨거운 관심을 불러일으켰다. 유럽 전역의 학생들이 저명한 법학자이자 유스티니아누스

볼로냐

대제의 로마 법전 편찬 전문가인 페포^{Pepo} 밑에서 공부하기 위해 볼로냐로 몰려들었다.

외국인 학생들은 볼로냐에 도착하기가 무섭게 도시의 차별적 법률에 직면했다. 볼로냐는 한 외국인의 범죄와 채무를 그와 동포인 다른 외국인이 책임지도록 하는 집단 처벌을 허용했다. 즉 한 프랑스인의 부채를 회수하기 위해 다른 프랑스인의 재산을 압류하고, 어느 헝가리인이 저지른 범죄 때문에 다른 헝가리인이 처벌받았다. 당시 이탈리아는 통일된 정치 단체가 아니었기 때문에 시칠리아인 등 지금은 이탈리아인에 해당하는 많은 민족이 외국인으로 여겨져 집단 처벌의 대상이 되었다.

점차 수가 늘어났던 볼로냐의 외국인 학생들은 이 끔찍한 집단 처벌 관련 법을 개정하기로 했다. 이들은 일종의 상호 원조 단체로 유니버시타스 스콜라리움$^{universitas\ scholarium}$이라고 알려진 길드를 결성한 뒤, 법학자를 고용해 체계적 교육을 제공했다. 덕분에 학생들은 신성로마 황제인 프리드리히 1세(1122?-1190)에게 도움을 호소하는 청원을 제기하는 데 성공했다. 프리드리히 1세는 볼로냐대학교를 공식적으로 인정하는 헌장을 발표했다. 바바로사의 법령$^{authentica\ habita}$이라고 알려진 이 헌장 이후 볼로냐의 외국인 학자들은 집단 처벌에서 벗어나 보호를 받았고, 자유롭게 이동할 권리와 연구 목적으로 여행할 권리까지 보장받게 되었다. 후기 라틴어로 길드를 의미하는 유니버시타스^{universitas}라는 단어는 '조직'이라는 뜻을 가지고 있는데, 현대의 '대학'과 비슷한 의미로 사용되었다.

오늘날의 대학과 마찬가지로 볼로냐대학교는 신학, 법학, 의학, 철학 등 분야별 학과를 개설했다. 학위 요건을 설정하고 학사와 석사, 박사

학위를 수여한 점도 현대의 대학과 비슷하다. 볼로냐대학교는 대학 교육의 선구적 모델이 되어 다양한 영역에서 인류의 발전을 이끌었지만, 그중에서도 가장 두드러지는 분야는 법학이었다. 실제로 페포는 최초의 법대 교수로 일컬어진다.

페포는 이내 자신을 훌쩍 뛰어넘는 제자를 배출했는데, 역시 볼로냐대학교에서 교수로 재직한 이르네리우스^{Irnerius}(1055?-1140?)다. 그는 본래 수사학과 교수법을 공부했지만, 부유한 후견인이자 당대 이탈리아에서 최고의 권력을 자랑한 귀족 토스카나의 마틸다에게 설득당해 전공을 법학으로 바꿨다. '법의 등불'이라는 의미의 '루체르나 주리스$^{Lucerna\ Juris}$'라는 별명으로 통했던 이르네리우스는 중세 로마법을 창시한 인물이다. 고대 로마 법전에 대한 그의 해설 덕분에 순서나 의미가 뒤죽박죽이던 중세법이 고대 로마의 법률 체계처럼 좀 더 체계적이고 합리적인 방향으로 개선될 수 있었다. 이후 이르네리우스의 제자 중 가장 유명한 불가루스, 마르티누스 고시아, 우고 다 포르타 라벤나테와 야코부스 데 보라지네까지 네 명은 '볼로냐의 네 박사'로 불리게 되었다. 이들은 각기 다른 방식으로 법철학에 접근했다.

12세기 말, 볼로냐대학교는 고등교육, 특히 법학 연구의 최고 기관으로 널리 인정받았으며, 유럽 전역의 엘리트들이 이곳으로 몰려들었다. 캔터베리 대주교로서 교회의 독립성을 지키려고 고군분투한 덕분에 현재 가톨릭과 성공회 양쪽에서 순교 성인으로 추앙받는 토마스 베켓(1120?-1170)도 젊은 시절 볼로냐대학교에서 법학을 공부했다. 피렌체 출신의 단테 알리기에리(1265?-1321)와 흔히 영어식으로 페트라르크로 불리는 프란체스코 페트라르카 역시 이곳에서 수학했다. 네 명의 전 교

이르네리우스 · '법의 등불'이라는 별명을 지녔던 이르네리우스는 볼로냐대학교의 교수로 중세 로마법의 창시자였다.

황은 물론, 일찌감치 종교적 관용과 평화를 옹호했던 네덜란드 인문주의자 에라스무스 로테로다무스(1469?-1536) 역시 이곳의 졸업생이다.

12세기부터 15세기까지 이 대학의 학생 수는 3,000~5,000명 수준이었지만 오늘날에는 9만 명을 훌쩍 뛰어넘는다.

또 볼로냐대학교는 여성 졸업생을 배출하고 대학교수로 채용한 최초의 대학이었다. 전해지는 이야기에 따르면, 1237년 베티시아 고자디니(1209-1261)라는 귀족 여성이 철학과 법학을 전공한 뒤, 1239년부터는 법학 강의를 시작했다.

1700년대에는 고자디니가 실제로 볼로냐대학교를 졸업했는지를 두고 논란이 있었다. 법학도였던 알레산드로 마키아벨리(1693-1766)는 볼로냐의 백작 부인이던 마리아 비토리아 델피니 도시의 법학 학위 취득 요청을 위해 고자디니가 재학했다는 증거를 찾으려 노력했지만, 끝내 허가받지 못했다. 여성에게 학위를 수여하는 데 반대했던 남성 학자들은 고자디니의 일화를 단지 소문으로 치부하려 했다. 중세로부터 전해지는 기록이 워낙 희귀해 진실은 여전히 오리무중이다.

하지만 물리학자 로라 바시(1711-1778)가 급여를 받았던 최초의 여성 대학교수로 볼로냐대학교에 임용된 것은 확실하다. 이탈리아에서 뉴턴의 역학을 대중화한 공로를 인정받은 그녀는 과학 분야로는 최초, 다른 분야까지 통틀어서는 두 번째로 박사 학위를 받은 여성이었는데, 이 역시 볼로냐대학교에서 수여한 것이었다.

볼로냐는 건축학부터 요리학에 이르는 다양한 영역에서 많은 업적을 자랑한다. 하지만 세계 최초의 대학을 설립한 것이야말로 인류 발전에 가장 크게 이바지한 업적이었다. 볼로냐대학교 이후로 대학은 학문과

볼로냐대학교의 문장 · 볼로냐대학교의 교훈이 담겨 있는데, 학문의 어머니로 불린 볼로냐대학교는 현대 대학의 모델이 되었다.

혁신, 교육을 확산시키는 데 일조했다. 특히 볼로냐는 법학 연구를 지원함으로써 정의 체계를 개선하는 데도 공헌했다.

볼로냐대학교의 교훈을 번역하면 "성 베드로는 모든 곳에서 법의 아버지고, 볼로냐는 그 어머니다"이다. 이 대학교의 정식 명칭을 이탈리아어로 표기하면, L'Alma Mater Studiorum-Università di Bologna, 즉 '학문의 어머니 볼로냐대학교'가 된다. 전 세계 대학 졸업생들이 자신의 출신 대학을 언급할 때 사용하는 '알마 마테르 L'Alma Mater(모교)'라는 표현이 바로 여기에서 나왔다. 모든 대학의 어머니는 볼로냐다. 현대 대학 체계를 탄생시킨 중세의 볼로냐가 없었다면, 지금의 대학도 없었을지 모른다.

17 항저우

지폐

다음으로 살펴볼 도시는 전근대 경제 혁명기 또는 원시 산업화 시대라고 불렸던 12세기 송나라 말기의 중국 항저우杭州다. 항정우의 당시 이름은 임안臨安으로, 1127년부터 1276년까지 남송南宋의 수도였다. 『지구와 인류: 지구의 역사 The Earth and Its Peoples: A Global History』라는 책에서는 인쇄와 제조에 혁신을 일으킨 송나라를 두고, "다른 어떤 전근대 국가보다 먼저 산업혁명에 가까이 다가간 나라"라고 주장한다. 969년부터 1276년까지 이어진 송나라 시대는 발명과 활력의 시대였다. 당시 송나라는 무역과 산업을 통해 지구상에서 가장 부유한 나라가 되었다. 이에 왕조의 수도였던 항저우도 세계에서 가장 부유하고 인구가 가장 많은 도시로 자리매김했다. 송나라는 금속 동전보다 휴대가 훨씬 간편한 지폐를 최초로 발명했고, 이 덕분에 항저우는 화폐 인쇄의 중심지이자, 혁신과 창의성의 거점이 되었다.

송대에는 경제가 급성장하면서 국민 평균 소득 수준이 전례 없이 높아졌다. 신기술 등장과 농업 발전, 무역로의 설치로 중국 전역이 효율적으로 연결되어 상거래가 활발해진 덕분이었다. 중국 상인들이 머나먼 동아프리카까지 무역 네트워크를 확대하면서 교류는 더욱 활발해졌다. 이처럼 경제적으로 풍요로워지고 사람들이 과거보다 훨씬 규모가 큰 거래를 처리하게 되면서 지폐의 도입이 촉진되었다.

오늘날 중국 최고의 상업 기반 중 하나인 항저우는 세계에서 가장 긴 인공 강이자 유네스코 세계 문화유산으로 지정된 '경항대운하京杭大运河'의 남쪽 끝 지역에 있다. 이 도시는 끝없이 혁신을 거듭한 덕분에 지금도 첨단 기술을 자랑한다. 전자상거래의 거물 '알리바바'를 비롯한 다양한 인터넷 기업이 이곳에 본사를 두고 있어 첨단 기술 중심지로서의 위상도 커지고 있다. 항저우를 중심으로 한 '항저우 대도시권'은 인구가 2천만 명에 달해 중국에서 네 번째로 인구가 많다. 항저우는 중국 내에서 관광지로도 인기가 많은데, 도시의 역사를 보여주는 여러 문화

| **오늘날 항저우의 모습** • 항저우는 끝없이 혁신을 거듭한 덕분에 첨단 기술의 중심지로 우뚝 섰다.

항저우

유적지가 잘 보존되어 있다. 역사 테마파크 '송나라 마을'(송성 테마파크)에는 당시 주민들을 재현한 배우로 가득하다.

13세기에 항저우를 방문한 이탈리아 탐험가 마르코 폴로가 항저우를 "세계에서 가장 아름답고 웅장한 도시"라고 묘사하며, "천국의 도시"라고 불렀다는 얘기는 유명하다. 당시는 이미 송나라가 멸망한 후였지만, 마르코 폴로가 접한 도시 건축물과 자산의 대부분은 분명 송나라의 유산이었다(항저우의 호수공원에는 오늘날까지도 마르코폴로 동상이 항저우의 아름다움에 감탄하는 모습으로 서 있다). 중국에서 전해 내려오는 말 가운데 "위로는 천국, 아래로는 항저우와 쑤저우"라는 말이 있는데, 마르코 폴로의 감상을 대변한 것으로 쑤저우는 항저우 북쪽에 있는 또 하나의 아름다운 도시다.

항저우 도심과 베이징을 연결하는 대운하가 7세기에 건설되면서 남북 교류가 가능해졌고, 항저우는 이내 주요 도시로 급부상했다. 하지만 이 도시의 황금기가 본격적으로 시작된 시기는 송나라의 수도가 된 12세기였다. 송대에는 목판 인쇄술이 급속하게 보급되어 지식 산업이 가파르게 성장했다. 항저우의 목판 인쇄물은 생산 규모와 질적 측면에서 중국 최고 수준이었다. 목판에 문자와 그림을 조각하고 잉크를 칠한 뒤 종이에 눌러 인쇄한 이 기술 덕분에 책, 문서, 지폐를 대량으로 생산할 수 있는 길이 열렸다.

불교 사원에서 경전을 재생산하기 위해 개발한 목판 인쇄술은 기원후 200년부터 이미 사용되고 있었지만, 제대로 자리 잡은 것은 9세기의 일이었다. 목판 인쇄술은 송대에 들어서야 비종교적 목적으로 널리 보급되기 시작했으며, 11세기에는 장인이자 발명가인 비승(990-1051)

이 이동식 활자를 고안했다. 인쇄술이 발달하면서 책값이 획기적으로 낮아지고 문해율은 높아졌다. 시와 소설 등 예술 작품이 쏟아져 나오고 약학과 의학 지식이 보급되면서 과학적으로도 진보를 이루었다.

이 황금기에 항저우를 방문할 수 있었다면, 예술과 상업, 혁신과 개방 정신이 넘실대는 화려한 대도시를 맞닥뜨렸을 것이다. 엄청난 인파에 놀라움을 금치 못했을 텐데, 일부 집계에 따르면 송대 말기인 1276년에 항저우 인구는 이미 175만 명에 달했다. 이는 현재 애리조나주 피닉스 인구보다 약간 많은 수준이지만, 당시로서는 최초의 도시 집중화 현상이라 할 만큼 전례 없는 규모였다. 당시 항저우 시민은 지구상에서 가장 부유한 사람들이었다. 항구에는 갑판이 최대 네 개, 돛도 열 개나 되는 대형 선박이 즐비했다. 같은 시기에 유럽인들은 주로 노 젓는 힘으로 움직이는 작은 갤리선을 타고 여행했다는 사실과 비교하면 놀라운 수준이다.

염색과 직조 등 섬유 산업이 발전한 덕분에 시민들은 아름답고 고급스러운 의상을 입고 다녔다. 거리에서 귀족 여성을 많이 볼 수는 없었는데, 당시 중국 고위층 사이에 '전족'이 유행했기 때문이다. 이는 어린 여자아이의 발을 아름답게 만든다는 명분으로 발뼈를 지속적으로 부러뜨려 부자연스럽게 일그러지도록 하는 관행이었다. 이 때문에 여성은 걸어다니는 것도 쉽지 않았다.

시장에서는 오늘날 중국 요리의 시초가 된 음식 문화를 볼 수 있다. 당나라 초기(앞서 소개한 장안의 황금기)에 중국인은 밀과 기장을 주식으로 소비하고 포도주를 즐겨 마셨다. 하지만 송나라 때부터 쌀과 차가 그 자리를 대신하게 되었고 지금까지도 그 문화가 이어지고 있다.

항저우

중국 송대의 해군 전함 • 『무경총요』라는 당시 전술을 담은 책에 실려 있으며, 이 책에는 나침반에 관한 기록도 등장한다.

그뿐 아니라 도시의 건축물도 상당히 정교해 감탄을 자아낸다(경사가 급하고 끝부분이 위로 올라간 중국의 지붕 형태가 송나라에서 시작되었다). 오늘날에도 잘 보존되어 있는 항저우의 여러 놀라운 사원은 당대의 영적이고 철학적인 다양성을 보여준다. 작가 에릭 와이너에 따르면, "불교와 유교 사상이 섞이면서 놀라울 만큼 관용적인 분위기가 형성되었다". 다양한 사상 체계가 공존하며 번성했고, 대화가 예술의 한 형태로 발전했으며, 도시가 부유해지면서 다양한 예술이 일상에 스며들었다. 시만 해도 이전 시대에는 종교적 주제에 국한됐지만 송대에는 일상적인 주제까지 다루었고, 시 경연대회 역시 자주 열렸다.

항저우는 위대한 창의성의 본거지였다. 11세기에 수학자 심괄(1031-1095)은 자기 나침반을 발명하고 세계 최초로 지형도를 그렸으며, 역시 사상 최초로 퇴적 과정을 기록했다. 그가 남긴 노트는 레오나르도 다빈치의 노트에 비견될 만큼 수학부터 천문학, 기상학, 지질학, 동물학, 식물학, 약리학, 농학, 고고학, 민족지학, 지도학, 외교, 수력공학, 금융까지 방대한 분야를 아울렀다. 심지어 그는 다작하는 시인이기도 했다.

송대의 또 다른 지식인은 소동파(1037-1101)였다. 그는 항저우 주지사를 지내기도 했지만 예술, 공학자로서의 활동과 통찰력 있는 시로 더 잘 알려져 있다. 그의 시에는 정부 관리들에 대한 자조적 시각이 은근히 드러난다.

> 사람들은 자식을 키우며
> 총명하길 바라지만,
> …[중략]
> 내 아이는 차라리
> 어리석고 미련하길 바란다.
> 그래야 탈 없이
> 평탄하게 벼슬까지 오를 테니.

항저우의 발전이 대개 민간 부문에서 이루어졌다는 점을 생각하면, 소동파의 태도도 얼마든지 이해할 수 있다. 최초의 지폐 역시 민간 부문의 성과였다. 일찍이 당나라 때부터 실크로드 상인들은 무거운 동전 줄을 갖고 다니기가 힘들어 물건을 구매할 때 종이로 된 약속 어음을 사용했다(중국 동전은 가운데 네모난 구멍이 나 있어 줄로 엮을 수 있었다). 본래 그 어음을 만든 이가 바로 민간 중개인이었다. 이후 송나라 초기,

이 같은 혁신의 가치를 인정한 정부가 동전을 약속 어음으로 교환해주는 제도를 허가함으로써 이 체계를 어느 정도 표준화했다. 이후 12세기에는 지폐의 중요성을 더욱 크게 인식하게 되면서 교자交子라는 최초의 공식 지폐를 발행했다. 이 지폐에는 상거래를 묘사한 복잡한 삽화가 그려져 있었다.

'경제 혁명기'라고도 할 수 있는 항저우의 황금기에 송나라 지도자들은 무역 협정과 조공을 통해 긴장을 완화함으로써 많은 국제 분쟁을 피했다. 그 결과 평화가 지속되어 주민들이 마음 놓고 사업에 종사할 수 있었고, 이는 도시를 더욱 풍요롭게 만들었다. 미국 역사가 필립 커틴Philip D. Curtin에 따르면 "960년과 … 1127년 사이, 중국은 초기 역사 혹은 오늘날까지의 세계 역사에 유례없는 경제 성장기를 거쳤다. 이는 상업화, 도시화, 산업화가 동시에 일어난 데 따른 것으로 일부 학자들은 중국 역사의 이 시기를 6세기가 지난 뒤 일어난 유럽의 초기 근대화에 비견하기도 한다".

송나라 화폐는 항저우와 청두, 후이저우와 안치 등 송대 주요 도시의 공장에서 목판과 여섯 색상의 잉크를 사용해 균일한 디자인으로 생산되었다. 도시마다 지폐에 서로 다른 인장을 찍었고, 다양한 섬유 비율의 종이를 사용해 위조를 방지했다. 1175년, 항저우

송나라의 교자 · 최초의 지폐인 교자에는 거래하는 상인들의 모습이 담겨 있다.

의 지폐 공장에서 일한 노동자 수는 일간 1,000명 정도로 추정된다. 초기 지폐에는 3년이라는 유통기한이 있었고(그 이후에는 동일 금액의 청동 동전으로 교환해주었다), 사용할 수 있는 지역도 송나라 내 특정 지역으로 제한되었다. 그러던 1265년, 항저우 공장에서 최초의 진정한 국가 화폐가 인쇄되었다. 단일한 디자인인 이 화폐는 송나라 전역에서 통용되었으며, 그 가치가 은이나 금으로 연동되었다. 금액에 따라 권종도 다양했다. 하지만 안타깝게도 몽골의 침략으로 송나라가 막을 내려 불과 9년밖에 사용되지 못했다.

지폐라는 개념은 지폐를 만든 송나라보다 오래 지속되어, 뒤이은 원나라 역시 교초交鈔라는 지폐를 자체 발행했다. 하지만 원나라는 화폐의 가치를 다른 어디에도 연동하지 않고 갈수록 많은 지폐를 발행함으로써 인플레이션을 일으켰고, 끝내 통화 가치는 폭락했다. 건전한 통화 정책 없이 발행하는 지폐는 초인플레이션으로 이어지기 쉽다. 그럼에도 지폐는 지속적이고 실용적인 발명품으로 입증되어 현재까지 전 세계에서 사용되고 있다.

12세기 항저우는 발명과 창의성의 산실이자 전 세계에 지폐를 선사한 초기 경제 혁명의 본거지였다. 송대의 인쇄 기술과 지폐의 발명은 또 다른 기술의 혁신으로 이어졌다. 나침반과 최초의 기계식 시계, 법의학이 모두 이때 발명되었다. 그뿐 아니라 경제 성장 덕분에 일반인의 생활 여건도 개선되었다. 12세기 중국은 위생부터 문해율, 평균 소득까지 거의 모든 복지 지표가 유럽보다 뛰어났다. 평화 속에서 광범위한 지역과 교류하며 문화적 개방성을 자랑했던 항저우는 아주 평범한 일상에서 위대한 업적을 남긴 도시다.

피렌체

예술

르네상스 시대의 피렌체^{Firenze}만큼 진보라는 개념이 잘 어울리는 도시도 없을 것이다. '이탈리아 르네상스의 보석'을 넘어 '르네상스의 발상지'라고도 알려진 피렌체는 정치, 비즈니스, 금융, 공학, 과학, 철학, 건축과 예술 등 일일이 나열하기도 힘들 만큼 많은 분야에서 획기적인 발전을 이루었다. 피렌체에서는 이탈리아 르네상스 시대(1330-1550), 특히 도시의 황금기였던 15세기에 역사적으로 중요한 예술 작품이 다수 탄생했다.

14세기 팬데믹으로 화가 베르나르도 다디$^{Bernardo\ Daddi}$(1290-1348)를 비롯해 8만 5천 명에 달하던 피렌체 인구의 절반이 사망했다는 점을 고려하면, 피렌체 시민들이 인류 발전에 이토록 광범위하게 공헌했다는 사실은 더욱 놀랍기만 하다(이 팬데믹에 관한 구체적 내용은 다음 장을 참조하라).

오늘날 피렌체는 이탈리아 토스카나 지방의 주도(州都)다. 토스카나 지방은 자연환경과 건축물이 아름답기로 유명해 이탈리아 사진에 가장 많이 등장하는 지역으로도 손꼽힌다. 피렌체는 도시 내에만 30만 명, 권역에는 150만 명 이상이 거주해 토스카나에서 인구가 가장 많다. 오랜 역사와 매혹적인 풍경 덕분에 세계에서 가장 아름다운 도시 목록에서 빠지지 않는 인기 관광지이며, 역사 지구는 유네스코 세계 문화유산으로 지정되어 있다. 또한 이탈리아 패션 산업의 핵심이기도 하다.

그럴 수밖에 없는 것이 피렌체는 직물, 정확히는 모직물로 주목을 받기 시작한 도시다. 토스카나 지방에는 양과 목초지가 풍부해, 수 세기 전부터 피렌체에서 양모를 생산했다. 그런데 1280년경부터는 품질이 더 뛰어난 영국산 양모가 피렌체로 수입되었다. 그때부터 사람들은 피렌체 내에 있는 아르노강에서 수입한 대량의 양모를 세탁했다.

아르노강과 베키오 다리 · 이 다리는 중세 피렌체 상업의 중심지로 다리 위에 다양한 상점이 자리하고 있다.

피렌체

피렌체는 동양과 서양을 잇는 무역의 중심지였다. 피렌체의 몇몇 상인은 이 도시의 완벽한 입지를 잘 활용했다. 이들은 영국에서 들여온 최고급 양모와 아시아에서 수입한 최고급 염료를 결합해 독특하면서도 고급스러운 모직물을 만들어냈다. 얼마 지나지 않아 유럽 전역에서 피렌체 모직물에 대한 수요가 급증했다. 14세기에는 피렌체 인구의 3분의 1이 모직물 산업에 종사했다.

국제무역 덕분에 피렌체는 직물 사업에서 성공 가도를 달렸다. 의류 산업의 호황으로 부유한 상인 계층이 생겨났으며, 피렌체에 돈이 모일수록 금융 부문에도 혁신이 일어나 경제 성장이 더욱 가속화되었다.

부가 증가함에 따라 사람들이 교환하는 플로린(1252년부터 1533년까지 피렌체에서 사용된 화폐)의 양도 갈수록 많아졌다. 따라서 피렌체는 도시 중 최초로 수 세기 동안 금화를 대량 생산하게 되었다. 피렌체 은행가들은 동전 가치 평가의 권위자로 거듭났고, 플로린은 유럽에서 가장 신뢰할 수 있는 화폐가 되었다.

그뿐만 아니라 피렌체는 도시 최초로 대출에 이자를 부과했다. 이는 역사적으로 전례를 찾아볼 수 없는 일이었는데, 유럽 전역의 은행가 대부분은 이자를 받는 게 고리대금업이라는 죄악에 해당한다고 여겼기 때문이다. 하지만 무이자 대출은 위험성이 크고, 수익성도 떨어졌다. 그래서 유럽인 가운데 대부업에 종사하면서도 파산하지 않는 이는 유대인 정도뿐이었다. 유대인 법은 상대가 유대인이 아니라면 이자를 받고 돈을 빌려주는 것을 허용했기 때문이다. 안타깝게도 이 관행으로 인해 반유대주의적 편견이 생겨났는데, 이 편견은 윌리엄 셰익스피어의 희곡 『베네치아의 상인』에도 등장한다.

피렌체의 기독교인 은행가들은 약간의 창의성을 발휘해 이자를 받을 명분을 만들었다. 바로 채무자의 자발적 선물 혹은 채권자가 감수하는 위험에 대한 보상의 개념을 적용한 것이다(이 같은 금액을 자발적으로 지급하지 않는 이들은 피렌체 은행의 블랙리스트에 올라 향후 대출을 받을 수 없게 되었다).

피렌체 은행은 이자를 부과함으로써 수익을 얻어 금융 사업을 계속할 수 있었다. 덕분에 많은 피렌체인이 편리하게 대출을 이용할 수 있었을 뿐 아니라 왕족과 교황 등 유럽 전역의 권력자들이 피렌체의 은행을 이용했다. 은행은 상인들이 채권자와 다른 도시에 있는 동안에도 빚을 갚을 수 있도록 환어음을 제공함으로써 교역을 촉진하는 서비스도 제공했는데, 이는 수표를 사용한 경험이 있는 현대인이라면 누구에게나 익숙한 개념이다. 피렌체 은행이 다양한 도시에 사무소와 지점을 개설한 덕분에 가능한 일이었다. '복식부기' 방식 또한 피렌체 은행가들에 의해 완성되었다.

피렌체는 수익성 높은 의류 무역과 혁신적 은행 산업을 통해 르네상스 시대에 유럽에서 가장 부유한 도시로 급부상했다. 덕분에 도시민의 삶이 전반적으로 개선되었다. 1339년에는 유럽 도시 중 최초로 도로포장 작업을 마치기도 했다.

도시의 경제적 부는 비단 물질적 여건을 개선하는 데 그치지 않고 사람들의 사고방식에도 혁신을 일으켰다. 휴머니즘과 고전주의가 유행하게 된 것이다. 휴머니즘은 인간의 성취, 아름다운 정원, 예술 등 삶의 기쁨을 중시하는 지적 운동으로, 그보다 앞서 유행한 금욕주의와는 극명한 대조를 이루었다. 피렌체에서 늘고 있던 상류층과 중산층은 역사와 로마의 고전 연구 같은 지적 탐구에 몰두해 여러 분야에서 잃었던 지식을 회복했다. 르네상스라는 단어의 의미 그대로 '재탄생'을 이루어낸 것이다. 예를 들어, 예술가 라파엘로$^{Sanzio\ Raffaello}$(1483-1520)는 고대 로마 문자를 연구함으로써 고대 이집트인이 발명했던 희귀한 파란색 안료를 재현하는 데 성공했다.

피렌체인은 피렌체야말로 '새로운 로마'라고 여겼다. 한동안 묻혀 있던 고대 로마의 지식 중 상당 부분을 이들이 재발견해 다시 실천에 옮겼기 때문이다. 고대 로마인과 마찬가지로 르네상스 시대 피렌체 시민들도 그들의 도시가 개인의 자유와 정치적 참여권을 보장하는 이상적인 공화국이라고 여겼다. 사실 피렌체도 로마 공화정과 마찬가지로 진정한 민주주의가 아닌 과두정치에 가까웠다. 피렌체는 당시 사회가 대부분 그랬듯 노예제를 유지했을 뿐 아니라, 정치적 음모로도 악명이 높았다.

피렌체의 비교적 포용적인 정치 체계, 고전주의 특유의 지식을 향한 열망, 삶에 대한 뜨거운 인문학적 열정, 경제적 풍요에 힘입은 자유가 한데 결합해 '르네상스적 인간'이라는 이상을 만들었다. 수많은 피렌체인은 예술, 문학, 역사, 철학, 신학, 자연과학과 법학 등 분야를 막론하고 폭넓은 전문 지식을 습득하기 위해 노력했다. 여러 도시 중에서도 피렌체를 선택해 그곳에서 수학한 교육자 피에트로 파올로 베르제리오(1369-1444)는 당대 가장 큰 영향력을 미친 교육 논문을 발표했다. 「신사의 예절과 교양학」이라는 제목의 이 논문은 1402년(혹은 1403년)에 출간되어 다방면에 걸친 교양 교육이라는 개념을 탄생시켰다.

피렌체 공화국은 피렌체대학교라는 교육기관을 운영했다. 이 학교는

1321년 설립되었다가 1473년 인근 피사로 이전했는데, 초기 르네상스 인문주의의 수도에 처음 문을 열 수 있었던 것은 오늘날 『데카메론』(이 우마나 코메디아l'Umana commedia 혹은 '휴먼 코미디'의 대명사라 불리는 이야기 모음집)의 저자로 유명한 학자 조반니 보카치오Giovanni Boccaccio(1313-1375) 덕분이었다. 보카치오는 키케로의 서간을 발견해 이탈리아의 르네상스의 문을 열었다고 평가받는 학자 페트라르카Francesco Petrarca(1304-1374)와 함께 라틴어가 아닌 모국어로 글쓰기를 대중화했다. 피렌체 최고의 시인 단테 알리기에리Dante Alighieri는 지금도 이탈리아 최고의 문학 작품으로 불리는 서사시 『신곡』을 모국어로 집필했다. 이 작품은 이탈리아 전역에서 큰 인기를 끌어 토스카나 지역의 방언이 다른 지역의 여러 방언을 제치고 이탈리아의 표준어로 자리 잡는 데 공헌했다.

르네상스 시대에는 고전이나 예술 교육을 받은 부유층 여성도 있었다. 대표적인 예가 이탈리아 귀족 여성 소포니스바 안귀솔라Sofonisba Anguissola(1535?-1625)로, 그녀에게 그림을 가르친 사람이 바로 그 유명한 미켈란젤로Michelangelo Buonarroti(1475-1564)였다. 그는 로마에서 주로 살았지만, 자신을 피렌체 사람이라고 여겼다. 실제로 그는 청년 시절 피렌체에서 일하기도 했다. 안귀솔라는 스페인 왕실 소속 화가로 임명될 만큼 직업 화가로 큰 성공을 거뒀다. 그녀의 이 같은 성과는 유럽의 다른 여성들이 예술을 하나의 직업으로 진지하게 대하는 계기가 되었다.

피렌체가 아무런 어려움을 겪지 않고 승승장구하기만 한 것은 아니다. 1300년대에 페스트가 이탈리아 전역을 휩쓸었다. 1348년경 피렌체를 비롯한 이탈리아 내륙에서 페스트가 크게 유행하면서 피렌체 인구의 절반가량이 사망했다. 이렇게 엄청난 인명 피해는 사회와 경제에 엄청난 혼란을 초래했지만, 피렌체는 이 같은 비극 속에서도 혁신과 창조의 물결을 이어갔다. 피렌체의 황금기였던 15세기에 시민들은 너나 할 것 없이 예술 후원에 재산을 쏟아부었고, 가톨릭교회 역시 많은 예술 프로젝트를 지원했다. 특히, 교황 율리우스 2세^{Julius II}(1443-1513)와 피렌체에서 가장 부유한 은행가 가문이었던 메디치 가문이 르네상스 예술가들을 적극 지원한 것으로 유명하다.

로렌초 데 메디치(1449-1492) · 메디치 가문의 일원으로 보티첼리와 미켈란젤로 같은 예술가들을 후원했다.

  피렌체에는 천재들이 넘쳐났다. 15세기에 피렌체를 거닐 수 있었다면, 수학자 레오나르도 다빈치^{Leonardo da Vinci}(1452-1519)를 마주쳤을지도 모른다. 피렌체에서 나고 자란 그는 르네상스적 인간의 대표주자로, 그의 노트에는 해부학부터 지도 제작, 회화와 고생물학까지 온갖 분야의 지식이 담겨 있었다. 레오나르도, 미켈란젤로와 함께 르네상스의 3대 거장 중 한 명으로 꼽히는 라파엘로, 조각가 도나텔로^{Donatello}(1386-1466)도 피렌체 사람이었다. 피렌체 공화국에서 관리로 일하면서『군주론』을 집필하고 근대 정치철학과 정치학의 아버지라고도 불리는 니콜로 마키아벨리^{Niccolò Machiavelli}(1469-1527)도 마찬가지다. 탐험가이자 상인으로 아메리카 대륙의 유래가 된 아메리고 베스푸치^{Amerigo Vespucci}(1454-1512)를 우연히 보게 될 수도 있고, 레오나르도 등 피렌체 최고의 예술가들을 지도한 예술가이자 사업가였던 안드레아 델 베로키오^{Andrea del Verrocchio}(1435-1488)가 운영하는 예술 공방을 지나칠 수도 있다. 베로키오의 공방은 새로운 예술 기법 개발을 위한 경쟁 분위기를 조성하는 데 일조했다. 피렌체를 대표하는 두오모 돔을 설계해 최초의 근대 엔지니어이자 르네상스 건축의 아버지로 불리는 필리포 브루넬레스키Filippo Brunelleschi(1377-1446), 피렌체의 또 다른 전설적 예술가 산드로 보티첼리Sandro Botticelli(1445?-1510)를 만나게 될지도 모른다.

유럽 예술은 암흑기였던 중세를 지나면서 비교적 평범한 수준으로 퇴보했지만, 르네상스 시대에는 고대 그리스와 로마의 초현실적이면서도 이상적인 신체 비율에 충실한 조각 양식을 부활시켰을 뿐 아니라 상당히 정교한 회화 기법을 발전시켰다.

피렌체 예술가들은 비례 원칙과 단축법(선의 길이를 단축해 깊이감을 주는 기법)을 완성했고, 이탈리아 르네상스의 네 가지 표준 기법, 즉 칸지안테cangiante, 키아로스쿠로chiaroscuro, 스푸마토sfumato와 유니오네unione를 발전시켰다. 칸지안테는 몇 가지 색상만으로 그림자의 환영을 만드는 기법이고, 키아로스쿠로는 명암 대조를 통해 깊이감을 전달하는 기법이며, 스푸마토는 윤곽을 살짝 흐릿하게 처리해 입체감을 주는 기법, 유니오네는 색 전환을 이용해 극적인 효과를 내는 기법이다.

한마디로 피렌체 예술가들의 창작 기법은 전통 서양화의 기초를 확립해 수백 년이 지난 지금까지도 여전히 사용되고 있다.

피렌체는 역사상 가장 유명한 회화와 예술 작품을 대거 배출했다. 대표적으로 시스티나성당의 프레스코화 〈모세의 시험〉, 보티첼리의 〈비너스의 탄생〉〈프리마베라〉〈비너스와 마르스〉, 미켈란젤로의 조각상 〈다비드〉〈아담의 창조〉를 비롯한 성베드로대성당과 시스티나성당의 작품들, 라파엘로의 〈아테네 학당〉, 레오나르도의 〈최후의 만찬〉과 〈암

〈비너스의 탄생〉(1485) • 15세기 르네상스의 대표 화가인 산드로 보티첼리의 그림으로, 비너스가 성인인 채로 탄생하는 모습을 묘사했다.

굴의 성모〉 등을 들 수 있다.

16세기 초에 레오나르도가 한 피렌체 상인의 아내를 그린 초상화 〈모나리자〉는 오늘날 세계에서 가장 많은 관람객을 끌어모으는 회화 작품이다. 이 그림이 소장되어 있는 파리의 루브르박물관에는 연간 약 1천만 명의 방문객이 모여든다.

모두가 피렌체의 번영과 예술적 창조를 반기지는 않았다. 진보에는 논란이 따르기 마련이기 때문이다. 이 책의 2장에서 언급한 급진적 수도사 지롤라모 사보나롤라는 인본주의에 반대하고 금욕주의를 옹호하면서 반란을 선동해 피렌체에 대혼란을 일으켰다. 추종자들을 부추겨 그림, 악기, 고급 의류, 보석, (보카치오 저서 등의) 인문주의 서적처럼 죄악으로 여겨지는 여러 소유물을 파괴하고, 이 대량 소실을 '허영의 불꽃'이라 일컬었다. 사보나롤라는 개신교 종교개혁의 전조로 여겨지기도 하는 이 운동 이후에 교황에 의해 파문당하고 정적들 손에 처형당했다. 허영의 불꽃이 이렇게 꺼지면서 피렌체 예술의 수많은 걸작이 오늘날까지 전해질 수 있었다.

 무역과 비즈니스, 금융 혁신 덕분에 피렌체는 부유한 도시로 거듭났고 피렌체인은 예술가를 후원하는 데 막대한 돈을 쏟아부었다. 에릭 와이너의 말대로 "천재는 값비싼" 것이다. 피렌체의 상인과 은행가는 그들이 자금을 지원한 예술가 못지않게 피렌체의 번영에 핵심적으로 공헌했다. 덕분에 예술가들은 타고난 창의력으로 놀라운 실험을 계속함으로써 세계 최고 수준의 예술적 성과를 이룰 수 있었다. 피렌체는 르네상스의 발상지로서 그리스와 로마의 잃어버린 지식을 되살렸고, 예술에도 혁명을 일으켜 서양 회화의 기초를 닦았다. 그뿐 아니라 팬데믹을 극복한 도시로서, 회복력의 상징이라고도 할 수 있다.

19

두브로브니크

공중 보건

다음으로 살펴볼 도시는 한때 '라구사Ragusa'라고 불렸던 오늘날 크로아티아의 두브로브니크Dubrovnik다. 이 항구 도시는 그림 같은 아름다움을 자랑해 '아드리아해의 진주'라고도 불린다. 개인과 경제의 자유가 보장되고 해상 무역으로 번창해 '지중해의 홍콩'이라는 별명도 붙었다. 라구사 공화국Republic of Ragusa이라는 작은 도시국가는 노예제를 가장 먼저 금지했을 만큼 자유 수호에 앞장섰고, 1377년에 최초로 격리 조치를 시행해 공중 보건 역사의 초석을 놓기도 했다(비체계적 방식으로 환자를 격리하는 관행은 당연히 더 오래전부터 존재했다). 1390년 두브로브니크는 세계 최초로 상설 공중 보건소를 설립해 공중 보건이라는 개념을 확립하는 데 어떤 도시보다 큰 공헌을 했다.

오늘날 두브로브니크는 역사적 건물과 박물관 등 아름다운 볼거리가 많기로 유명하다. 크로아티아 남부 달마티아 지역의 도시로, 무려

1375년부터 존재했다고 전해지는 달마시안 품종의 본고장으로도 잘 알려져 있다. 관광업이 경제를 지배하고 있으며, 도시 구획은 대체로 1292년의 형태 그대로 남아 있다. 좁은 돌길이 구불구불하게 펼쳐지고 중세에 세워진 기념비와 탑, 사원이 수없이 많으며, 매력적인 정원으로 둘러싸인 별장과 오렌지 과수원도 볼 수 있다. 유네스코 세계 문화유산으로 지정된 구시가지에는 고딕과 르네상스, 바로크 양식으로 구현된 교회와 궁전 건축물이 잘 보존되어 있다. 두브로브니크는 크로아티아의 예술 거점이자 다양한 문화 활동, 연극 및 음악 공연, 축제와 박물관의 본거지다. 이 도시의 유명 관광지인 반예해변도 인기가 높으며, 그 크루즈항은 항상 선박으로 문전성시를 이룬다.

아일랜드의 극작가 조지 버나드 쇼는 "지상 낙원을 찾는 이는 두브

오늘날 두브로브니크의 구시가지 · 크로아티아에서 가장 인기 있는 관광도시로, '아드리아해의 진주'라고 불릴 정도로 아름다운 경관을 자랑한다.

로브니크에 와야 한다"라고 주장했다.《왕좌의 게임》팬이라면 두브로브니크가 드라마 속 해변 도시 '킹스랜딩'의 모티브가 된 도시라는 사실을 잘 알고 있을 것이다. 하지만 킹스랜딩이 폭군이 지배하는 절대군주 국가의 수도였다면, 실제 두브로브니크는 처음부터 이례적으로 자유를 허용했을 뿐 아니라 왕이 없다는 사실에 긍지를 지닌 도시였다.『브리태니커 백과사전』에 따르면 "이 도시 공화국은 특유의 자유주의를 표방해 모든 국가의 난민을 받아주었는데, 전설에 따르면 그중 한 명이 잉글랜드의 리처드 1세였다. 그는 1192년 십자군 원정을 마치고 돌아가던 중 로크룸섬 앞바다에 상륙했다."

두브로브니크는 1205년부터 1358년까지 베네치아에 종속된 속국이었지만, 독립성을 유지하며 상업 대국으로 번창했다. 1348년에는 페스트가 발생했는데, 이후 4년이 채 지나지 않아 시민의 3분의 2가 목숨을 잃었다. 심지어 이는 첫 번째 유행에 불과해서, 페스트는 주기적으로 소강상태를 보이다 또다시 발생하곤 했다.

1358년에는 헝가리가 베네치아를 압박해 두브로브니크의 지배권을 넘겨받으면서 라구사 공화국(1358-1808)이 탄생했다. 이 시기에 팬데믹을 막기 위한 격리 조치가 1377년부터 1533년까지 시행되었다. 1391년과 1397년에도 전염병이 발생한 것으로 보아 이 또한 완벽한 조치는 아니었지만, 그럼에도 이 조치는 분명 혁명적이었다. 이내 1467년의 제네바 등 다른 도시에서도 유사한 조치를 시행했다.

영국 저널리스트 크리스 리드비터는 "격리 조치의 시발점이 두브로브니크라는 사실은 놀랍지 않다. 중세 전반에 걸쳐 이 도시가 항해의 중심지 역할을 했기 때문이다"라고 지적했다. 두브로브니크는 1만 명이 채 안 되는 인구가 성벽 안에서 베네치아와 비슷한 헌법을 준수하며 살던 귀족 공화국으로, 도시 인구의 3분의 1을 차지하는 귀족 가문에서 선발된 위원회가 통치했다. 베네치아와 달리 귀족 계층이 공식적으로 정해져 있지는 않아서 상인 가문도 성공을 거두면 귀족 계층으로 새롭게 진입할 수 있었다. 정부 최고 관리인 총독의 임기는 한 달로 제한되어 있었으며, 임기가 끝나면 향후 2년은 해당 직위를 다시 맡을 수 없었다. 역사학자 수잔 모셔 스튜어드Susan Mosher Stuard에 따르면 두브로브니크는 "베네치아에서 그랬던 것처럼 정교하게 발달된 관료제를 보지 못했거나 정부 개입의 중요성을 느끼지 못해" 무역에서 정부의 간섭을 비교적 제한하는 방법을 선택했다.

해상 무역의 황금기(1350-1575)에 두브로브니크를 방문했다면 석조 건축물이 가득하고 독일인부터 튀르키예인, 이탈리아인에 이르는 다양한 여행객으로 붐비며 예술과 상거래로 활기가 넘치는 해안 도시를 만날 수 있었을 것이다. 고급 보석으로 만든 장신구를 착용한 귀족 여성도 자주 눈에 띈다. 이들은 성차별이 만연하던 시대에도 남성의 허용 없이 자유롭게 보석 장신구를 거래할 수 있었다. 이 덕분에 명품 수출 시장도 점차 커졌다.

크로아티아의 경제사학자 블라디미르 스티페티치Vladimir Stipetić에 따르면 "두브로브니크는 홍콩, 싱가포르, 대만과 비슷하지만 … [중략] 500여 년을 앞선 교역 도시였다 … [그리고 두브로브니크에서 채택한] 경제 정책 덕분에 … 번창했다." 두브로브니크는 경제적 자유가 보장되고 전쟁을 통한 영토 확장에 무관심했던 덕분에 자원도 잘 보존되어 있었다. 베네치아에 비해 인구가 10분의 1 수준에 불과함에도 상선의 수는 훨씬 많았다. 물론 두브로브니크의 경제 성장은 진보적인 시민들에 힘입은 바가 크다. 15세기, 두브로브니크의 인문주의자이자 상인, 귀족이던 베네데토 코트룰리Benedetto Cotrugli(1416-1469)가 『무역과 완벽한 상인에 관해』라는 책을 출간했는데, 이는 세계 최초로 회계를 다룬 작품으로 정직의 중요성을 강조한 상거래 교본이었다.

라구사 공화국은 오스만제국과 기독교권 지역 간 무역을 중개했다. 두브로브니크는 이슬람교와 천주교, 기독교 정교회를 믿는 나라들이 교차하는 지점에 있었다. 당시에는 시대적으로 종교적 긴장감이 높았던 데다 자국에서는 천주교를 신봉했음에도 두브로브니크는 모든 종교인과 친밀한 무역 정책을 유지했다.

경제사학자 올레 하브리시니Oleh Havrylyshyn와 노라 스르젠티치Nora Srzentić는 도시 문화가 이례적으로 "세속적이고, 세련됐으며, 개인주의적이었던 데다가" 국제적이었다고 입을 모은다. 공화국 시절, 특히 15세기부터 17세기까지는 슬라브 문학과 예술, 철학의 거점으로 부상해 '슬라브의 아테네'라는 별명을 얻기도 했다. 엘리오 람프리디오 세르바Elio Lampridio Cerva(1463-1520), 시스코 멘체티치Šiško Menčetić(1457-1527), 마린 드라지치Marin Držić(1508-1567) 그리고 현재 크로아티아의 국민 시인으로 추앙받는 이반 군둘리치Ivan Gundulić(1589-1638) 등 저명한 작가들을 배출했는데, 특히 이반 군둘리치는 「자유의 찬가」로 가장 유명하다.

> 오 아름답고, 오 소중하며, 오 달콤한 자유,
> 모든 보물 중 최고의 선물
> 하느님께서 우리에게 주신,

모든 영광의 진실,

두브레이브[두브로브니크]의 장식,

모든 은, 모든 금, 모든 인간의 삶으로는

당신의 순수한 아름다움에 보답할 길 없네.

두브로브니크는 군사력도 약하고 도시 규모도 작았지만, 경제적 자유와 정치적·사회적 안정성 덕분에 1808년 나폴레옹에게 정복당하기 전까지 반세기 넘게 유지되었다. 정치적 독립성을 유지하기 위해 이웃 강대국에 조공을 바쳐야 할 때도 있었지만, 시민들은 상대적 자유가 허용되는 데 자부심을 지녔다. 실제로 이곳의 라틴어 모토는 "자유는 세상의 모든 금과도 바꿀 수 없다$^{\text{Non bene pro toto libertas venditur auro}}$"였다. 국기도 하얀색 바탕에 빨간 글씨로 Libertas(자유)라고 적힌 게 전부였다. 1792년부터 1795년까지 리베르타니스^{libertanis}라는 은화가 발행되었는데, 이 동전 한가운데에도 'Libertas'라는 단어가 새겨져 있었다. 게다가 두브로브니크는 1416년 노예무역을 법으로 금지해 유럽 국가 중 최초로 노예제를 폐지했다. 통치 위원회는 "우리 국민이나 외국인을 비롯해 두브로브니크 출신인 이들 중 누구도 노예를 사거나 팔아서는 안 되며 … 그와 같은 거래를 중개해서도 안 된다"라고 공표했다.

페스트가 반복적으로 발생해 도시가 위험에 처하자, 두브로브니크 시민은 스스로의 안전을 지키고 교역을 통한 경제적 번영을 이어가기 위해 행동에 나섰다. 이들은 공중 보건 대책을 도입해 사망자 발생을 줄임으로써 페스트가 발생한 기간에도 교역을 이어갈 수 있었다.

페스트는 세균성 질병으로, 치료하지 않고 방치하면 증상이 나타난

지 며칠 만에 사망에 이른다. 인류를 여러 차례 큰 혼란에 빠트렸으며, 심지어 기원전 3000년경의 것으로 추정되는 유해에서도 그 흔적이 발견되었다. 오늘날에도 페스트는 여전히 존재한다. 팬데믹이라고 일컬을 만큼 페스트가 대규모로 발발한 최초의 시기는 비잔틴 황제 유스티니아누스 1세가 통치하던 6세기였다. 하지만 14세기에 아시아는 물론, 아프리카와 유럽까지 황폐하게 만든 페스트야말로 역사상 가장 치명적이었던 팬데믹으로 당시 유럽 인구의 60퍼센트를 비롯해 2억여 명이 사망에 이르렀다.

페스트는 중국 서부에서 처음 발생해 1331년부터 1334년까지 불과 3년간 후베이성 주민의 90퍼센트 이상을 죽음으로 몰아넣었다. 면적이 아일랜드보다 조금 더 큰 후베이성에 무려 5백만 구가 넘는 시체가 쌓여 앞으로 닥칠 재앙의 서막을 알렸다.

당시 전 세계를 뒤덮은 절망이 얼마나 거대했는지는 상상조차 어렵다. 페스트는 1346년부터 1353년까지 유럽을 폐허로 만들었고, 1348년에는 피렌체 인구의 60퍼센트를 증발시켰다. 같은 해 프랑스로 퍼져 나가 4년 만에 파리 시민의 3분의 1을 무덤 신세로 만들었고, 이듬해에는 런던으로 확산되어 도시 인구를 반토막 냈다. 사실상 모든 도시와 마을에서 동일한 비극이 반복되었다. 이 같은 참상을 직접

중세의 의사 · 중세에는 공기를 통해 페스트에 감염된다고 믿었기에 의사들이 길쭉한 새 부리 같은 가면을 썼다.

목격한 이는 다음과 같은 기록을 남겼다.

> 죽음의 사자가 남녀를 불문하고 너무나 많은 생명을 삼켜버렸기 때문에 시체를 운반하고 매장할 사람을 찾을 수 없었다. 부모들만이 어린 자녀의 시신을 어깨에 메고 교회에 있는 공동 무덤에 던져 넣을 뿐이었는데, 이 무덤에서 나는 악취가 너무 심해 교회 경내를 지나가는 것조차 불가능에 가까웠다.

생존자들은 깊은 슬픔과 외로움에 시달렸다. 1349년, 페스트 때문에 자신의 뮤즈 로라를 비롯해 많은 동료를 잃은 이탈리아 작가 페트라르카는 이렇게 적었다.

> 사랑하는 친구들은 지금 어디에 있는가? 사랑하는 얼굴들은 어디에 있다는 말인가? 다정한 말, 편안하고 즐거운 대화는 어디로 사라졌는가? … 어떤 심연이 그들을 삼켜버렸는가? 우리는 무리였지만, 지금은 나 혼자나 마찬가지다. 우리는 새로운 친구를 사귀어야 하지만 인류가 전멸하다시피 한 지금, 방법이 어디에 있는가? 세상의 종말이 임박한 듯 보이는 지금, 왜 그래야 하는가? 거짓으로 꾸밀 필요가 어디에 있는가? 사실 우리는 혼자일 뿐이다.

삶은 고난이지만 그럼에도 사람들은 삶이 죽음보다 낫다고 여겼다. 사람들은 인류를 초토화시킨 질병으로부터 자신들을 구하기 위해 다양한 방법을 찾아냈다. 그중 사혈, 목욕하지 않기(목욕을 하면 모공이 넓어져

두브로브니크

질병에 취약해진다고 여겼다)를 비롯한 상당수는 참담할 만큼 비효율적이었다. 하지만 시체 썩는 냄새 등 악취를 피하고 환기를 자주 하는 방법 등 일부는 약간의 질병 예방 효과를 보였다.

중세인은 질병이 어떻게 퍼지는지를 잘 알지 못했다. 많은 사람이 페스트를 인류의 죄악에 대한 신의 형벌로 여겨 가혹한 자기 고문에 몰두했고, 당대 파리 최고의 석학 중 일부는 전염병을 연구하라는 프랑스 국왕의 지시에 토성의 움직임이 원인이라는 결론을 내렸다. 주술을 탓하는 이도 있었으며, 또 다른 이들은 종교적 소수자를 희생양으로 만들었다. 공중 보건 학자 테오도르 툴친스키Theodore Tulchinsky와 엘레나 바라비코바Elena Varavikova에 따르면 "유대인은 위생 관행에 충실해 거주 구역 내 발병률이 낮았는데, 이 때문에 전염병 확산의 원흉으로 지목되었다. 특히 독일과 중부 유럽을 비롯한 지역에서 대학살의 희생양이 되었다".

중세인은 질병의 원인까지는 몰라도 전염이라는 개념은 대체로 인지하고 있었다. 질병이 이곳에서 저곳으로 전파되면서 바람부터 감염자의 시선까지 다양한 방식을 통해 옮겨간다고 생각했던 것이다.

중세인은 페스트가 주로 벼룩을 통해 확산한다는 사실을 알지 못했기 때문에 발병지에서 온 물건이나 사람과 최대한 접촉하지 않는 것이 가장 신중한 조치라고 여겼다. 이 같은 조치가 널리 퍼진 것은 많은 의사가 의료 잡지나 서적을 발간하면서부터였다. 공중 보건 학자 찰스 에드워드 아모리 윈슬로우Charles-Edward Amory Winslow와 마리 루이스 듀란-레이날스Marie Louise Duran-Reynals는 이를 두고 "역사상 최초의 대규모 공중 보건 지침을 위한 노력"이라고 말했다.

가령 1350년에 전염병으로 사망했던 카탈루냐의 의사 자우메 다그라몽Jaume d'Agramont은 사람들에게 전염병이 창궐하는 지역의 음식을 먹지 말라고 조언했고, 전염병을 앓는 사람과 접촉하면 질병이 마치 산불처럼 옮는다고 적었다. 이처럼 사람을 통해 전염병이 확산한다고 생각한 사람은 많았지만, 벼룩이 매개체 역할을 한다고 생각한 사람은 극소수였다.

두브로브니크는 전염병이 창궐하기 전부터 공중 보건 향상을 위한 여러 정책을 도입했다. 지금은 기본적 위생 조치가 당연하게 받아들여지지만, 1272년에 쓰레기와 배설물의 무단 투기를 금지했을 때만 해도 두브로브니크는 이단아 취급을 받았다. 1336년에는 돼지의 도시 출입을 금지했고, 1415년에는 환경미화원을 고용했다. 15세기 초에는 완벽한 하수 시스템을 구축했다. 경제적으로 풍요롭고 임금 수준도 높다 보니 살레르노, 베네치아, 파도바를 비롯해 최초의 대학이 있었던 볼로냐 등 다른 도시의 의사들이 너나 할 것 없이 이곳으로 몰려들었다. 1390년, 두브로브니크는 세계 최초의 공중 보건소를 설립해 여러 공중 보건 규칙을 시행했다.

경제적 풍요는 무역에 의존하던 이 도시가 공중 보건과 위생의 혁신에 박차를 가하는 동기가 되어주었다. 역사학자 타마라 알레비치Tamara Alebić와 헬레나 마르코비치Helena Marković는 "두브로브니크는 도시 경제의 기반이던 무역 산업의 수익성을 유지하면서도 시민을 보호할 방법을 찾아야 했던 만큼 위생 정책을 끊임없이 발전시킬 수밖에 없었다"라고 지적했다. 작가이자 귀족이던 니콜라 라그니나Nikola Ragnina는 1347년 페스트가 처음 발병했을 때, 사람들이 불을 질러 질병을 없애려 했다고 주장했다. "치료법도 없이 모두가 죽어가고 있었다. 의사가 자신들을 보호해줄 수 없음을 알게 되자 … 불로 공기를 정화하기로 결정했다."
불이 전염병을 옮기는 벼룩들을 일부 없애는 데 성공했는지는 몰라도 결국 이 방법은 실패했다. 이에 사람들은 새로운 방법을 시도했다.

두브로브니크 사람들은 질병의 전파 경로에 관해 지극히 단편적인 이해만으로 급진적이면서도 역사적인 질병 예방 조치를 단행했다. 1374년, 베네치아 당국은 선박으로 입항한 승객들이 일정 기간 대기했다가 하선하게 하는 정책을 시행했다. 이 방법은 순전히 보건 관리들의 재량으로 이루어져서 무작위적이고 비합리적이었다. 하지만 1377년에는 두브로브니크 의회가 훨씬 논리적인 체계를 도입했으니, 바로 감염 지역에서 들어오는 선박과 차량의 모든 승객이 인근 마을 차브타트나 미르칸섬에서 30일간 대기했다가 두브로브니크에 들어올 수 있도록 한 것이다. 격리 기간은 이내 40일로 늘었는데(격리를 의미하는 단어 'quarantine'은 '40일'을 뜻한다), 이는 페스트에 감염된 시점부터 사망까지 이르는 기간이 평균 37일이었던 데서 기인한 것이었다.

역사학자 아나 바키자 콘수오 Ana Bakija-Konsuo 는 "두브로브니크 정부는 한센병의 확산을 막기 위해 감염자를 고립시켰던 경험을 토대로 '격리'라는 개념을 떠올렸다"라고 말한다. "역사학은 두브로브니크가 격리 조치를 '발명'한 선두 주자라는 사실을 입증한다. 1272년 작성된 두브로브니크시 법령에 따르면, 고립이라는 개념은 1377년 이전부터 존재했다. 이는 한센병 환자의 격리에 대한 최초의 언급이다." 유럽 최초의 전염병 병원으로 일컬어지는, 두브로브니크의 암석 해변에 지어진 격리 보호소는 한센병 환자의 수호성인인 나사로의 이름을 따 라자레토 lazarettos라고 불렸다. 오늘날 이곳은 관광 명소가 되었다.

| **두브로브니크 검역소** · 17세기에 완공된 모습을 그대로 간직하고 있는 세계 최초의 격리 보호소다.

    베네치아는 치명적 전염병이 기승을 부리자 결국 도시 출입을 전면 금지해 무역과 일상을 마비시켰지만, 두브로브니크는 제한적이나마 격리 기간을 둠으로써 외국인과 외국 물품을 계속 받아들였다. "따라서 두브로브니크는 공정하고 공평할 뿐 아니라, 아주 현명하고 성공적인 정책을 실시했고 [결국] 전 세계적으로 명성을 떨쳤다"라고 역사학자 안테 밀로셰비치$^{\text{Ante Milošević}}$가 말했다. 오늘날까지도 격리 조치는 에볼라 같은 특정 전염병에 대처하기 위한 표준 정책으로 인정받고 있다.

    페스트 팬데믹은 중세 문명의 종식과 르네상스의 시작을 알리는 중대한 사건이었다. 1940년대에 항생제가 등장하기 전까지 불치병이었던 페스트에 직면한 두브로브니크는 사망자가 대거 발생한 팬데믹 이후 세계 최초로 페스트에 맞서 일관된 공중 보건 정책을 실시했다. 두브로브니크가 고안한 격리 정책은 중세 의학 가운데 최고의 성과였고, 인류사에서 가장 오래된 질병 예방 도구한 출현한 사건이었다. 이는 곳 공중 보건 역사에서 중대한 전환점이었다. 공화국 시대의 두브로브니크는 자유라는 이상을 적극 추구하고 공중 보건에 헌신한 위대한 도시였다.

베닌시티

안보

다음으로 살펴볼 도시는 한때 인간이 만든 건축물 중 세계 최대 규모로 손꼽힌 성벽이 있던 베닌시티Benin City다. 일각에서는 베닌시티의 성벽이 중국의 만리장성보다 네 배 더 길고, 건축에 들어간 자재는 이집트 기자의 대피라미드보다 100배가량 더 많았던 것으로 추산한다. 베닌시티는 유럽의 식민 지배를 받기 전, 사하라 이남 아프리카 지역에서 가장 발달한 국가로 꼽혔던 베닌 왕국(1180-1897)의 수도였다. 이 도시는 뛰어난 청동 예술품과 안보로 이름을 날렸다. 도시가 번창하기 위해서는 거주민과 자산을 외부의 폭력과 약탈로부터 보호하는 게 중요한데, 전례 없는 규모를 자랑한 베닌시티의 성벽은 안보 부문에서 인류가 남긴 중대한 업적이었다.

건축의 새로운 지평을 연 이 성벽은 결국 군사 공격으로 무너졌지만, 그 안에서 수 세기 동안 살아온 시민들의 생명과 재산을 지키는 데는 성공했다.

오늘날 경제와 문화의 거점인 라고스에서 동쪽으로 320킬로미터가량 떨어진 곳에 있는 베닌시티는 나이지리아 남부 에도주의 주도이자 인구가 가장 많은 도시다. 나이지리아 서쪽에 있는 베냉과 혼동해서는 안 된다. 베닌시티는 서아프리카 연안의 주요 도심으로서 1,200만 명이 넘는 사람들의 터전이며, 지역 산업으로는 고무와 석유가 대표적이다. 이 도시는 다양한 축제와 다채로운 복식 문화를 자랑하며, 오늘날에는 대부분 의례적 행사만 주관하고 있지만 세계에서 가장 오래 지속된 군주제의 왕궁이 있는 곳이다. 현지인들의 전통적 통치자이자 왕인 현재의 오바oba는 2016년에 즉위했으며, 베닌시티의 제40대 오바다. 그의 궁전은 유네스코 세계 문화유산으로 등재되어 있다.

오바 청동 부조판 · 베닌시티의 왕인 오바의 모습을 묘사한 16세기~17세기의 작품으로 까마귀를 이용해 힘을 얻는 모습을 묘사했다 (영국 대영박물관 소장).

에도 왕국이라고도 불리는 베닌 왕국은 에도족이 서아프리카 열대우림에 처음 정착한 10세기경부터 시작되었다. 공식 설립연도는 1180년이라고 전해진다. 15세기 무렵에는 지역 강국으로 자리 잡았으며, 이웃한 영토를 정복하고 포르투갈부터 영국까지 다양한 유럽 국가와 교류하면서 경제 대국으로 성장했다. '베닌'이라는 단어는 15세기나 16세기에 포르투갈 상인들이 서아프리카 언어인 요루바어를 잘못 알아들은 데서 유래했다. 전해 내려오는 이야기에 따르면 왕위 계승 분쟁 중 오바가 정치적 압박으로 결국 사임하게 되었다. 좌절한 그는 자신이 내줘야 하는 왕국을 '짜증' 혹은 '분노'라는 의미를 담아 '이비누Ibinu의 땅'이라고 불렀는데 이 '이비누'가 '베닌'이라는 이름으로 굳어졌다.

황금기이던 17세기에 이 도시를 방문했다면 절도 사건을 상상조차 할 수 없을 만큼 너무나 질서정연한 대도시를 마주했을 것이다. 1691년에 포르투갈에서 온 선교단의 선장이던 루렌코 핀토Lourenco Pinto는 이렇게 적었다.

> 왕이 거주하는 그레이트 베닌[베닌시티]은 리스본보다도 크다. 모든 거리가 직선으로 뻗어서 더 이상 보이지 않는 곳까지 이어진다. 집들도 다 큰데, 특히 왕궁은 화려한 장식과 멋진 기둥까지 자랑한다. 시민들은 부유하고 근면하다. 훌륭한 통치로 절도는 찾아볼 수 없고 치안 수준이 높아 집에 문이 없다.

안전한 생활 덕분에 사람들은 높은 생산성을 발휘했다. 핀토의 설명에 따르면, "하나의 광장이 금세공사의 작업소 120곳으로 세밀하게 분할되어 있었고, 장인들은 그중 하나를 배정받아 끊임없이 작업에 몰두했다".

핀토는 '금세공사'라고 묘사했지만 실제로 그가 목격한 사람들은 '청동 작업자'였다. 도시민들은 '로우-왁스 주조'라는 기술을 사용해 수천 개의 청동 명판과 조각품을 제작했다. 이 작품들은 해당 기술을 사용해 만든 작품 중 최고의 예술품으로 널리 평가받는다. 청동 조각 중 일부는 16세기 베닌 제국이 급속한 팽창주의에 물들어 자행한 온갖 약탈을 묘사하고 있으며, 다른 작품에는 무역과 상업, 외교, 왕조의 역사가 담겨 있다. 하지만 예술품의 대부분은 화려한 예복을 착용한 귀족들의 초상화였다.

베닌시티 사람은 의류를 대량으로 생산해 유럽 상인과 왕성하게 교역했다. 현지의 또 다른 무역품으로 후추, 팜유, 조각한 상아, 소라껍데기로 만든 구슬도 있었다. 아프리카의 다른 지역과 교전해 포획한 노예도 이곳에서 거래되었다. 베닌 왕국도 고대의 다른 모든 사회와 마찬가지로 노예제를 시행하고 있었다.

베닌시티는 철통 안보로 외부 위협을 철저히 차단하는 성과를 거두었다. 하지만 현대인이라면 고대 베닌시티에 살고 싶지는 않을 것이다. 이곳 사람들은 철의 신을 기리거나 흑자 무역을 기원한다는 온갖 명분으로 인간을 제물로 바치는 의식을 시행했다. 희생자는 대개 수감된 범죄자들이었다. 18세기 말에는 유럽과의 우호적 교역을 기원한다는 명목으로 매년 서너 명이 베닌강에 제물로 바쳐졌다.

당시 도시에서 가장 중요했던 수입품은 유럽에서 온 황동과 구리 주괴였다. 베닌시티의 조각 산업은 무섭게 성장했는데, 베닌 제국에서 생산되는 금속만으로는 공급량을 맞출 수 없을 정도였다. 해외 무역이 없었다면 유명한 청동 작품 중 상당수도 탄생하지 못했을 것이다. 포르투갈인은 '마닐라스'라고 불리는 금속 팔찌 형태로 베닌시티 사람들에게 청동과 구리를 판매했다. 16세기경에는 마닐라스를 비롯해 청동 냄비나 프라이팬 등의 금속 제품이 서아프리카에서 유럽인들이 사용하는 표준 무역 화폐였다.

무역이 더욱 발달하면서 의류 등 지역 제품을 생산하는 공장들이 베닌강을 따라 우후죽순으로 생겨났다. 베닌 왕국은 늘 안보를 최우선으로 여겼기 때문에 해적의 출몰을 막기 위해 이웃 나라와 다양한 동맹 관계를 체결했다.

무역이 베닌시티의 번영에 얼마나 중요한 역할을 했는지를 고려하면, 이곳에서 역사적으로 가장 사랑받은 인물이 어느 여성 상인이었던 것도 자연스러운 일이다. 오늘날에도 그녀의 조각상은 베닌시티에서 가장 입지가 좋은 곳에 자리하고 있다. 전해지는 이야기에 따르면 15세기 상인이었던 에모탄Emotan은 오늘날 자신의 조각상이 세워진 바로 그 자리에서 다양한 물품을 판매하면서 시장을 애용했던 사람들의 자녀를 돌보기 위한 시설을 설립했다. 그곳이 바로 베닌시티 최초의 보육원이다. 그녀는 왕자의 형제가 왕자를 제거하려는 음모를 꾸미고 있음을 알고 왕자에게 경고해주어 그가 왕좌를 되찾을 수 있도록 도와주기도 했다. 왕자는 왕위에 오른 뒤, 그녀를 시장 치안을 담당하는 고위직으로 임명해 보답했다. 현재까지도 에모탄은 '정의의 양심'으로 신격화되어 시민들에게 많은 존경을 받고 있다.

도시는 베닌 왕국의 왕조가 안정적으로 자리를 잡고 시장과 국제무역이 번창한 데 힘입어 경제적으로 풍요로워졌다. 도시가 부유해지자 사회 기반 시설이 발전했고, 도시민의 삶도 다방면으로 개선되었다. 17세기의 네덜란드 작가 올퍼트 대퍼Olfert Dapper는 이 도시를 관찰하고는 "집들이 거리를 따라 질서정연하게, 오밀조밀 지어졌다"라고 말했다. "야자수나 바나나 잎 또는 다른 나뭇잎으로 만든 박공지붕과 계단이 있었고, 집이 거대해서 내부에 긴 갤러리가 있는 경우가 많았다. 이런 경향은 귀족의 집에서 특히 두드러졌으며 넓은 공간은 붉은 점토 소재의 벽으로 분리되어 여러 개의 방으로 나뉘었다."

대퍼에 따르면 주민들은 벽을 "네덜란드의 벽과 마찬가지로 백악으로 칠하고 열심히 문질러서 윤기 있고 매끄럽게 유지했는데, 마치 거울처럼 보일 정도였다. 위층도 같은 종류의 점토로 만들어졌으며, 모든 집에는 깨끗한 물을 공급받을 수 있는 우물이 설치되어 있었다".

베닌시티는 또 가로등과 유사한 형태의 조명을 갖춘 최초의 도시였다. 수 미터 높이에서 야자유를 태워 빛을 내던 커다란 금속 램프가 도시 곳곳에 설치되어 있었다.

도시 성문 안쪽의 오른편 사각형 땅에는 궁정이 있었는데, 도시를 둘러싼 것과 같은 형태의 성벽이 그 궁정을 에워싸고 있었다. 궁정 안에는 다양한 궁전과 집, 궁중의 관리를 위한 공동주택이 있었고 기다랗고 네모난 형태의 아름다운 갤러리도 있었다. 대퍼는 이 갤러리가 "암스테르담의 거래소만큼이나 거대했다"라고 말했다. 갤러리에는 유명한 청동 조각품이 많이 전시되어 있었고, 다양한 그림이 조각된 청동 판화는 나무 기둥에 기대어 서 있었다.

하지만 베닌시티 최고의 볼거리는 단연 도시의 성벽이었다. 성벽 잔해의 방사성탄소연대측정 결과, 에도 사람들이 오랜 세월에 걸쳐 이 성벽을 점진적으로 쌓아 올렸음을 알 수 있었다. 특히 800년에서 1500년 사이에 주로 건축이 이루어졌다.

영국 작가이자 저널리스트인 프레드 피어스$^{Fred\ Pearce}$는 다음과 같이 적었다.

베닌 [성벽] 네트워크는 500개가 넘는 구획의 경계가 모자이크 형태로 이어져 있다. 이를 모두 합치면 길이가 1만 6천 킬로미터에 달한다. 6,500평방킬로미터의 면적을 에워싸고 있으며, 처음부터 끝까지 에도족이 작업했다. 만리장성보다 네 배 더 길고 기자의 대피라미드보다 100배 더 많은 자재가 투입되었다. 건축 작업에 1억 5천만 시간이 소요된 것으로 추정되며, 단일 고고학 작업으로는 아마도 지구상 최대 규모일 것이다.

피어스가 이 글을 쓴 이후 중국 만리장성은 중국 역사상 모든 왕조가 개별적으로 세운 장벽까지 모두 포함하는 것으로 규정이 바뀌어 공식 길이가 약 2만 1천 킬로미터에 달한다고 수정되었다. 하지만 중국 문화재청이 제시한 이 수치는 "오해의 소지가 있다"라는 비판을 받았다. 중국 북부에 있는 만리장성뿐 아니라 그 성벽에서 단절되어 국경을 방어하는 장벽들까지 포함된 수치이기 때문이다. 만리장성의 길이는 정확

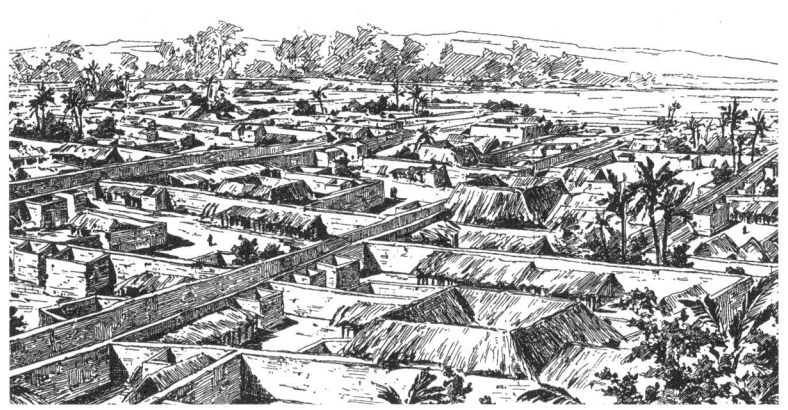

베닌시티의 모습(1897) • 영국의 장교 H. 링 로스가 그린 것으로, 모자이크 형태의 성벽들이 눈에 띈다.

히 어느 구획을 포함하느냐에 따라 2,500킬로미터부터 8,000킬로미터까지 다양하게 추산된다. 어쨌든 베닌시티의 성벽이 사연 많은 중국의 만리장성보다는 길다고 할 수 있다.

베닌시티의 성벽에는 무려 7층 높이의 탑과 경비실, 도랑, 해자와 수비대 막사가 있었다. 이 성벽은 수 세기에 걸쳐 도시를 방어했다. 하지만 그렇지 않아도 베닌 제국의 침공에 앙심을 품고 있던 영국군이 무역 분쟁에 맞닥뜨리자 1897년 '징벌적 원정'을 단행하면서 이 성벽을 무너뜨리고 말았다. 왕궁의 청동 예술품 상당수가 전투에서 약탈되어 오늘날 대영박물관을 비롯한 여러 박물관에 전시되어 있다. 성벽이 무너진 후 베닌시티와 베닌 제국은 영국에 속했다가 1960년에 나이지리아의 일부가 되었다.

재산권을 보호하기 위해서는 절도나 약탈을 방지하기 위한 안전장치가 반드시 필요하다. 베닌시티의 성벽은 끝내 무너졌지만, 전례 없는 안보 수준을 자랑하며 수 세기 동안 도시를 지켜주었다. 처음에 유목 생활을 하던 인류는 농경을 위한 영구 정착 생활로 전환하면서 성벽 등의 보호 시설을 만들어냈다. 실제로 초기 정착민의 상당수는 성벽으로 둘러싸인 도시 안에 살았고, 그중 하나가 우리가 첫 번째로 살펴본 도시, 신석기시대의 여리고였다. 하지만 베닌시티의 성벽은 순전히 규모만으로 다른 성벽을 압도했다. 베닌시티는 이처럼 거대한 성벽을 수백 년간 지켜오며 안보 부문에서 중대한 위업을 달성했다.

마인츠

인쇄기

다음으로 살펴볼 도시는 금속 활판 인쇄기를 발명한 요하네스 구텐베르크Johannes Gutenberg(1397?-1468)의 고향이자, 이 발명품을 유럽 전역으로 확산시킨 거점 도시 마인츠Mainz다. 구텐베르크는 스트라스부르에서 인쇄기를 발명했지만, 마인츠로 돌아와 그곳에서 조판 기술 전수에 나섰다. 그런데 이내 정치적 소요가 일어나 제자들이 대탈출을 감행했고 이들이 유럽 각지로 흩어져 조판 지식을 곳곳에 전파했다. 다시 말해, 마인츠 조판사들의 디아스포라 덕분에 유럽의 다른 지역도 빠르게 인쇄기를 도입할 수 있었다.

오늘날 마인츠는 독일 서쪽에 있는 라인란트팔츠주의 주도이자 최대 도시로, 와인 생산과 아름답게 재건된 목조 주택, 광장에 있는 중세 건축물로 잘 알려져 있다. 다양한 축제로도 유명한데, 특히 '재의 수요일'(기독교에서 사순절의 시작과 부활절의 준비를 알리는 절기—옮긴이)을 앞

마인츠 대성당 · 마인츠를 대표하는 건축물로 975년 오토 2세가 착공하여 1037년에 완공되었다.

둔 시기에는 다양한 공연과 행진이 끊이지 않는다. 라인강을 품고 있는 이 도시는 975년에 지어진 아름다운 대성당은 물론, 구텐베르크 박물관으로도 유명하다. 1900년 설립된 이 박물관에서는 인쇄술의 역사를 한눈에 볼 수 있고, 15세기 구텐베르크 성경 원본 두 권도 만나볼 수 있다. 마인츠는 화학 및 의약품, 전자 제품, 정밀 기기, 기계, 유리 제품, 악기 등의 산업이 발달했다. 그뿐 아니라 출판사와 라디오, TV 방송국까지 이곳에 위치해 언론의 중심지 역할도 하고 있다. 매년 여름엔 '요하니스나흐트'라는 축제를 열어 이곳에서 배출한 가장 유명한 인물을 기념한다.

기원전 1세기에 로마인은 로마제국의 북부 전선이자 켈트족의 정착지에 군사 요새 또는 주둔지로 쓰기 위해 마인츠를 건설했다. 기지명은 켈트족이 전투의 신으로 떠받든 '모고' 혹은 '모곤즈'의 이름을 따 '모군티아쿰'이라고 지었다. 라틴어 이름인 이 모군티아쿰이 독일식 이름인 마인츠로 발전해 오늘날까지 이어지고 있다. 로마인이 이 지역에 처음 포도밭을 만든 이래 포도주 양조는 지금까지도 이 지역의 핵심 산업이다. 로마의 정복자들은 라틴어를 이곳으로 들여왔다. 곧 살펴보겠지만, 이 문자의 알파벳 개수가 한정적이었던 점이 인쇄술의 발전에 큰 영향을 미쳤다. 마인츠는 또 로마인이 '게르마니아 수페리오르'라고 불렀던 속주 지역의 수도 역할도 했다.

마인츠는 9세기에 신성로마제국 마인츠 대주교령의 수도로 사용되기 시작하면서 정치적으로 다시 두각을 드러냈다. 신성로마제국은 제국이라기보다 유럽의 중부와 서부의 여러 구역과 왕국을 연맹에 가까운 형태로 통합한 정치 기관이었다. 여기 속한 공국들은 각기 통치자를 두고 비교적 독립적인 지위를 누렸다. 『브리태니커 백과사전』은 신성로마제국을 두고 중세에 "교황권과 더불어 서유럽에서 가장 중요한 제도"라고 일컬었는데, 마인츠 대주교령은 신성로마제국 내에서 가장 권위 있고 영향력 있는 국가였다. 마인츠는 독일의 대주교인 마인츠 대주교가 선출된 곳이기도 하다(독일의 대주교는 유럽 내 독일어권에서 최고 권력을 가진 주교에게 주어지는 역사적 칭호였다). 대주교는 신성로마제국에 소속된 왕국 중 하나였던 독일의 총리로 활동했으며, 신성로마제국에서 황제 다음으로 권력이 막강했다.

다시 말해, 구텐베르크가 14세기 후반 마인츠 크리스토프스트라세의 어느 모퉁이 주택에서 태어났을 때(지금도 그곳에 기념 명판이 세워져 있다) 마인츠는 이미 정치의 중심지였다. 하지만 실상 마인츠는 내부 분쟁과 경제적 혼란으로 심하게 불안정했다. 귀족 계층과 빠르게 성장하는 상인 계층이 대립하면서 마인츠 전역에 긴장감이 감돌았다. 1332년, 마인츠 대주교는 상인과 장인을 대표하는 길드가 도시 의회에서 옛 귀족 계층과 동등한 발언권을 가질 수 있도록 허용했다. 그런데 1400년대 초반, 마인츠에 귀족보다 길드의 회원이 더 많아지면서 또다시 두 계층의 마찰이 잦아졌다. 1411년에는 상인들이 귀족

요하네스 구텐베르크(1397?-1468) · 서양 최초로 금속활자를 발명한 인쇄술의 혁신자였다.

에게만 주어지는 세금과 관세 특혜에 반발해 귀족들 집에 불을 지르기도 했다. 결국 생명에 위협을 느낀 귀족 117명이 마인츠를 떠났고, 어린 구텐베르크의 가족도 그중 하나였다. 그들은 얼마 지나지 않아 마인츠로 돌아왔지만, 상황은 점차 악화되었다. 이 때문에 마인츠에서 갈등을 피해 도피하는 게 구텐베르크를 포함한 수많은 주민의 정기 행사로 자리 잡았다.

마인츠 내에 극심한 혼란이 계속되면서 급기야 생필품 품귀 현상까지 벌어졌다. 1413년에는 마인츠 전역에 식량이 부족해 굶주린 도시민들이 폭력을 행사하고 재산을 파괴하는 등 대규모 폭동을 일으켰다. 이에 구텐베르크 가족을 비롯한 많은 사람이 또다시 마인츠를 등지고 떠나야 했다.

구텐베르크는 이 같은 혼란에도 불구하고 늘 자신의 고향인 마인츠로 이끌리듯 돌아갔다. 성인이 된 후에는 서로 대립하는 귀족 계층과

상인 집단 사이에서 어디에도 속하지 못하는 자신을 발견했다. 심지어 타고난 귀족 지위 때문에 미움도 많이 받았다. 또 한편으로는 모친이 평민이라는 이유로 귀족 대부분이 누리는 법적 특권을 누리지도 못했다. 이처럼 자신의 지위가 불안정하다는 사실을 인지한 구텐베르크는 경제력이라도 확보하기 위해 금속 세공 일을 시작했다.

1428년, 마인츠시는 파산 직전의 위기에 놓였고 귀족 계층과 길드 구성원 간 분쟁에서 길드 측이 권력을 잡으면서 새로운 국면이 펼쳐졌다. 도시를 장악한 폭력, 계층적 선입견, 경제 붕괴로 많은 사람이 마인츠를 떠날 수밖에 없었으며, 구텐베르크는 우여곡절을 거쳐 1434년에는 스트라스부르에 자리 잡았다.

그는 스트라스부르에서 금속 세공 길드에 가입하지 않고, 귀족 및 길드 구성원 모두와 친분을 쌓았다. 구텐베르크는 지역 관리와의 인맥을 활용해 마인츠에서 온 관리인에게 압력을 행사함으로써 마인츠가 그의 가족에게 진 빚을 받아냈다. 이를 금속 세공 사업에 투자했고, 스트라스부르에서 유명했던 와인 무역에 잠시 손대기도 했다. 구텐베르크가 스트라스부르에 머물렀던 이 시기에 금속활자 인쇄기를 개발했을 가능성이 높다.

중국인들이 이보다 수 세기 앞서 목판 인쇄술을 발명했다는 사실을 주지하고 넘어가자. 앞서 소개한 항저우의 한 발명가가 훨씬 이른 11세기 초부터 목활자를 만들었지만, 중국에서는 인쇄술이 유럽만큼 널리 확산되지 못했다. 중국인은 손으로 쓰는 서예를 더 중요하게 생각했다. 중국어 문자 체계에는 글자 수가 워낙 많아서 일일이 활자를 만들기도 어려웠다. 실제로 중국어는 수천 개의 한자를 사용하지만, 독일어는 로마 알파벳만을 사용하기 때문에 인쇄가 더 쉬웠다.

1448년 구텐베르크는 마인츠의 집으로 돌아갔다. 알렉산더 해먼드 Alexander Hammond가 구텐베르크의 프로필에 쓴 것처럼 그는 "처남인 아놀드 겔투스로부터 돈을 빌려 1450년에 활자 인쇄기를 만들었다". 처음에 구텐베르크는 자신의 혁신을 활용하면 수도사들이 종교 문서를 훨씬 빠른 속도로 복제할 수 있다고 홍보했다. 그는 인쇄기를 두 대 운용했는데 하나로는 성경, 다른 하나로는 상업 문서를 인쇄했다. 1455년에 '구텐베르크 성경' 180부를 인쇄하는 데 성공하면서 수습생을 들일 수 있게 되었고, 덕분에 마인츠에 인쇄 지식을 전파할 수 있었다. 그런데 이 무렵 투자자로부터 소송이 들어와 결국 파산하고 말았다.

경기 침체에 숙적이었던 두 대주교 간 전쟁까지 겹쳐 마인츠의 상황은 악화 일로를 걸었다. 1461년과 1462년에 걸쳐 마인츠 대주교령의 자리를 두고 마인츠 교구 분쟁, 이른바 바덴-팔라티노전쟁이 벌어졌다. 마인츠의 새로운 대주교가 되기 위한 선거에서 박빙의 승부를 벌인 디터 폰 이센부르크Diether von Isenburg와 아돌프 폰 나사우Adolph von Nassau가 모두 자신이 정당한 대주교라고 주장했다. 이후 디터와 아돌프는 각자의 정치적 동맹의 도움을 받아 전쟁에 나섰다. 디터가 교황과 신성로마제국 황제 프리드리히 3세를 모두 적으로 삼았기 때문에 이들은 아돌프를 지지했다. 반면, 시 의회를 비롯한 마인츠의 많은 대다수는 대주교 자리를 내주는 것과 도시에서 떠나는 것을 거부한 디터를 계속해서 지지했다.

아돌프와 그의 군대는 선제공격을 감행해 결국 디터를 물리치고 주도권을 장악했다. 1465년 아돌프 대주교는 인류 발전을 위한 구텐베르

| **구텐베르크 성경** · 인쇄술의 발달은 성경의 보급을 촉진해 종교개혁의 불씨가 되었다.

크의 공로를 인정해 궁정 직책과 높은 연봉을 수여했고, 덕분에 그는 마인츠에서 여생을 평화롭고 편안하게 보내다가 땅에 묻혔다.

이 분쟁이 일어났을 때 마인츠를 방문했다면, 끔찍한 폭력과 파괴의 현장을 직접 목격했을 것이다. 시민들의 대탈출 장면도 볼 수 있었을 텐데, 그중 일부는 역사를 바꿀 지식을 갖고 있는 사람들이었다.

이 책에서 소개한 도시 대부분은 비교적 평화롭고 번영하던 시기에 발전을 이루어냈지만, 마인츠는 예외였다. 오히려 도시의 혼란이 변화의 촉매제가 되었다. 마인츠의 경제적·정치적 혼란으로 인해 구텐베르크의 수습생을 비롯한 많은 장인이 망명길에 올랐고, 그 결과로 인쇄술 관련 지식이 놀라운 속도로 유럽 전역에 퍼져 나갔다.

일부 추산에 따르면 불과 10년 후인 1470년대에 유럽의 모든 주요 도시에 인쇄소가 생겼다. 1500년대에는 약 400만 권의 책이 인쇄되어 판매되었다. 문서를 빠르게 복제할 수 있게 되자 그 문서에 담긴 새로운 사상도 빠르게 퍼져 나가기 시작했다. 이로써 종교개혁부터 후기 계몽주의, 새로운 정부 형태의 등장까지 여러 거대한 사회변혁이 일어났다.

미국 역사학자 빌 코바릭$^{Bill\ Kovarik}$에 따르면 "언론 비용이 급격히 감소할 때마다 더 많은 사람이 입을 열게 되고 우리는 훨씬 다양한 목소리를 들을 수 있다". 덕분에 사회 내 권력이 분배되고 사회적 변화 역시 촉발된다. 오늘날 디지털 혁명은 아이디어와 지식을 전파하는 데 드는 비용을 대폭 낮췄으며, 구텐베르크의 마인츠 인쇄소에서 시작된 혁명을 이어가고 있다.

15세기 마인츠는 계속되는 폭력과 경제 문제에 시달렸음에도 진보의 중심지가 되었다. 인쇄업자들의 망명 덕분에 인쇄술이 놀라운 속도로 퍼져 나가 인류의 발전된 미래에 핵심 역할을 했다. 그뿐 아니라 마인츠 내 소요 사태의 주범이었던 귀족 계층과 길드 역시 인쇄술로 인해 결국 권력이 약해지고 말았다. 인쇄술 덕분에 과학, 의학 문서부터 철학과 정치 조약에 이르는 모든 것이 확산되어 정보의 민주화가 일어났기 때문이다. 이런 진보의 중심에 마인츠가 있었음을 잊어서는 안 될 것이다.

세비야

항해술

다음으로 살펴볼 도시는 15세기 중반부터 16세기 중반까지 유럽 대항해시대의 세비야(Seville)다. 당시 세비야는 주요 무역항으로서 해상 항해술의 발전을 주도했다. 1519년, 선박 다섯 척으로 구성된 탐험대가 세비야에서 세계 일주를 위한 첫발을 내디뎠다. 그런데 1522년에 돌아온 건 이중 단 한 척인 갤리온(15~17세기에 사용되던 스페인의 대형 범선—옮긴이) 빅토리아호뿐이었다. 빅토리아호는 6만 8천 킬로미터를 항해해 세계 일주에 성공함으로써 인류 항해 역사에 한 획을 그었다.

오늘날 세비야는 스페인 안달루시아 지방의 주도로, 가장 인구가 많고 부유한 데다 스페인 내륙 도시 중에는 유일하게 상업항이 있는 곳으로 여전히 붐비는 도시다. 이 항구를 통해 와인, 과일(그중에서도 오렌지는 세비야 전역에서 재배되어 도시의 향기를 책임진다), 올리브와 광물이 수출되는 한편, 석유와 석탄이 수입된다. 조선업과 서비스업, 관광업 또한 도시 경제를 책임지고 있다. 세비야는 플라멩코의 세계 수도로 알려진 만큼 도시 전역에서 플라멩코 공연이 자주 열린다. 플라멩코는 9세기부터 14세기에 걸쳐 인도 북서부인이 안달루시아로 이주하면서 아시아와 유럽의 춤 문화가 결합해 생겨난 장르다. 이곳에서 치러지는 투우 경기는 전 세계 관광객을 끌어 모은다. 세비야는 종교색도 강한 지역이라 '세마나 산타'(고난 주간) 축제 기간에는 많은 기독교 신자가 이곳으로 몰려든다. 세비야는 《세비야의 이발사》를 비롯한 유명 오페라의 무대가 되기도 했다.

세비야에서는 《스타워즈》《왕좌의 게임》등 유명 영화와 TV 시리즈에 배경으로 등장한 경이로운 건축물들을 실제로 만나볼 수 있다. 세계 최대 규모의 목조 건물인 '라스 세타스'를 비롯한 현대적 건축물도 유명하지만, 그중에서도 역사적 건축물이 단연 눈에 띈다. 세비야 구시가지에 있는 유네스코 세계 문화유산만 해도 세 군데가 넘는데, 그중 하나가 무데하르 양식의 알카사르 왕궁이다. 이 왕궁은 14세기에 카스티야인이 '잔혹왕' 페드로를 위해 지은 것으로, 아바스왕조 시대(1023-1091) 요새 자리에 남아 있던 본래 구조물의 일부를 활용했다. 오늘날에도 스페인 왕족은 세비야를 방문할 때마다 이곳에 묵는다. 덕분에 알카사르는 지금껏 사용되는 궁전 중 가장 오래된 것이라고 할 수 있다.

또 다른 유네스코 세계 문화유산은 건축에만 1세기가 넘게 걸린 세비야 대성당이다. 1507년 완공된 이 성당은 세비야가 오늘날처럼 무역으로 황금기를 보내던 시절의 화려함을 여실히 보여준다. 고딕 양식 교회로는 세계 최대 규모이며, 모든 교회를 통틀어서는 네 번째로 크다.

세비야 대성당 • 세계문화유산으로 등재된 세비야의 대표 건축물로, 1507년에 완공된 고딕 양식의 성당이다.

이 성당을 설계한 최초의 건축 위원회는 "눈을 의심하게 될 만큼 아름답고 거대한 것"을 창조하라는 임무를 받았다고 전해진다. 성당은 오렌지 나무로 둘러싸여 있어서 세비야의 상징과도 같은 오렌지 향이 방문객을 산뜻하게 맞이한다.

세비야의 마지막 유네스코 세계 문화유산은 인도 기록 보관소다. 1572년, 스페인 제국의 전성기를 이끈 펠리페 2세(1527-1598)가 건축을 지시한 이곳은 세비야의 상인들이 신세계 항해를 위해 필요한 업무를 처리하는 '상인 거래소' 역할을 했다. 르네상스 시대의 이 거대한 건물은 이후 구역별로 그림 아카데미, 곡물 저장소, 고아와 미망인을 위한 보호소 등 다양하게 사용되었다. 오늘날에는 이름에서 알 수 있듯 스페인 제국과 그곳의 대서양 횡단 무역의 역사를 보여주는 기록 보관소 기능을 하고 있다.

신화에 따르면 세비야를 세운 이는 고전 문학에서 반신반인으로 유명한 영웅 헤라클레스다. 1574년 지어져 소위 '알라메다 데 에르쿨레스'(헤라클레스 몰)라고 불리게 된 정원 광장에는 거대한 헤라클레스 조각상이 방문객들을 맞이한다. 사실 좀 더 정확히 말하자면, 세비야를 세운 신화 속 인물은 페니키아의 신 멜카르트인데, 그가 나중에는 헤라클레스와 동일시된다. 세비야에서 가장 오래된 구역은 기원전 8세기경, 과달키비르강('al-wādī l-kabīr'라는 아랍어에서 유래한 이름으로, '거대한 강'을 뜻한다)에 있는 어느 섬에 건설되었을 것이다. 세비야는 처음부터 다문화 도시였다. 토착 이베리아 민족인 타르테소스인과 무역항의 잠재력에 이끌려 들어온 페니키아인이 이곳에서 어울려 살았다.

세비야는 지리적 특성상 주요 항구가 될 수밖에 없는 운명이었다. 길이 650킬로미터가 넘는 과달키비르강의 종착지였고, 여기서부터는 배가 더 들어갈 수 없었기 때문이다. 스페인에서는 유일하게 배가 다닐 수 있는 큰 강이었던 과달키비르강은 적어도 기원전 8세기부터 운송로 역할을 해왔다. 당시에는 고대 페니키아인이 스페인에서 채굴한 귀금속을 배에 실어 오늘날의 레바논이자 세계 최초의 주요 항이었던 비블로스항을 통해 아시리아인에게 전해주었다. 강은 안달루시아 지방을 드나드는 교역 선박의 주요 통로였을 뿐 아니라 대서양으로 나아가는 문으로서 신대륙 탐험, 궁극적으로는 세계 일주를 실현하는 데 핵심 역할을 했다.

세비야는 역사적으로 카르타고인과 로마인(이들이 세운 성벽의 일부가 지금도 남아 있다), 서고트인, 무어인, 카스티야인의 지배를 받았다. 그런 중에도 무역을 위한 관문이라는 중요한 역할을 이어가는 한편, 다양한 지역에서 물자와 사람들이 계속 유입되어 점차 문화가 다양해졌다. 하지만 세비야가 서유럽 최대 도시 중 하나로 성장한 시기는 스페인의 황금기, 즉 제국의 대서양 무역이 정점을 찍은 16세기였다.

알라메다 데 에르쿨레스 · 세비야의 역사적 중심지에 위치한 공공 정원으로, 스페인과 유럽에서 가장 오래된 공공 정원이다.

이 당시 세비야를 방문했다면, 수 세기에 걸친 문화적 융합이 압축된 만큼 독특한 건축물들이 매혹적 분위기를 자아내는 대도시를 마주했을 것이다. "세비야를 보지 않은 자는 기적을 보지 못한 것이다 Quien no ha visto Sevilla, no ha visto maravilla"라는 말까지 있을 정도였다. 군중을 헤치고 타일이 복잡하게 깔린 길과 모자이크 광장을 따라가다 보면, 대륙 전역에서 모여든 상인이 스페인어, 영어, 플라망어, 이탈리아어 등 온갖 언어로 이야기하며 물품을 사고파는 국제 상업의 중심지를 만날 수 있다.

이슬람교 신앙은 1502년에 금지되었지만, 소수 무슬림 민족이자 모리스코 Moriscos로 알려진 무어인의 상당수가 비밀리에 이슬람교를 믿으면서 이 도시에 살고 있었다. 노예로 끌려온 아프리카인도 많았다. 당시에는 유럽 강대국들이 해상 무역로를 점령하고 미지의 땅을 발견하기 위해 치열한 경쟁을 벌였던 만큼 거리는 당시 혁신적 해상 탐험 이야기로 시끌벅적했을 것이다.

1503년, 스페인이 신대륙 교역권을 세비야에 독점으로 허용하면서 세비야는 번영을 누리게 된다. 하지만 영국의 역사학자 리처드 캐번디시Richard Cavendish가 지적했듯 "이 같은 인간 활동의 그물망을 관료제로 다스릴 수 있다는 발상은 대책 없이 비현실적인 것으로 판명되었고, 그렇게 은이 쏟아져 들어왔음에도 스페인은 가난을 벗어나지 못했다". 세비야의 독점권 등 다양한 정책이 경제적 자유를 제한하면서 스페인은 결국 아홉 번(1557, 1575, 1596, 1607, 1627, 1647, 1652, 1662, 1666년)이나 파산하는 등 정부 재정에 어려움을 겪었다. 무역부터 토지 관리까지 엘리트 계층이 누렸던 특권적인 정부 지원과 신대륙에서 쏟아져 들어온 은으로 인한 인플레이션, 전쟁으로 인한 정부의 과도한 지출이 경제적 발전을 저해하는 요소가 되었다. 결국 세비야의 황금기는 오래 지속되지 못했고, 1717년에 왕정이 신대륙 무역의 독점권을 카디스로 이전하면서 막을 내렸다.

세비야의 군중 속에서 16세기 이름난 소설가 미겔 데 세르반테스Miguel de Cervantes(1547-1616)를 만나게 될지도 모른다. 그는 1560년대에 세비야의 예수회 계열 대학에서 수학했으며, 1588년에 세비야로 돌아와 몇 년간 지냈다. 세비야는 그의 여러 작품에 자주 등장한다. 단편소설 『세비야의 건달들』에서는 조직범죄 현장의 배경이 되었고, 어느 시에서는 "오, 위대한 세비야! 정신과 고결함에서 승리한 로마와 같구나"라는 찬사를 받는다. 세르반테스의 대표작이자 획기적 소설 『돈키호테』 에서는 주인공 돈키호테가 세비야로 초대받는데 "세비야야말로 모험을 발견할 수 있는 곳, 모든 거리와 거리 구석구석에 세상 어디와도 비교할 수 없는 모험이 넘쳐나는 곳"이었기 때문이다.

탐험대가 세계 일주를 위해 세비야 항구에서 처음 닻을 올렸던 운명적인 날에도 이 같은 모험 정신이 온 도시를 가득 채웠을 것이다. 역사적 업적에는 희생이 따르기 마련인데, 260여 명의 탐험대가 세비야를 떠났지만, 세계 일주를 마치고 돌아온 이는 18명에 불과했다. 세비야가 다문화 도시로 유명했던 만큼 항해를 완수한 생존자들은 다양한 국적을 자랑했다. 탐험대는 갈리시아인 세 명, 카스티야인 세 명, 그리스인 두 명, 베네치아인 보조요원 한 명, 제노바공화국 출신 선원 대장 한 명, 포르투갈 출신 선원 한 명, 독일 출신 포수 한 명 그리고 탐험대 최고 선장인 후안 세바스티안 엘카노Juan Sebastián Elcano(1486?-1526)를 포함한 바스크 출신 선원 여섯 명으로 구성되었다. 베네치아인이었던 안토니오 피가페타Antonio Pigafetta(1491?-1531?)가 기록한 항해 일지는 많은 학자가 가장 신뢰하는 탐험 기록으로 손꼽힌다. 끝내 귀환하지 못한 이들 중에는 스페인 탐험을 계획했지만, 일주 도중 필리핀에서 사망한 포르투갈 탐험가 페르디난드 마젤란Ferdinand Magellan(1480-1521)도 포함되어 있었다.

페르디난드 마젤란(1480-1521) · 포르투갈 태생의 탐험가로, 포르투갈에서 태어났으나 나중에 스페인으로 귀화한다.

유럽 대항해시대에는 여러 나라가 치열

한 경쟁을 벌였는데, 그중에서도 포르투갈과 스페인이 가장 앞서 나갔다. 처음에는 포르투갈이 주도권을 잡아 대서양 군도 중 마데이라와 아조레스 제도를 각각 1419년과 1427년에 발견했고, 1498년에는 아프리카 희망봉을 돌아 인도로 가는 항로를 발견해 대항해의 판로를 바꾸었다. 항해를 향한 포르투갈인의 뜨거운 열정 덕분에 '항해왕 헨리 왕자'(1394-1460)라는 독특한 별명도 생겨났다. 포르투갈이 아시아로 가는 또 다른 항로를 발견하기 위한 탐험에 한창이던 1501년, 피렌체 출신의 아메리고 베스푸치Amerigo Vespucci(1451-1512)가 이른바 '신대륙'이라고 명명한 새로운 땅을 발견했다. 이곳은 나중에 그의 이름을 따 '아메리카'가 되었다. 16세기로 들어서면서 갤리온이라는 더 안정적이고 빠른 데다 운전하기도 쉬운 선박이 개발되는 등 조선업이 발전하면서 항해에 관한 열정도 더욱 커졌다.

아메리고 베스푸치(1451-1512) · 피렌체 출신의 탐험가였는데, 아메리카 대륙을 처음으로 신대륙이라고 인식하여 그 사실을 널리 알린 공로를 인정받아 이 대륙에 그의 이름이 붙었다.

각기 다른 탐험대를 후원하는 나라들끼리는 서로 적대 관계를 형성했다. 하지만 중요한 탐험에서는 탐험대원들이 다양한 나라 출신으로 이루어지는 경우도 많았다. 특히 스페인과 포르투갈의 왕실이 최고의 인재를 고용하기 위해 경쟁에 나섰는데, 스페인 사람이 포르투갈 탐험대에 투입되거나 그 반대의 상황도 벌어졌다. 스페인은 일부 다른 나라의 전문성을 기꺼이 받아들이고 포르투갈의 해양 패권에 도전장을 내밀기 시작했다. 제노바의 탐험가 크리스토퍼 콜럼버스^{Christopher} ^{Columbus}(1451-1506)가 아메리카 대륙을 동인도로 착각했던 1492년의 유명 항해에 자금을 지원한 것도 스페인이었다(이 같은 실수에서 '서인도제도'라는 이름이 유래했으며, 콜럼버스의 이름을 딴 '컬럼비아'는 미국인들에게 시적 용어로 남아 있다).

피렌체 태생의 베스푸치는 1512년, 스페인의 수석 항해사라는 직함을 달고 세비야에서 스페인 시민으로 사망했다. 스페인 탐험가 바스코 누녜스 데 발보아$^{\text{Vasco Núñez de Balboa}}$(1475-1519)는 1513년 유럽인 최초로 아메리카 대륙을 횡단해 태평양에 도착했고, 1516년에는 세비야나 리스본 중 한 군데서 태어난 것으로 추정되는 후안 디아즈 데 솔리스^{Juan} $^{\text{Díaz de Solís}}$(1470-1516)가 탐험 도중 우루과이에 도착한 최초의 유럽인이 되었다.

마젤란은 암석이 많은 아프리카를 경유하지 않고 오늘날의 인도네시아에 있는 말루쿠 제도까지 곧장 갈 수 있는 직항로를 찾고 싶어 했다. 희망봉으로 돌아가는 경로는 선박들의 공동묘지라고 불릴 만큼 위험했기 때문이다. 마젤란은 포르투갈 군주로부터 항해 자금을 지원받으려다 번번이 실패하자 스페인 국왕에게 자신의 운명을 걸어보기 위해 1517년 세비야로 갔다. 당시 스페인 국왕이자 향후 신성로마제국 황제로 등극할 카를 5세(1500-1558)는 마젤란의 비전을 지지했지만, 그가 아직 십 대에 불과했던 데다가 엄청난 부채를 안고 있어 항해 자금을 전부 다 지원할 여력이 안 되었다. 이때 부르고스 출신의 금융가이자 상인이던 크리스토퍼 드 하로$^{\text{Cristóbal de Haro}}$(1541년 사망)가 독일 금융계의 유력 가문인 푸거 가문을 통해 부족한 항해 자금뿐 아니라 선원들이 거래할 수 있는 물품까지 제공했다.

  1519년 마젤란은 기함 트리니다드호와 산안토니오호, 무장상선 콘셉시온호와 산티아고호, 빅토리아호 등 다섯 척으로 구성된 함대를 이끌고 세비야에서 출발했다. 빅토리아호는 스페인 북부 온다로아 조선소에서 만들어진 직후 '산타 마리아'라는 이름을 달고 카스티야와 잉글랜드를 오가는 무역선으로 쓰였던 것인데, 1518년에 스페인 왕실이 이를 사들였다. 마젤란은 세비야에서 가장 좋아했던 예배당 '산타 마리아 데 라 빅토리아'에 착안해 선박의 이름을 빅토리아호로 바꾸었다.

  대서양을 가로지르는 오랜 여정과 남아메리카 해안을 따라 태평양으로 가는 길을 찾기 위한 지난한 탐험 끝에, 산티아고호는 1520년에 태풍을 만나 아르헨티나의 어느 강에서 난파하고 말았다. 그해 말, 탐험대는 칠레를 통해 아메리카 대륙을 가로질러 태평양으로 나아갈 수 있는 항로를 발견했는데, 나중에 이곳에 '마젤란해협'이라는 이름이 붙었다. 이 해협은 1914년 파나마운하가 완공될 때까지 대서양과 태평양을 연결하는 유일하게 안전한 항로였다. 산안토니오호는 이 해협에서 탐험을 포기하고 스페인으로 돌아갔다. 대원들은 자신들의 포기를 정당화하기 위해 마젤란을 사이코패스로 몰아갔다. 그 결과, 세비야에서 마젤란의 평판이 급속히 나빠져 아내와 자녀까지 가택 연금형을 선고받았다. 이후 피가페트가 항해에 얽힌 이야기를 세간에 공개한 후에야 마젤란은 명예를 회복할 수 있었는데 오늘날까지도 마젤란에 대한 평가는 상당히 분분하다.

  마젤란은 해협을 건넌 뒤 그 너머의 수역을 가리켜 태평양이라고 명명했다. 그가 바다에 들어섰을 때 물결이 평화로웠기 때문이다. 그때만 해도 탐험대는 이 해양의 광활함을 알지 못했다. 그들은 며칠 내로 육지에 도달하리라 예상했지만, 그 예상은 보기 좋게 빗나갔다. 탐험대는 그 후로도 몇 달이나 항해를 계속해야 했고, 중간에 식량이 동나 쥐를 잡아먹고 톱밥으로 허기를 달래는 지경에 이르렀다. 많은 선원이 비타민C 결핍으로 괴혈병에 시달렸고, 영양실조로 사망하는 이도 많았다.

마침내 그들은 괌과 필리핀에 도착했지만, 그들의 고난은 여전히 계속되었다. 그러던 중 노예 신분의 선원이자 말레이어를 사용하던 말라카의 엔리케Enrique of Malacca(1495-1522?)가 현지인들과의 대화에 성공하면서 이들이 실제로 아시아에 도착했다는 사실이 입증되었다. 만약 엔리케가 이 지역 출신이라고 가정한다면, 그야말로 세계 일주에 성공한 최초의 인물이 될 것이다(그의 출생지는 말레이시아나 인도네시아 혹은 다른 어딘가로 추정될 뿐, 확실히 알려지지 않았다).

얼마 지나지 않아 탐험대는 막탄 전투라는 분쟁에 휘말리게 되었다. 마젤란은 선원들을 이끌고 지역 통치자인 세부의 후마본을 위한 싸움에 나섰다. 상대는 세부에서 동쪽으로 1.6킬로미터 떨어진 막탄섬의 족장 라푸라푸의 전사들이었다. 마젤란 측이 무기는 더 많았지만, 라푸라푸의 전사들이 수적으로 우세했고 마젤란은 결국 적군의 독화살에 맞아 사망했다. 오늘날 인도네시아인은 휴일을 지정해 외세를 물리친 라푸라푸를 기념하고 있으며, 막탄의 신전은 라푸라푸의 동상과 함께 마젤란과 라푸라푸의 전투 장면을 그린 벽화로 장식되어 있다. 피가페타에 따르면, 마젤란의 유언과 달리 선원들이 엔리케의 석방을 거부하자 엔리케는 후마본과 결탁해 선원들을 몰살하고 자유를 손에 넣었다. 후마본이 점성술사였던 세비야의 산 마르틴 등 일부 탐험대를 연회에 초대한 뒤 일거에 학살한 것이다. 선원들이 몰살된 탓에 더 이상 배를 세척이나 운용하기가 어려웠다. 탐험대의 생존자들은 콘셉시온호를 의도적으로 침몰시켰고, 트리니다드호 역시 추후 말루쿠 제도에서 고장 나 버렸다.

출항 3년 만에 향신료를 가득 싣고 세비야 항구에 입항한 빅토리아호는 남은 화약으로 포를 쏘아올려 도착을 알렸다. 대원들은 반란, 질병, 굶주림, 전쟁, 태풍으로 지울 수 없는 상처를 입은 만큼 쇠약하고 창백한 몰골로 천천히 배에서 내렸다. 그들의 리더 엘카노는 이들을 "역사상 가장 마른 사람들"이라고 불렀다. 선원들은 환호하고 박수 치며 사탕을 건네는 세비야 사람들 사이에서 선박 이름의 모체가 된 '산타 마리아 데 라 빅토리아' 예배당을 향해 가까스로 발걸음을 옮겼다. 오늘날에는 성당에 있는 석판만이 이들을 여전히 기리고 있다. 인류 최초

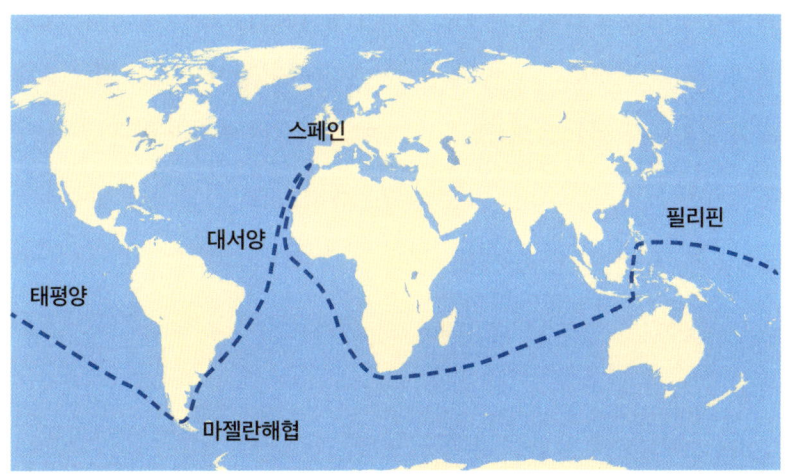

마젤란의 항해 경로 · 배 5척으로 떠난 최초의 세계 일주는 빅토리아호의 귀환으로 성공적으로 막을 내렸다.

세비야

의 세계 일주에 성공한 이들은 극심한 시련을 거쳐 인류의 항해 지식을 크게 끌어올렸다. 마젤란해협을 발견했고 태평양의 거대함을 깨달았으며, 지구가 둥글다는 사실을 세상에 알렸다. 이들이 세비야로 운반한 향신료도 귀한 것이었지만, 이들이 인류에 선물한 가장 큰 보물은 이처럼 어렵사리 얻은 지리적 지식이었다.

경제적 풍요와 모험을 찾아 유럽 전역에서 몰려든 사람들로 붐빈 16세기의 세비야는 인류에게 사상 최초의 세계 일주 탐험을 선사했다. 역사학자 로렌스 버그린 Laurence Bergreen 은 이를 "대항해시대의 가장 위대한 항해"라고 불렀다. 이 시대 이후 바다를 기반으로 세계화라는 새로운 지평이 열렸고, 새로운 세계 지도가 만들어졌다. 멀리 떨어진 지역의 문명과도 교류할 수 있게 되면서 대서양을 가로지르는 노예무역이 시작되었고, 식민지를 둘러싼 잔혹한 분쟁도 적지 않게 벌어졌다. 하지만 인류가 새롭게 발견한 항해 지식 덕분에 전 세계가 연결되어 과학 지식이 발전했고 세계무역으로 경제가 풍요로워졌으며, 궁극적으로는 현대 사회가 탄생했다. 국왕과 상인들의 지원을 받아 세비야 항구를 출발한 탐험대가 세상을 변화시켰다는 데는 의심의 여지가 없다.

암스테르담

개방

다음으로 살펴볼 도시는 네덜란드 연방 공화국이 설립된 1581년부터 프랑스군이 네덜란드를 침공했던 1672년까지의 암스테르담Amsterdam이다. 네덜란드의 황금기였던 17세기, 암스테르담은 외국의 사상과 사람, 상품에 활짝 문을 열어 세계화의 초기 중심지가 되었다. 동아시아 지역과 국제무역 네트워크를 구축하면서 세계무역 점유율을 점차 확대했다. 놀라울 만큼 관대한 태도로 종교적·지적 자유를 보장해, 논쟁적 철학자들과 종교 난민들이 안전한 은신처를 찾아 몰려들었다. 암스테르담에는 1602년 설립된 세계 최초의 다국적 기업인 네덜란드 동인도회사의 본사는 물론, 최초의 현대식 증권거래소도 있었다. 이 증권거래소는 17세기 초부터 지금까지 거래를 계속하고 있어 실제 증권 시장에서 세계 최고最古의 역사를 자랑한다. 암스테르담은 무역과 금융 혁신 덕분에 경제적으로 풍요했고, 과학과 예술 부문에

암스테르담 운하 · 100킬로미터 이상의 운하와 약 90개의 섬, 1,500여 개의 다리로 구성되어 있다.

서도 세계를 선구적으로 이끌었다.

    항구 도시 암스테르담은 현재 네덜란드의 수도지만, 네덜란드 정부는 이곳이 아닌 헤이그에 있다. 네덜란드 도시 중 인구가 가장 많으며, 17세기에 지어진 운하가 유네스코 세계 문화유산에 등재되어 있어 일명 '북유럽의 베네치아'라고 불린다. 1883년과 1920년 사이에 건설되어 이른바 '암스테르담 방어선'이라고 불리는 요새도 유네스코 세계 문화유산으로 지정되었다. 암스테르담은 활기 넘치는 밤 문화로 유명하지만, 여러 유적지와 반 고흐 미술관 같은 박물관으로도 잘 알려져 있다. 네덜란드 왕궁도 암스테르담에 있는데, 현재 왕가가 거주하지는 않는다. 암스테르담은 네덜란드 상업의 중심지이자, 유럽 최고의 금융 중심지로 손꼽힌다. 시민들의 국적이 최소 177개국이 넘을 만큼 세계에서 가장 다양한 문화를 자랑하기도 한다. 이처럼 유달리 강한 다문화주의는 오래전부터 이 도시를 구성해온 중요한 요소다.

암스테르담이라는 이름은 12세기, 암스텔강 댐 옆 편평한 저지대에 생겨난 어촌 마을에서 유래했다. 암스테르담 영토의 일부는 네덜란드인이 호수와 습지, 북해를 매립해 만든 것이어서 해수면보다도 지대가 낮다. 스웨덴 작가 요아킴 북$^{Joakim\ Book}$은 "대서양 해안을 따라 살던 사람들이 파도가 빠져나간 땅에 댐을 설치하고 염습지를 서서히 건조시키며 수 세기에 걸쳐 영토를 확장했다 … 오늘날 풍요로운 이 북유럽 국가 영토의 3분의 1 이상이 해수면보다 낮은 저지대이며 … 네덜란드는 '전 세계에서 가장 정교한 침수 방지 시스템을 갖추고 있다'"라고 말했다. 오늘날에도 세계 최고의 수력 공학자들이 네덜란드에 살고 있으며, 미국 토목학회는 네덜란드의 수자원 보호 시스템을 현대 세계 7대 불가사의 목록에 올렸다.

암스테르담은 역사적으로 창의성뿐 아니라 관용과 개방성의 중심지였다. 유럽에서 종교전쟁이 한창이던 시기에는 프랑스의 위그노를 비롯한 개신교도의 피난처가 되었다. 암스테르담인은 자신들의 도시를 지배했던 칼뱅주의 신념에 따라 모든 주민에게 양심의 자유(네덜란드어로 geweten)를 보장한 데 자부심을 느꼈다. 물론, 현대 기준으로 암스테르담의 관용도 부족한 면이 있었다. 암스테르담에서 가톨릭 신념을 밝히는 행위는 불법이었고, 가톨릭교회는 상당히 높은 기준을 충족해야 했던 데다 대중 앞에 모습을 드러내서도 안 되었다. 하지만 유럽 곳곳에서 종교적 편협함이 치명적 결과를 초래하고, 서로 다른 종교 간 갈등이 극에 달했던 시대에 암스테르담은 비교적 개방적 태도를 보였다.

암스테르담 시민들은 국제무대에서 입지가 탄탄했던 지식인과 상인들을 사회의 귀중한 구성원으로 간주했다. 전문성을 갖춘 부유한 외국인은 종교적 신념과 무관하게 포용했다. 이 같은 태도는 다른 유럽 국가들이 갈수록 더 고립되고 종교적으로 편협해지던 시기에 더욱 큰 의미가 있었다.

1570년과 1600년 사이, 암스테르담은 인구가 약 5만 명으로 두 배 증가하며 사람들로 붐비는 국제적 대도시로 거듭났다. 1600년경에는 암스테르담 시민의 3분의 1이 외국 태생이었다. 암스테르담은 네덜란드 유대인 사회의 중심지이기도 했다. 스페인에 반발해 일어난 반란으로 네덜란드 연방 공화국이 설립되면서 네덜란드의 황금기가 촉발되었는데, 이 영향으로 이베리아반도에 살던 유대인이 종교적 자유를 찾아 대거 유입되었기 때문이다. 얼마 지나지 않아서 암스테르담은 30년 전쟁(1618-1648)과 코사크-폴란드 전쟁(1648-1657)으로 발생한 유대인 난민까지 받아들였다. 이 덕분에 암스테르담은 오늘날까지도 '장소' 혹은 '안식처'를 뜻하는 이디시어 '모쿰^{Mokum}'으로 불리기도 한다(수 세기가 지나 발생한 제2차 세계대전 당시, 안네 프랑크와 가족이 나치의 박해를 피해 17세기에 지어진 운하 주택에 숨어 있었던 것으로 유명하다. 그녀의 가족은 1934년, 프랑크푸르트에서 탈출해 암스테르담으로 왔다).

암스테르담 사람들의 관용적 태도는 도시를 더욱 성장시켰다. 네덜란드 황금기가 끝나갈 무렵인 1660년대에는 도시 인구가 20만 명으로 늘었는데, 이는 오늘날 위스콘신주 매디슨의 인구와 비슷하다(참고로 당시 세계 최대의 도시는 인구가 70만 명이 넘었던 콘스탄티노플 혹은 베이징이었을 것이다).

암스테르담은 네덜란드가 북해의 작고 이름 없는 나라에서 세계에서 가장 영향력 있는 국가로 부상하는 데 핵심 역할을 했다. 실제로 암스테르담은 '황금기의 수도'라고 불렸다. 그만큼 네덜란드의 부상은 암스테르담을 중심으로 급격하게 일어난 경제 성장에서 기인했다고 해도 과언이 아니다.

네덜란드는 청어 같은 북해산 생선과 치즈를 주력으로 수출했다. 1602년에는 경쟁 관계에 있던 여러 무역 회사가 손잡고 세계 최초의 다국적 기업, 네덜란드 동인도회사를 암스테르담에 설립해 원시 산업화 시기의 무굴제국과 왕성하게 교역했다. 이 회사는 직물과 비단 같은 상품을 수입하고 운송을 제공했으며, 그 밖의 상업 활동에도 진출했

암스테르담의 동인도회사 조선소(1726) · 네덜란드는 해안 지역이라는 이점을 이용해 왕성한 교역 활동을 벌였다.

다. 운영 방식이 워낙 복잡해 원시 대기업으로 분류되며, 근대적 기업의 원형 혹은 선구자라고도 불린다. 이 거대 기업은 유럽 대륙 전역을 아우르는 고용주이자, 외국인 직접 투자의 개척자였다. 이 회사의 설립 자체가 근대 자본주의가 동트던 시기의 핵심 사건이었다고 해도 과언이 아니다. 하지만 이 회사가 네덜란드의 노예무역 및 식민주의와 깊이 관련되어 있다는 사실 또한 짚고 넘어가야 한다. 당시 노예제도는 많은 사회에서 흔히 볼 수 있었는데, 네덜란드에서도 노예무역이 활발하게 이루어졌다.

암스테르담의 교역 대상은 전통 상품과 서비스에 한정되어 있지 않았다. 주식 거래 역시 국경을 넘나들었다. 15세기 초, 브뤼헤에 있던 반데르 뷔르세 가문의 여인숙(여기에서 증권거래소를 의미하는 영어 'bourse'가 생겨났다)은 이탈리아 금융가들이 모여 증권을 거래했던 최초의 증권거래소였다. 하지만 학자들은 현대적 의미의 증권거래소가 최초로 생겨난 곳은 암스테르담이라는 데 대부분 동의한다. 네덜란드 동인도 회사는 1602년 암스테르담 증권거래소를 설립해 최초의 근대적 기업뿐 아니라 세계 최초로 증권거래소에 상장된 기업이 되었다.

선박을 이용한 장거리 무역은 위험하기 짝이 없었다. 아시아에서 유럽으로 상품을 운반하는 도중 조난을 당해 분실할 수도, 해적을 만나 빼앗길 수도 있었기 때문이다. 이때 증권거래소가 등장해 국제무역의 지분을 수많은 투자자들에게 분산시키고 배당금뿐 아니라 위험 부담도 나누어 갖도록 했다. 그 결과, 혹시 선박이 난파되더라도 분실로 인한 비용을 단독으로 짊어질 필요가 없었고, 탐험이 성공하면 수많은 투자자가 이득을 보았다. 주주들은 이내 주식을 양도할 수 있게 되었고, 17세기 중반에는 주식 거래가 활발해지면서 암스테르담 전역에 주식 거래 모임이 생겨났다. 이 모임들은 도시 곳곳의 커피숍이나 여인숙에 모여 거래를 논의하고 세력을 확대해갔다. 불행하게도 투기로 인한 최초의 대규모 금융 버블 역시 네덜란드에서 일어났는데, 1637년에 튤립 구근의 선물 시장이 전례 없는 고점으로 치솟았다가 급락한 사건이었다.

프랑스의 역사학자 페르낭 브라우델 Fernand Braudel은 암스테르담의 증권거래소가 최초의 근대적 거래소라는 일반적 견해에는 이의를 제기하면서도, 역사적으로 중요한 의미를 지닌다는 점은 인정했다. 그에 따르면, "많은 거래량과 시장 유동성, 대중의 관심, 거래의 투명성 그리고 투기성 거래에 임할 자유가 암스테르담에서 최초로 등장"했다. 요컨대, 암스테르담 증권거래소에서 발생한 거래 활동은 전례 없이 새로운 것들이었다.

암스테르담은 금융의 중심지이자 국제무역에서 핵심적 역할을 하면서 갈수록 번성했다. 네덜란드 연방 공화국은 세계에서 가장 부유한 국가 대열에 오른 뒤, 과학과 예술 부문에 자금을 쏟아부었다. 덕분에 미생물학 분야를 개척하고, 토성의 위성인 타이탄을 발견했으며 진자시계까지 발명했다. 네덜란드 황금기에는 역사상 가장 많은 사랑을 받은 화가들도 다수 탄생했다. 암스테르담에서 활동한 렘브란트 Rembrandt(1606-1669), 델프트에 살았지만 비단 상인이자 미술품 수집가였던 헨드릭 소르그 Hendrick Sorgh(1666-1720), 네덜란드인으로부터 예술적 지원을 받은 페르메이르 Vermeer(1632-1675)가 그들이다.

암스테르담의 이러한 관용성 덕분에 프랑스 철학자 르네 데카르트 René Descartes(1596-165년), 영국 '자유주의의 아버지' 존 로크 John Locke(1632-

1704) 등 시대를 앞서간 사상가들이 한동안 이곳을 안식처로 삼기도 했다. 바뤼흐 스피노자$^{Baruch\ Spinoza}$(1632-1677) 같은 암스테르담 태생의 철학자도 이곳에서 자신의 아이디어를 자유롭게 탐구했다. 그뿐 아니라 다른 도시에서는 무시당했던 문제적 서적도 이곳에서는 환영받았다. 영국의 정치 철학자 토머스 홉스$^{Thomas\ Hobbes}$(1588-1679) 등 해외의 여러 지식인은 자신의 책이 암스테르담에서 출간되기를 바랐다.

네덜란드 황금기는 흔히 재앙의 해^{Rampjaar}라고 불리는 1672년, 프랑스와 네덜란드 사이 전쟁이 발발하면서 갑작스레 막을 내렸다. 프랑스 군대와 동맹군은 네덜란드 전역을 점령하고 도시 곳곳을 파괴했다. 네덜란드인은 자국을 의도적으로 물에 잠기도록 만들어 가까스로 루이 14세의 진격을 막아냈다. '네덜란드 워터라인'이라는 직접 개발한 독창적 방어 체계를 통해 신속하게 홍수를 내 네덜란드를 섬처럼 고립시켜버린 것이다. 이들은 독립 전쟁(1568-1648) 때도 의도적 침수 전략을

네덜란드 워터라인 · 프랑스의 네덜란드 진출을 막아 네덜란드가 '재앙의 해'에 살아남을 수 있게 해준 일등 공신이었다.

사용했지만, 네덜란드 워터라인은 새로운 개념을 도입한 장치였다. 침략군이 도보로 진격하기엔 깊지만 보트를 사용해 건너기에는 얕은 깊이로 홍수를 낸 것이다. 이 덕에 프랑스군의 네덜란드 내 이동을 효율적으로 막아 침공을 얼마간 저지할 수 있었다.

    네덜란드 황금기의 암스테르담만큼 개방적이고 글로벌한 특성을 잘 보여주는 도시도 없을 것이다. 본래 작은 어촌 마을에 불과했던 이 도시는 외국인과 상품, 새로운 아이디어를 마음껏 포용함으로써 철학, 과학 및 예술의 도시로 성장했다. 광범위한 무역, 새로운 기업 구조, 금융과 공학 부문의 혁신, 지적·종교적 난민의 수용은 암스테르담을 성공 가도에 올려주었다. 17세기의 암스테르담이 만들어낸 수없이 많은 획기적 성과와 이를 가능하게 한 개방적 태도는 세계사를 완전히 뒤바꿔 놓았다.

아그라

건축

다음으로 살펴볼 도시는 무굴제국(1526-1857) 시대의 도시 아그라Agra다. 아그라 내 다양한 문화가 융합되어 건축 부문에서 인류가 이룬 가장 위대한 업적으로 손꼽히는 건물이 탄생했는데, 바로 1631년부터 1653년에 걸쳐 건축된 '타지마할'이다.

오늘날 인도 우타르프라데시주 야무나강 유역의 광활한 평원에 위치한 아그라에는 160만여 명이 살고 있다. 가죽 제품, 손으로 짠 카펫, 석재 수공예품과 독특한 붉은 사암으로 유명하며, 무굴 황제가 은이 뿌려진 음식을 즐기던 때에 비하면 상당히 발전한 무굴 요리로도 잘 알려져 있다. 아그라는 주요 도로와 철도의 교차점이자, '골든 트라이앵글'이라 불리는 관광 노선의 한 축을 담당하는 교통의 요충지다. 관광은 아그라의 경제를 견인하는 핵심 산업인데, 유네스코 세계 문화유산에 오른 두

| **아그라 포르** • 붉은 사암의 성채와 내부의 하얀 대리석 건물이 어우러져 웅장함과 정교함을 동시에 느낄 수 있는 건축물이다.

관광지, 즉 아그라 포르(요새)와 타지마할 덕분이다.

현재 아그라가 위치한 지역은 고대부터 많은 주목을 받아왔다. 고대 산스크리트어 서사시 『마하바라타』에도 '아그라바나의 숲'이라는 이름으로 아그라가 등장하지만, 최초로 '아그라'라는 지명을 사용한 사람은 6,400킬로미터 떨어진 알렉산드리아에 살았던 유명 학자 클라우디오스 프톨레마이오스$^{Claudius\ Ptolemy}$(100?-170?)였다. 그는 150년에 출간된 저서 『지리학^{Geographia}』에서 "델리, 마투라, 아그라 등을 거쳐 갠지스강과 만나는 야무나강은 쉽게 알아볼 수 있다"라고 적었다.

이렇게 고대에서 그 뿌리를 찾아볼 수 있지만, 아그라라는 도시 자체는 1504년에 세워졌다고 전해진다. 당시 술탄이던 시칸다르 로디가 아그라를 수도로 지정한 이래 아들인 술탄 이브라힘 로디 역시 이곳에서 델리 영토를 다스렸다.

아그라

하지만 아그라가 진정한 명성을 얻기 시작한 시기는 무굴제국 시기였다. 1526년 무굴제국을 건립한 이는 우즈베키스탄 출신의 족장 바부르Babur(1483-1530)였다. 그는 아그라를 정복한 뒤 로디를 몰아내고 왕위에 올랐다. 그가 야무나강 유역에 조성한 람 바그(휴식의 정원)는 현존하는 무굴제국의 정원 중 가장 오랜 역사를 자랑한다. 바부르의 며느리 베가 베굼 황후Empress Bega Begum(1511?-1582?)가 1558년, 남편이자 바부르의 아들인 무굴의 2대 황제 후마윤Humayun(1508-1556)을 위한 마지막 안식처를 정교하게 지으라고 지시하면서 무덤을 궁전식으로 짓는 인도 왕조의 전통이 시작되었다. 페르시아 출신 건축가가 만든 인도 최초의 정원식 무덤으로 델리에 위치한 이 인상적 건축물은 얼마 지나지 않아 아그라의 여러 무덤에 밀리고 말았다.

무굴제국은 후마윤의 아들이자 3대 황제인 악바르 대제Akbar the Great(1542-1605) 치하에서 엄청난 번영을 이루었다. 악바르는 영토뿐 아니라 상업적 확장에도 몰두해 땅을 정복하고 인근 지역과 무역 관계를 강화했다. 악바르 치하에서 아그라의 인구는 무려 80만 명까지 급증했다.

악바르는 아그라 포르의 우뚝 솟은 성벽을 더 높게 재설계하고, 아그라 외곽에 15층 높이의 불란드 다르와자(승리의 문)를 짓도록 지시해 세계에서 가장

악바르 대제 · 무굴제국의 제3대 황제로 무굴제국을 진정한 제국으로 만든 왕으로 인정받아 대제라는 칭호가 붙었다.

높은 문을 남겼다. 악바르는 그 시대에는 이례적일 만큼 타 종교에 관대했다. 비무슬림에게 관습적으로 매겨온 세금(지즈야)을 없애고 이슬람교에서 힌두교로 개종하면 사형에 처하는 제도 역시 폐지했다. 이바닷 카나(예배의 집)라는 종교 기관을 설립해 종교를 초월한 철학적·신학적 토론을 장려했다.

악바르는 또 개인적으로 종교 융합이라는 급진적 실험에 심취해 역사가들이 '영적 훈련 프로그램' 혹은 '새로운 종교'라고 묘사한 운동을 반포했다. 이른바 딘이 일라히(신성한 신앙)라는 이 운동은 이슬람교, 힌두교, 조로아스터교의 화해와 통합을 도모하는 한편, 기독교와 자이나교, 불교의 요소도 통합하고자 했다. 악바르는 서로 다른 종교에서 최고의 요소, 가령 힌두교의 채식주의, 이슬람교의 타우히드^{Tawhid}나 유일신 신앙 같은 요소를 취하려 했다. 당대의 무슬림은 (오늘날의 수많은 무슬림과 마찬가지로) 대부분 그를 괴짜로 여겼지만, 이렇게 남다른 그의 관점이 힌두교 백성 사이에서는 큰 인기를 얻었다.

악바르는 다양한 토착 관습을 받아들여 디왈리를 비롯한 여러 지역 축제에 참여했으며, 산스크리트어 문학을 직접 번역하는 열정을 보였다. 그의 아들 자한기르와 손자인 샤 자한 역시 힌두교를 존중하는 의미로 소고기를 먹지 않았다. 다문화주의는 악바르 사후에도 수 세기 동안 무굴제국을 지배했고, 아그라의 건축에도 영향을 미쳤다.

악바르의 무덤은 아그라 외곽인 시칸드라에 있다. 아름다운 서예와 기하학적 패턴으로 장식된 붉은색 사암 건축물에서 이슬람과 인도 고유의 예술 양식을 엿볼 수 있다. 이 무덤은 네 개의 하얀 대리석 첨탑이 차트리(높은 돔 모양의 파빌리온) 형태를 띠고 있는 것으로 유명하다. 타지마할도 여기서 영감을 받아 비슷한 형태로 지어졌다. 시칸드라에 있는 또 다른 정교한 무덤에는 악바르가 가장 사랑했던 아내 마리암이 잠들어 있다(무굴제국에서는 일부다처제가 흔했다).

타지마할 다음으로 아그라에서 제일 유명한 무덤은 이티마드 우드 다울라의 무덤이다. 일명 '아기 타지'라고 불리는 이 무덤은 타지마할이 설립되기 직전에 생겨났다. 이티마드 우드 다울라는 페르시아 태생의 무굴 관리로, 악바르와 마리암의 아들인 자한기르 황제(1569-1627) 밑에서 총리를 지냈고, 추후 그의 장인이 되기도 했다. 1622년에서 1628년 사이에 지어진 이 무덤은 후마윤과 악바르의 무덤처럼 붉은 사암이 주재료였던 무굴 건축의 첫 단계를 넘어 서로 다른 건축학적 전통의 융합이 더욱 두드러지는 새로운 단계로의 진화를 잘 보여준다. 하얀 대리석이 선택된 것은 『비슈누다르모타라 푸라나[신성한 산스크리트어 텍스트]』에 명시된 것처럼 브라만을 위한 건축물에는 하얀 암석을 사용하도록 권하는 힌두교 관습의 영향이다(브라만은 힌두교 사회의 사제 계층이자, 전통 카스트 제도의 네 계층 중 최고 계층이다).

무굴제국 시대의 아그라 건축물에는 인도, 페르시아, 튀르키예 등 다양한 문화가 섞여 있었다. 이슬람은 코로도바의 모스크 대성당과 세비야의 알카사르 궁전에서 볼 수 있듯 다양한 문화 양식을 융합하는 전통이 훨씬 강했다. 무슬림 건축가들은 "신은 아름답고 아름다움을 사랑하신다"라고 전해지는 격언처럼 대개 신앙에서 영감을 얻었다. 하지만 이슬람교가 사람이나 동물에 대한 묘사를 금했기 때문에('페르시아 미니어처' 회화 전통은 예외였다) 제약을 받기도 했다. 그 결과, 사람과 동물을 조각하거나 그림으로 그리는 대신 서예와 시, 추상적 기하학 패턴을 사용하는 예술이 발전했다. 이처럼 우상을 배제한 디자인은 이슬람 예술의 가장 큰 특징으로 카펫부터 석기에 이르기까지 사물은 물론, 이슬람의 종교적 건축물에서도 이런 특징을 쉽게 찾아볼 수 있다. 하지만 이렇게 독특한 패턴 역시 다양한 문화가 혼합된 결과물이었다. 메트로폴리탄 미술관에는 다음과 같은 설명이 있다.

> 기하학 장식이 최고 수준에 도달한 곳은 이슬람 세계였을지 모르지만, 그 형태와 복잡한 패턴은 고대 그리스와 로마, 이란의 사산왕조에서부터 이미 존재했다. 이슬람 예술가들은 고전 전통의 핵심 요소를 차용한 다음, 이를 복잡하고 정교하게 발전시켜 화합과 질서의 중요성을 강조하는 새로운 형태의 장식을 창조해냈다.

아라베스크, 덩굴손 패턴, 기리흐^{girih}, 각진 매듭 패턴 같은 이슬람의 기하학 디자인은 이탈리아 등지의 기독교 예술가들에게도 영감을 주어 예술과 문화의 교류를 통한 선순환을 이어갔다. '아라베스크'도 사실 '아랍 스타일의'라는 의미의 이탈리아어 '아라베스코'에서 파생된 프랑스어다. 예술적 영감은 양방향으로 흘러서 무슬림과 기독교 예술가, 건축가들은 서로의 아이디어를 지속적으로 차용했다. 가령 르네상스 시대의 피렌체에서 메디치 가문의 통 큰 후원으로 괄목할 발전을 이룬 피에트라 두라$^{pietra\ dura}$나 파친 카리$^{parchin\ kari}$ 보석 세공 기술은 무굴의 예술 작품에서 더욱 두드러지게 사용되었다. 아그라에 있는 아기 타지 역시 이 기법을 영리하게 활용했지만, 피에트라 두라를 가장 우아하게 사용한 건축물은 타지마할이었다.

아그라

타지마할은 자한기르의 아들인 샤 자한 황제Emperor Shah Jahan(1592-1666)가 가장 사랑했던 아내이자 '궁전의 보석'이라는 이름을 가진 뭄타즈 마할Mumtaz Mahal(1593-1631)을 잃은 슬픔에 잠겨 건축을 지시한 무덤이다. 타지마할이라는 명칭도 그녀의 이름에서 따왔다. 샤 자한은 두 명의 부인을 더 두고 있었지만 모두 정략결혼으로 맺어진 인연일 뿐이었다. 황제는 이들을 안중에도 두지 않았다. 반면 뭄타즈 마할은 제국 순방은 물론, 군사 작전에도 동행할 만큼 황제와 한시도 떨어지지 않기로 유명했다.

당시에는 황제의 가족이라고 해도 끔찍하게 높은 아동 사망이나 산

타지마할 · 무굴제국의 황제 샤 자한이 사랑했던 부인 뭄타즈 마할을 기리기 위해 1632년에 2만여 명이 넘는 노동자를 동원하여 무덤 건축물을 건설했다.

모 사망의 위험으로부터 벗어날 수 없었다. 뭄타즈 마할은 38세의 나이에 출산 후유증으로 사망했고, 그녀가 낳은 14명의 자녀 중에서도 성인까지 살아남은 이는 일곱 명에 불과했다. 그중 네 명은 영아기에, 한 명은 한 살쯤에, 다른 한 명은 세 살 때 천연두로 사망했으며 나머지도 일곱 살에 역시 천연두로 죽었다. 전설에 따르면 뭄타즈 마할은 죽어가면서 남편에게 자신을 위해 역사상 가장 아름다운 무덤을 지어달라고 부탁했다고 한다.

타지마할은 이탈리아와 페르시아 등 한참이나 떨어진 지역에서 온 장인들을 비롯한 2만여 명이 힘을 합쳐 22년에 걸쳐 지은 것이다. 벽면의 서체는 샤 자한 왕실 총리의 페르시아계 형제였던 아마나트 알리 칸 시라지의 작품으로 추정되며, 웅장한 정원은 인도 아대륙 최북단에 위치한 카슈미르 출신의 란 마할이 설계한 것으로 보인다. 아그라에 살던 베네치아 보석상인 제로니모 베로네오가 타지마할 설계에 참여했다는 이야기도 있다. 담당 건축가는 현대 파키스탄과 아프가니스탄에서 추앙받는 페르시아인 우스타드 아흐마드 라하우리였을 것이다. 사파비 제국(현대의 이란)의 시라즈 출신으로 튀르키예 계통으로 추정되는 우스타드 이사도 부지 계획에 참여했다. 미술사학자 에바 코흐에 따르면, 샤 자한 또한 타지마할 설계에 적극 참여해 "숙련된 건축가들이 상당한 고민 끝에 설계한 내용을 적절히 수정하고 건축가들에게 날카로운 질문을 던지기도 했다"라고 전해진다.

타지마할의 건축 자재는 거리에 관계없이 다양한 나라에서 공수한 것이었다. 잘 알려진 대로 하얀 대리석은 인근의 라자스탄주에서, 벽옥은 펀자브에서 가져왔으며, 옥과 수정 장식은 중국에서 들여왔다. 그뿐 아니라 청금석, 홍옥, 진주층, 마노, 에메랄드 같은 보석까지 사용되었다. 이 건축물에 소요된 비용을 2020년 기준으로 환산하면 약 10억 달러에 이른다. 당시 아그라에 거주하던 영국인 피터 먼디는 타지마할을 다음과 같이 설명했다.

> 현재 이 왕은 영면에 든 타지 [뭄타즈] 마할 왕비를 위한 무덤을 짓고 있다 … 다른 모든 무덤[들]을 뛰어넘는 건축물로 만들 계획이다 … 처음부터 엄청난 양의 노동자를 투입해 극한으로 몰아붙이는 데다 금과 은 … 대리석 등 막대한 비용까지 퍼붓고 있다.

국제사회는 타지마할이 건축학적 아름다움의 정점이라는 데 대체로 동의한다. 인터넷 검색 엔진에도 '가장 아름다운 건축물'을 입력하면 타지마할이 나올 확률이 높다.『브리태니커 백과사전』은 타지마할을 "세계에서 가장 아름다운 건축물인 동시에 세계에서 가장 상징적인 기념물"로 규정하고 있으며『내셔널 지오그래픽』역시 "타지마할은 역사상 가장 아름다운 건물로 널리 인정받고 있다"라고 말한다. 메트로폴리탄 미술관도 타지마할을 "세계에서 손꼽히는 아름다운 건축물 중 하나"라고 언급하며, 이 의견에 동의한다.

타지마할의 무덤은 모스크와 게스트하우스를 포함해 약 170제곱미터나 되는 복합 시설 한가운데에 있다. 이 경이로운 건축물은 붉은 사암 벽으로 둘러싸인 정원에 우뚝 솟아 있는데, 무덤의 주요 돔은 높이가 35미터에 달한다. 궁을 연상시키는 이 구조물은 균형과 대칭을 이루는 화려한 디테일로 유명하다. 이 때문에 슬픔에 잠긴 왕이 죽은 아내를 기리기 위해 바지선을 타고 건너간 야무나강 쪽을 제외하고는 어느 방향에서 타지마할을 바라보든 똑같은 형태로 보인다. 타지마할 내부의 음향도 아주 인상적인데, 관리청에 따르면 "반향 시간이 (소리가 만들어진 시점부터 모든 공명이 사라지기까지의 시간인) 28초간 지속되어 뭄타즈의 영혼을 위해 기도하는 하피즈의 말이 공기 속에 머물기 때문"이다(하피즈는 쿠란을 암송하는 사람을 뜻한다).

샤 자한은 타지마할의 아름다움에 "해와 달이 눈물을 흘렸다"라고 주장했다. 그는 뭄타즈가 천국에서 거주할 궁전을 지상에 그대로 재현하고자 했다고 전해진다. 인도의 노벨문학상 수상자 라빈드라나트 타고르$^{Rabindranath\ Tagore}$는 타지마할을 "영원의 뺨에 맺힌 눈물"이라고 묘사했고 페르시아의 시인 칼림 카샤니$^{Kalim\ Kashani}$는 "타지마할은 새벽의 환한 얼굴빛을 한 천국, 위아래, 안팎이 모두 대리석으로 이루어졌으니 … 자칫 구름으로 착각할 수 있다"라고 적었다. 타지마할은 '돌에 새긴 시'라고도 불리며, 세계 7대 불가사의에 새롭게 이름을 올렸다.

무굴제국의 통치자 중 주목할 만한 건축물을 마지막으로 의뢰한 이는 샤 자한과 뭄타즈 마할의 아들 아우랑제브^{Aurangzeb}(1618-1707)였다. 그는 건축에 특별히 관심을 두지는 않았지만, 두 군데의 인상적 모스크뿐 아니라 아내를 위한 무덤으로 타지마할과 상당히 흡사한 비비 카 마크바라(여인의 무덤)를 지었다. 부친인 샤 자한가 죽었을 때는 별도의 무덤을 짓지 않고 뭄타즈 마할 옆에 묻어주었다(뭄타즈 마할은 타지마할의 중심부에 안치되어 있는데 샤 자한은 그 옆에 비대칭으로 배치되어 있는 것을 보면 타지마할이 본래 뭄타즈 마할만을 위한 무덤이었음을 알 수 있다). 아그라의 경이로운 건축물은 지금도 매년 전 세계에서 수많은 방문객을 끌어모은다.

　취향은 사람마다 다를 수 있으며 누군가는 다른 건축 양식을 선호할 수도 있다. 가령 런던 웨스트민스터 사원의 고딕 양식 아치나 바르셀로나에 안토니 가우디가 지은 아르누보 양식의 걸작들을 선호하는 이들도 분명 있을 것이다. 하지만 아그라가 역사상 가장 인상적이고 시각적으로 아름다운 건축물의 본거지라는 사실에는 의심의 여지가 없다. 아그라의 건축 양식은 피렌체의 르네상스 회화나 빈의 클래식 교향곡과 마찬가지로 예술 분야에서 인류가 달성한 업적의 정점을 보여준다. 문화 교류를 통해 예술적 잠재력이 어디까지 꽃필 수 있는지 아그라를 통해 확인할 수 있다. 이것이 바로 17세기 아그라가 세계사를 바꾼 위대한 도시에 이름을 올리는 이유다.

케임브리지

물리학

다음으로 살펴볼 도시는 과학혁명 시기의 케임브리지Cambridge다. 16세기와 17세기는 인류가 세상을 개념화하고 이해하는 방식이 급격하게 변화했던 시기였다. 학자들은 수학과 천문학, 화학, 무엇보다 물리학에서 엄청난 도약을 이루었다. 이 같은 깨달음에 가장 크게 공헌한 도시가 바로 케임브리지라고 해도 과언이 아니다.

오늘날 그림처럼 아름답고 산책하기 좋은 대학을 품은 도시 케임브리지는 멋진 건물, 아늑한 술집, 명석한 인재로 가득하다. 작가인 소피 한나Sophie Hannah는 "케임브리지는 천국이다 … 거리에서 마주치는 사람들 대부분이 마치 노벨상이라도 받으러 가는 것처럼 놀라운 활기를 띠고 있다"라고 말했다. 만일 케임브리지가 국가였다면, 노벨상 수상자를 가장 많이 배출한 국가 4위에 당당히 이름을 올렸을 것이다. 경쟁 관계에 있는 옥스퍼드가 오래전부터 '꿈꾸는 첨탑들의 도시'로 불려왔다면,

케임브리지는 학자들의 끊임없는 헌신을 기리는 '땀 흘리는 꿈의 도시'라는 별명으로 알려졌다.

케임브리지의 상징인 위대한 지성은 이곳의 건축물과 예술 작품에도 잘 드러나 있다. 대표 건축물로 세계 최대 돔형 천장을 자랑하는 고딕 양식의 킹스 칼리지 예배당과 1749년 오직 직선 목재만으로 만든 아치 구조인 '수학의 다리'를 꼽을 수 있다. 도시에서 흔하게 볼 수 있는 옛 거리와 대학 건물을 따라 난 배수로(도랑)는 다름아닌 토머스 홉슨이 지은 것이다. 말 농장을 크게 운영하다 이내 자선가로 변신한 그는 '홉슨의 선택'(받아들이든가 말든가)이라는 표현의 유래가 된 인물이다.

도시는 다른 매혹적 예술품도 자랑하는데, 그중 하나가 코퍼스 시계다. 이 거대한 전기 기계식 시계는 안팎이 뒤집혀 있어 보통은 감춰져 있는 시계 내부의 메커니즘을 확인할 수 있다. 이 시계의 꼭대기에는 스테인리스 스틸, 금과 에나멜 소재로 제작된 움직이는 메뚜기 모양 조각상 크로노파지(시간을 먹는 자)가 설치되어 있다. 예술가와 시계공, 케

수학의 다리(왼쪽)과 코퍼스 시계 • 케임브리지의 위대한 지성이 잘 드러난 건축물과 예술품으로, 수학적 원리가 숨어 있다.

케임브리지

임브리지 동문인 존 테일러John Taylor(1936년 출생)에 따르면, 이 시계의 시간은 "5분마다 100분의 1초까지 정확하게 들어맞는다."

케임브리지는 피츠윌리엄 박물관과 활기찬 시장 광장으로도 잘 알려져 있다. 도시 건립 당시 중심지였던 캠강에서의 펀팅(수심이 얕은 물에서 보트를 타는 방법)도 관광객과 학생들 사이에 인기가 많다. 케임브리지는 수로 덕분에 철기시대부터 농장을 운영하려는 사람들을 많이 끌어들였고 (도시를 '다리에 위치한 요새'라는 의미의 '듀로리폰테'라고 부른) 로마인, 바이킹과 색슨족 등 다양한 민족을 거쳐가는 내내 무역 중심지로 기능했다.

하지만 케임브리지가 더욱 주목을 받게 된 것은 의문의 살인 사건과 함께 케임브리지대학교가 문을 열면서부터였다. 1209년 옥스퍼드에서 한 여성이 살해된 채 발견되었고, 온 마을이 떠들썩해지면서 학계의 역사가 바뀌게 되었다. 피해자는 인근에 기거하던 여성이었는데, 주민들은 옥스퍼드대학교에서 수학하고 가르치기 위해 들어온 외부인을 의심했다. 당시 옥스퍼드대학교 학생 대부분은 십 대 성직자들이었는데, 그중 사건이 일어나자마자 세 들어 살던 집에서 달아났던 교양학과 학생이 가장 유력한 용의자로 지목되었다.

이 사건 전부터 마을 주민들은 이들의 법적 특권과 비교적 부유한 환경, 툭하면 술 먹고 싸우기로 유명한 성정에 분노했다. 이 때문에 주민과 성직자 집단은 자주 첨예하게 대립하곤 했다. 그런데 이 살인 사건이 마을 주민과 대학 간의 대규모 갈등을 초래하면서 성난 주민들이 용의자의 룸메이트들을 감금했다. 심지어 이 사건이 발생했을 때는 교회와 왕실 간의 권력 투쟁이 한창이었다. 당시 옥스퍼드 보들리언 도서관의 기록 보관소장이던 사이먼 베일리가 BBC에 기고한 글에 따르면, 파문된 존 왕이 수감된 성직자들을 "교회의 권리를 모독한 혐의로" 교수형에 처할 것을 직접 지시했다고 전해진다. 다른 학생들과 강사들도 처형을 당할까 봐 두려워 옥스퍼드를 떠났다. 이 사건은 사고라는 주장과 명백한 살해라는 주장이 팽팽하게 맞서면서 오늘날까지도 해결되지 않고 있다.

흩어진 학자들은 다른 곳에서 학업을 계속했다. BBC 연구를 바탕으로 작성된 한 보고서는 케임브리지대학교가 "옥스퍼드를 떠나 세인트 메리 교회 인근의 집을 빌려 학생들을 가르치기 시작한 일군의 학자들로부터 시작되었다"라고 기술한다. 세인트 메리 교회는 오늘날 케임브리지의 중심이 되었다. 1214년, 왕과 교회가 화해하자 옥스퍼드 주민들은 학자들을 환영하고 이들에게 임대료를 깎아주었다. 하지만 옥스퍼

트리니티 칼리지 • 1209년에 설립된 케임브리지대학교는 총 31개의 칼리지로 구성되어 있는데, 트리니티 칼리지의 규모가 가장 크다.

케임브리지

드에는 여전히 긴장감이 감돌았다. 1355년 성 스콜라스티카의 날에 일어난 폭동을 비롯해 주기적으로 충돌이 일어났다. 옥스퍼드에서 도망쳐 온 이들은 케임브리지에 남기로 결정했다.

얼마 지나지 않아 케임브리지대학교는 세상에 대한 인류의 지식을 새로운 차원으로 끌어올린 위대한 사상가들을 배출하며, 지성의 강자로 등극했다. 영국 시인 A. E. 하우스먼은 "내게 케임브리지는 온전한 의미의 망명지였다"라고 말하기도 했다. 실제로 이 도시는 너무나 혁신적이어서 처음에는 헛소리처럼 들렸던 수많은 사상의 발상지가 되었다.

케임브리지는 수많은 분야에서 위대한 인재를 배출했다. 예술 부문을 생각해보자. 수 세기 동안 케임브리지 거리는 천재 문학가와 시인들로 넘쳐났다. 대표적으로 에드먼드 스펜서 Edmund Spenser(1552-1599), 크리스토퍼 말로 Christopher Marlowe(1564-1593), 존 밀턴 John Milton(1608-1674), 윌리엄 워즈워스 William Wordsworth(1770-1850), 바이런 경 Lord Byron(1788-1824), 알프레드, 테니슨 경 Alfred, Lord Tennyson(1809-1892), 윌리엄 메이크피스 새커리 William Makepeace Thackeray(1811-1863), A. A. 밀른 A. A. Milne(1882-1956), C. S. 루이스 C. S. Lewis(1898-1963), 블라디미르 나보코프 Vladimir Nabokov(1899-1977), 실비아 플라스 Sylvia Plath(1932-1963)와 더글러스 애덤스 Douglas Adams(1952-2001)를 들 수 있다.

또 다른 유명 인사로는 존 클리즈 John Cleese(1939-), 에릭 아이들 Eric Idle(1943-), 사샤 바론 코헨 Sacha Baron Cohen(1971-), 존 올리버 John Oliver(1977-) 같은 코미디언과 엠마 톰슨 Emma Thompson(1959-), 휴 로리 Hugh Laurie(1959-)와 같은 수상 경력에 빛나는 배우들이 있다. 케임브리지는 세계 음악계에 기여한 바도 커서〈올웨이즈 룩 온 더 브라이트 사이드 오브 라이프)부터 1980년대 히트곡 〈워킹 온 선샤인〉에 이르는 명곡을 남겼다.

다음으로는 철학과 경제학 분야를 살펴보자. 케임브리지는 유명한 가톨릭 신학자이자 인문주의 철학자이며 종교적 관용의 선구자인 에라스무스Erasmus(1466-1536)를 길러낸 곳이다. 케임브리지 출신의 또 다른 유명 철학자로는 버트런드 러셀Bertrand Russell(1872-1970)과 루트비히 비트겐슈타인Ludwig Wittgenstein(1889-1951)을 들 수 있다. 케임브리지는 인구 과잉을 경고한 토머스 맬서스Thomas Malthus(1766-1834), 위기에 몰린 거시경제학의 아버지 존 메이너드 케인스John Maynard Keynes(1883-1946), 노벨상 수상자 앵거스 디턴Angus Deaton(1945-) 등 영향력 있는 경제학자들의 모교이기도 하다.

하지만 케임브리지가 인류 발전에 가장 크게 기여한 부문은 자연과학과 물리학이라고 해도 과언이 아니다. 의사이자 해부학자로서 인간의 혈액 순환계를 최초로 구체화한 윌리엄 하비William Harvey(1578-1657)도 케임브리지에서 공부했다. 경험주의의 아버지이자 과학적 방법의 창시자 중 한 명인 프랜시스 베이컨Francis Bacon(1561-1626) 역시 케임브리지에서 공부했으며, 1614년에는 영국 의원으로서 케임브리지대학교(한동안 자체 대표를 둔 의회 선거구였다)를 대변했다.

역사가들은 대부분 태양이 지구 주변을 도는 게 아니라 지구가 태양 주변을 돈다는 폴란드 천문학자 니콜라우스 코페르니쿠스(볼로냐와 파도바에서 공부한)의 통찰에서 과학혁명이 시작되었다고 여긴다. 하지만 이 혁명은 고요한 대학의 도시 케임브리지에서 『자연철학의 수학적 원리』(1687)가 집필되면서 절정에 달했다. 아이작 뉴턴Isaac Newton(1642-1727)의 이 획기적 업적은 물리학과 우주론 분야에서 인류의 지식을 한층 끌어올렸다. 오늘날 케임브리지대학교 도서관에는 뉴턴이 소장하고 있던 이 책의 초판본이 보관되어 있는데, 이 책에는 2쇄에 대한 그의 친필 메모도 남아 있다.

뉴턴이 현대 물리학의 아버지라면, 케임브리지는 현대 물리학의 발상지라고 해도 과언이 아니다. 뉴턴의 삶은 케임브리지를 중심으로 돌아갔다. 케임브리지의 지적 중력이 뉴턴을 끌어당겨 궤도에 붙들어두었고 뉴턴은 그 힘을 거부할 수 없었다는 이야기도 있다. 케임브리지대학교에서 학사와 석사 학위를 모두 받은 그는 베이컨처럼 케임브리지대학교를 대표하는 의원(1689-1690, 1701-1702)으로도 잠시 활동했다. 석사 학위를 마치고 1년 만인 1669년에 오늘날 세계에서 가장 권위 있는 교수직인 루커스 수학 석좌 교수직에 올랐고, 1702년까지 그 자리를 지켰다.

뉴턴이 해당 교수직에 오른 것은 헨리 루카스Henry Lucas(1610?-1663)라는 후원자의 개인 기금 덕분이었다. 성직자이자 정치가, 케임브리지대학교 동문이었던 그는 4,000여 권의 책을 대학 도서관에 기증하기도 했다. 루커스 수학 석좌 교수를 지낸 다른 유명인으로는 최초의 자동 디지털 컴퓨터를 고안해 '컴퓨팅의 아버지'로 불리는 수학자 찰스 배비지Charles Babbage(1791-1871)와 근위축성 측삭 경화증(ALS, 진행성 운동 신경 질환)으로 인한 극심한 신체적 고통에도 불구하고 호킹 방사선을 개념화하는 등 괄목할 만한 업적을 여럿 남긴 이론 물리학자 스티븐 호킹Stephen Hawking(1942-2018)이 있다. 루커스 수학 석좌 교수직은 대중문화에도 널리 알려져서, 유명 공상과학 시리즈《스타트렉》에서는 주인공 중 한 명인 데이터가 24세기 후반에 루커스 교수를 지내고 있는 것으로 등장한다.

뉴턴은 이처럼 개인 후원을 통해 교수직을 역임하면서 최초로 반사 망원경을 개발하는 등 물리학, 수학, 광학 부문에서 눈에 띄는 업적을 남겼다. 『자연철학의 수학적 원리』가 출간될 수 있었던 것도 통 큰 개인 후원 덕분이었다. 핼리 혜성이라는 이름의 장본인이자 비누 제조업자의 상속인으로 천문학자이자 물리학자였던 에드먼드 핼리$^{Edmond\ Halley}$(1656-1742)가 케임브리지를 방문해 이 책이 출간될 수 있도록 물심양면으로 지원하고 편집까지 도맡았다. 이 책에서 뉴턴은 중력의 통제를 받는 행성들이 태양 주위를 도는 원리를 설명했다.

뉴턴은 1660년대 중반, 나무에서 사과가 떨어지는 모습을 보고 중력 이론을 처음 발표했다고 알려졌다. 그에게 영감을 준 바로 그 사과나무는 아직도 살아있다고 전해진다. 케임브리지에서 북서쪽으로 약 110미터 떨어진 울스소프 마너, 즉 뉴턴의 가족이 살던 집에 그 나무가 그대로 있다는 것이다. 이 유서 깊은 나무에 접붙여 태어난 또 다른 나무

아이작 뉴턴(왼쪽)과 '뉴턴의 사과나무' · 뉴턴은 나무에서 사과가 떨어지는 모습을 보고 만유인력의 법칙을 떠올렸다고 전해진다.

케임브리지

는 케임브리지에서도 볼 수 있다. 뉴턴의 중대한 발상이 집에서 이루어졌든 케임브리지라는 지적 고향에서 이루어졌든 한 가지 확실한 것은 『자연철학의 수학적 원리』가 전 세계를 충격에 빠트렸다는 사실이다. 이 책의 출간은 현대 물리학의 토대를 놓았다.

케임브리지는 과학혁명 이후에도 수소를 발견하고 그것을 '인화성 공기'라고 불렀던 헨리 캐번디시 Henry Cavendish(1731-1810) 등 세상을 바꾼 사상가들을 지속적으로 배출했다. 이후 케임브리지의 캐번디시 연구소는 주요 발견의 본거지가 되었고, 1897년에는 전자, 1932년에는 중성자, 1953년에는 DNA의 구조까지 밝혀냈다. DNA의 구조는 물리학자 프랜시스 크릭 Francis Crick(1916-2004)과 생물학자 제임스 왓슨 James Watson(1928-)의 연구 덕분에 밝혀졌는데, 왓슨의 연구 역시 화학자 로잘린드 프랭클린 Rosalind Franklin(1920-1958)을 비롯한 다른 케임브리지 학자들의 연구 성과에 바탕을 두었다. 원자의 보어 모형을 개발한 물리학자 닐스 보어 Niels Bohr(1885-1962)도 케임브리지에서 수학했다. 이밖에도 과학 역사에 획을 그은 순간들이 이 도시에서 일어났는데, 가령 체외 수정 기술 발명(1968-1978), 줄기세포 발견(1981), 최초의 홍채 인식 기술 발견(1991) 등이다.

진화 생물학의 창시자인 찰스 다윈 Charles Darwin(1809-1882)이 케임브리지에서 교육받았다는 점도 반드시 짚고 넘어가야 한다. 그는 동물과 인간의 진화 및 자연 선택이라는 과학 개념을 제시함으로써 생명체에 대한 이해를 완전히 바꿔놓았다. 그는 과학사 전체를 통틀어 뉴턴과 함께 케임브리지대학교가 배출한 가장 영향력 있는 인물이라고 평가된다. 더 나아가 세계 역사에서도 손꼽힐 만큼 그 영향력이 엄청나다.

케임브리지는 살인 사건이라는 남다른 사건에서 시작해 과학혁명에 중추적 역할을 한 지적 중심지로 성장했으며, 『자연철학의 수학적 원리』의 출판으로 완성되었다고 평가받는다. 학계의 엄격한 문화와 후원자들의 통 큰 지원 덕분에 진리와 지식을 추구하는 인류의 욕구를 충족시키는 본거지 역할을 해왔다. 많은 학자는 과학혁명으로 등장한 새로운 사고방식이 17세기와 18세기의 계몽주의 운동으로 이어졌다고 주장한다. 그뿐 아니라 과학혁명의 혁신은 현대 물리학 등 오늘날의 인류가 자연 세계를 이해하는 방식의 토대를 이루고 있다. 이 같은 이유로 우리는 케임브리지에 자연스럽게 이끌릴 수밖에 없다.

파리

계몽주의

다음으로 살펴볼 도시는 계몽주의의 '중심 무대' 이자, '고향'이라고 불리는 파리^{Paris}다. 18세기 파리의 살롱과 카페는 철학자들이 자유롭게 지식을 공유하는 담론의 장을 제공해, 계몽주의 시대를 활짝 연 일등공신이 되었다. 계몽주의는 이성과 증거에 기반을 둔 지식, 자유로운 탐구, 개인의 자유, 인본주의, 제한된 정부, 교회와 국가의 분리 같은 가치를 옹호하는 운동이었다. 국경과 대양을 초월해 지식인 간의 소통을 추구한 이른바 '문필 공화국'이라는 커뮤니티도 있었지만, 그럼에도 파리는 여전히 지식인들의 삶에서 중요한 지리학적 중심지였다. 이 지식인들이 기존 신념에 반기를 든 것으로 유명해지면서 파리도 '빛의 도시$^{la\ Ville\ Lumière}$'라는 별명을 얻었다. 파리의 사상가들과 광범위한 계몽주의 운동이 역사를 바꿨다는 사실은 부인할 수 없다. 이후 인류가 이룩한 과학적·도덕적 발전의 상당 부분이 계몽주의적 가치에

카페 드 플로르 · 생 제르맹 데 프레 지역에 1887년에 처음 문을 연 파리의 상징적 카페. 많은 예술가와 지식인이 이곳에서 토론을 벌였다.

기반을 둔다고 하버드대학교 심리학자 스티븐 핑커$^{Steven\ Pinker}$ 등 일부 학자는 지적한다.

 오늘날 파리는 프랑스의 수도이자, 인구 2백만 명이 넘는 붐비는 도시다. 최소 17세기부터 그래온 것처럼 외교, 상업, 패션, 요리, 과학, 예술 부문의 중심지로서 중대한 역할을 계속하고 있다. 유명 건축물, 박물관, 레스토랑에서 풍기는 매력적인 분위기 덕분에 세계 최고의 관광지로 손꼽히며 로맨틱한 도시로 명성이 자자하다. '사랑의 도시'라고 불리는 만큼 결혼식 장소나 신혼여행지로도 인기가 높다. 파리가 대중의 머릿속에 어떤 신비로움을 불어넣는지 한마디로 표현하기는 어렵지만, 노벨상을 수상한 이론 물리학자 월터 콘$^{Walter\ Kohn}$은 이렇게 표현했다. "파리는 아무리 새롭고 막연한 아이디어라도 그 속에 생명력을 불어넣는다 … 이 도시에는 분명 어떤 마법이 있다."

 오늘날 파리에 해당하는 지역에 처음 정착 생활이 시작된 것은 기원전 7600년경이다. 선사시대와 로마제국 시대는 일반적으로 파리의 역사와 연관성이 별로 없지만, 파리의 박물관에는 이 시기의 고고학 유물이 가득하다. 센강 유역의 정착촌으로 시작한 이 마을은 인구가 늘면서 정치적 중요성도 급격히 높아졌다. 파리라는 이름은 기원전 225년경 이 지역을 요새화했던 철기 시대 켈트족 파리시^{Parisii}에서 유래했다. 기원전 52년에는 로마인들이 이곳을 정복하고 '파리시족의 습지'라는 뜻의 '루테티아 파리지오룸$^{Lutetia\ Parisiorum}$'이라는 이름을 붙였다. 3세기 무렵, 인근 게르만족이 파리를 지배하던 로마인에 도전장을 던졌고 5세기 말에는 게르만 부족 연합인 프랑크족이 파리를 완전히 장악한 뒤 508년에 수도로 지정했다. 843년, 프랑크 왕국은 분열되어 동프랑크는 독일의 전신으로, 서프랑크는 향후 프랑스 왕국으로 발전했다. 프랑스의 정치적 영향력이 수 세기에 걸쳐 확대되면서 파리는 경제와 문화의 거점 도시로 거듭났다.

 18세기, 시대를 선도하는 지적 담론의 중심지가 대학에서 카페와 살롱으로 옮겨갔다. 논쟁적 사상가들이 카페와 살롱에서 재정 지원을 받았기 때문이다. 유럽에 커피가 보급되면서 사람들은 이전부터 소비해온 알코올 대신 카페인을 소비하기 시작했다. 그와 함께 카페는 정치와 철학을 주제로 열띤 토론을 벌이는 거점이 되었다. 계몽주의 살롱의 창시자로도 불리는 마리 테레즈 로데 조프랭$^{Marie\ Thérèse\ Rodet\ Geoffrin}$(1699-1777)을 비롯해 소위 살로니에르^{salonnières}라는, 부유하고 막강한 인맥을 자랑하는 여성들이 당대의 대규모 지식인 모임을 주최했다. 당시에는 상류층 여성조차 정식 교육을 받을 수 없었기 때문에 살롱은 여성이 지적 생활에 참여할 수 있는 몇 안 되는 방법이었다. 또 다른 굴지의 살로니에르로는 잔 줄리 엘레오노르 드 레스피나스$^{\text{Jeanne Julie Éléonore de Lespinasse}}$(1732-1776), 루이 16세 당시 재무장관의 부인인 스위스 출신 수잔 네커$^{\text{Suzanne Necker}}$(1739-1794)를 들 수 있다.

계몽주의 시대 살롱에서는 귀족과 재력가가 자신의 연구에 관해 토론하고 전파할 기회와 후견인을 찾아 헤매던 예술가와 작가, 철학자와 어울렸다. 덕분에 학계에서는 지적 자유를 박탈당한 논쟁적 철학자들이 이곳에서는 기존의 규범과 제도를 자유롭게 비판할 수 있

살롱에서의 독서 • 17세기부터 18세기까지 활동했던 프랑스의 신고전주의 화가 장 프랑수아 드 트루아의 작품으로, 살롱에서 함께 독서하는 모습을 묘사했다.

파리

었다. 당시 파리에서 활동한 다른 인물로는 몽테스키외 남작$^{Baron\ de}$ ^{Montesquieu}(1689-1755), 볼테르^{Voltaire}(1694-1778)라는 필명으로 더 잘 알려진 프랑수아 마리 아루에$^{François-Marie\ Arouet}$, 제네바에서 망명한 장 자크 루소$^{Jean-Jacques\ Rousseau}$(1712-1778)와 작가 드니 디드로$^{Denis\ Diderot}$(1713-1784)가 있다.

살롱은 지적 대화와 격렬한 토론으로 유명했지만, 철학자들의 사상이 널리 전파될 수 있었던 것은 편지 덕분이었다. 서구 사회에 광범위하게 퍼져 있던 소위 '문필 공화국'이라는 지식인 커뮤니티는 파리의 살롱에서 시작된 사상을 주제로 갈수록 열띤 논의를 펼쳤다. 이 덕분에 파리에서 시작된 계몽주의 운동은 다른 지역의 사상(이를테면 다음 장에서 소개할 스코틀랜드의 계몽주의 등)이 급진적으로 발전하는 데 촉매제가 되었다.

파리의 철학자들은 살롱 후견인들의 자금 지원과 평가에 힘입어 자신의 사상을 기록으로 남길 수 있었다. 1748년, 몽테스키외는 정부의 권력 분립을 주장한 『법의 정신』을 출간했다. 그는 정부의 어느 한 기관이나 부서가 다른 곳에 비해 지나치게 많은 권력을 가져서는 안 된다고 주장했는데, 당시로서는 혁신적인 제안이었다.

1751년, 디드로는 최초의 현대식 범용 백과사전 중 하나인 『백과전서』의 제작을 도왔다. 그는 27년간 편집장을 역임하면서 총 28권의 『백과전서』 출간을 총괄했다. 가톨릭교회와 프랑스 정부가 이 서적의 출간을 금지했기 때문에 마지막 권은 숨어서 완성해야 했다. 『백과전서』의 제작은 프랑스 계몽주의의 중대한 업적으로 인정받는다.

1759년, 볼테르가 종교와 정치 제도에 대한 비판으로 금지 도서가

계몽주의 사상 · 볼테르는 뉴턴의 지식을 무지몽매(어둠)를 계몽하는 빛으로 묘사했다.

파리

된 풍자 소설 『캉디드^{Candide}』를 발표했다. 볼테르는 파리 태생이었지만 번번이 프랑스 당국의 노여움을 사서 추방당했기 때문에 정작 파리에서 보낸 시간은 얼마 되지 않았다. 그는 런던 등지에 숨어 지내면서 정치 철학자이자 '자유주의의 아버지'라고도 불리는 존 로크, 영국의 수학자이자 물리학자인 아이작 뉴턴의 저작물을 번역했다.

1762년 루소는 『사회계약론』을 출간해 법은 '국민의 뜻'을 반영해야 하며 군주에게 '신성한 통치 권리' 같은 것은 없다고 주장했다. 이 저작물 역시 행정 당국의 검열을 받았지만, 그의 사상은 한 세대가 지난 이후 프랑스대혁명 지도자들에게 상당한 영향을 미쳤다. 한편, 일부 학자는 루소를 반계몽주의 인물이라고 간주하는데, 그가 근대 사회에 회의감을 지닌 동시에 원시적 존재에 대한 낭만을 품고 있었기 때문이다.

18세기 파리에서 계몽주의가 꽃피울 수 있었던 것은 지식인 개개인의 노력과 관대함 덕분이었다. 당국은 기존 질서에 도전하는 새로운 사상을 억압하기 위해 온갖 노력을 기울였다. 프랑스 정부는 많은 글을 검열하거나 금지하고 지식인들을 추방했다. 하지만 살롱을 통해 민간 자금이 선구적 사상가들에게 흘러간 덕분에 새로운 아이디어가 뿌리내리고 꽃피울 수 있었다.

한편, 당시 파리에서는 또 다른 문화적 발전이 일어나고 있었다. 파리는 고급 요리와 레스토랑의 발상지였다. 1760년대와 1770년대 사이 프랑스 최초의 현대식 레스토랑이 이곳에 등장했다. 1782년에는 향후 루이 18세로 성장할 앙투안 보빌리에$^{Antoine\ Beauvilliers}$(1754-1817)의 제과 요리사가 파리에서 처음으로 고급 레스토랑을 오픈했다. 군주의 권력이 약해지면서 궁을 떠나 자신만의 레스토랑을 여는 궁정 요리사가 늘어난 것이다. 졸지에 부호가 된 이들은 새로운 레스토랑이 계속 문을 열 수 있도록 도왔고, 요리 예술의 발전을 위해 자금을 지원했다. 파리 사람들은 지금도 프랑스 요리에 큰 자부심을 느낀다.

18세기 파리는 음악과 오페라, 회화(특히 바로크, 로코코 및 신고전주의 예술 사조), 패션의 중심지(루이 14세 궁정의 정교한 의복 덕분에 100년이 넘게 이 자리를 지켜왔다)이기도 했다. 하지만 궁극적으로 그 당시 파리의 가장 큰 특징이자, 세계를 변화시킨 사상은 다름 아닌 '계몽주의'였다. 계몽주의 이상은 프랑스대혁명이라는 유혈 사태와 혼란을 초래했지만, 동시에 아무리 유구한 역사의 제도라도 언제든지 뒤바뀔 수 있다는 사실을 입증하기도 했다.

계몽주의와 문필 공화국은 새로운 사상의 확산을 도왔고 궁극적으로는 새로운 형태의 정부를 탄생시켰다. 공화주의, 정부의 권력 분립, 정교 분리와 시민의 자유 존중이라는 계몽주의적 이상은 프랑스대혁명과 미국의 독립혁명에 불을 붙였다. 또한 이성과 증거를 강조해 과학과 기술 분야에서 삶을 변화시킬 혁신의 토대를 마련했다. 계몽주의는 전례 없는 부를 창출하고 이전에는 상상도 하지 못한 수준으로 삶의 질을 끌어올린 인류 역사의 전환점, 즉 후기 산업혁명으로 가는 길을 닦은 중대한 사상이었다.

또한 19세기의 파리는 신기술 덕분에 도로변에 가스등을 설치한 최초의 도시가 되면서 '빛의 도시'라는 별명도 중의적 의미를 가지게 되었다. 1853년에서 1870년 사이, 파리는 거리에 약 1만 5천 개의 가스등을 설치했다. 19세기에는 파리의 상징인 에펠탑이 세워지고, 인상주의와 후기 인상주의의 걸작이 쏟아져 파리의 예술적 성취가 정점에 달했다. 이 시대에 프랑스를 근거지로 활동한 작가들은 너무 많아 일일이 나열하기도 힘들 정도다. 대표적으로 클로드 모네Claude Monet(1840-1926), 폴 세잔Paul Cézanne(1839-1906), 에드가 드가Edgar Degas(1834-1917), 에두아르 마네Édouard Manet(1832-1883), 피에르 오귀스트 르누아르Pierre-Auguste Renoir(1841-1919), 조르주 피에르 쇠라Georges-Pierre Seurat(1859-1891), 앙리 루소Henri Rousseau(1844-1910), 빈센트 반 고흐Vincent van Gogh(1853-1890)를 꼽을 수 있다. 이때는 프랑스 문학 역시 새로운 전성기를 맞았는데, 빅토르 위고Victor Hugo(1802-1885), 오노레 드 발자크Honoré de Balzac(1799-1850)와 알렉상드르 뒤마Alexandre Dumas(1802-1870) 같은 유명 작가들 덕분이었다.

오늘날에도 파리는 고급문화의 중심지로 세계적 명성을 이어가고 있다. 하지만 18세기와 달리 '세계 지성의 수도'라는 명성은 잃어버린 지 오래다.

논쟁적 발상을 비롯한 새로운 사상에 민간 자금이 흘러가면서 18세기 파리는 계몽주의의 요람이자 문필 공화국의 지리적 본거지가 되었다. 앞서 언급했듯 파리는 특히 회화, 음악, 의상 디자인, 요리 예술 같은 고급문화 분야에서 괄목할 만한 업적을 많이 남겼다. 하지만 계몽주의 시대에 파리의 사상가들이 내놓은 새로운 사상이야말로 파리가 인류사에 남긴 가장 큰 업적이었다.

에든버러

사회학

　다음으로 살펴볼 도시는 에든버러^{Edinburgh}다. 이 도시는 18세기부터 19세기 초까지 인류의 지성사에서 결코 빠트릴 수 없는 '스코틀랜드 계몽주의'의 중심지였다. 스코틀랜드 계몽주의의 사상가들은 경제부터 수학, 건축, 의학, 시, 화학, 연극, 공학, 초상화, 지질학까지 다양한 분야에서 중요한 혁신을 이루었다.

　오늘날 에든버러는 스코틀랜드의 주요 도시로 지성과 문화의 중심지다. 에든버러라는 이름은 인근의 옛 켈트어 지명이던 에이딘^{Eidyn}과 '요새'를 의미하는 버그^{burgh}에서 따왔다. 스코틀랜드 동부 해안의 언덕이 많은 도시 에든버러에는 적어도 12세기에 지어진 것으로 추정되는 유명한 성이 있는데, 이 에든버러성은 스코틀랜드에서 가장 많은 관광객이 찾는 명소로 2019년에만 2백만 명이 넘게 방문했다. 에든버러는 스코틀랜드 최고의 명문 대학 중 하나인 에든버러대학교의 소재지이

| **에든버러의 전경** • 왼쪽의 세인트 자일스 대성당과 오른쪽의 에든버러성이 눈에 띈다.

며, 구시가에서 흔히 볼 수 있는 연기 나는 굴뚝 덕분에 '올드 리키'[Auld Reekie](연기가 자욱한 옛 도시)라는 별명이 붙었다. 철학의 중심지이기도 해서 '올드 그리키[Auld Greekie]' 혹은 '북부의 아테네'라고도 불린다. 중세풍의 구시가지와 신고전주의의 신시가지가 함께 하나의 유네스코 세계 문화 유산으로 지정되어 있다.

고고학적 증거에 따르면, 현재 에든버러가 위치한 지역에서는 적어도 기원전 8500년경부터 정착 생활이 시작되었다. 처음에는 켈트족이 대부분이었지만 수 세기 동안 웨일스어를 사용하는 브리튼 켈트족 등 다양한 민족이 이곳에 정착했다. 960년 무렵, 인둘프[Indulf] 침략왕이 이 정착지를 점령하면서 스코틀랜드의 지배가 시작되었다. 1437년에는 에든버러가 스콘을 제치고 스코틀랜드의 수도로 지정되었다.

18세기 스코틀랜드는 수십 년간 정치적·경제적 소용돌이에서 헤어 나오지 못했다. 오렌지가의 스튜어트가 축출, 자코바이트의 난, 엄청난 비용을 들이고도 실패로 돌아간 식민지 건설 프로젝트인 다리엔 계획, 기근, 1707년 스코틀랜드와 잉글랜드의 연합 등이 그 원인이었다. 하지만 스코틀랜드, 특히 에든버러는 새로운 사상을 향한 여정을 멈추지 않았다.

스코틀랜드에 계몽주의 물결이 한창이던 시기에 에든버러를 방문했다면, 구불구불하게 이어진 자갈길과 벽으로 둘러싸인 좁고 아담한 도시를 마주했을 것이다. 스코틀랜드 작가 제임스 버컨James Buchan은 이 시기 에든버러를 가리켜 "불편하고 더러우며 구식인 데다 술에 찌들어 있어 툭 하면 싸움이 일어나고 가난하다"라고 묘사했다. 하지만 안개 사이로 이 도시를 가만히 살펴보면 대학 건물 창으로 새어 나오는 따뜻한 불빛, 독서회와 동아리 모임이 열리는 가정집, 철학을 논하는 손님들에게 해기스(양의 내장으로 순대와 비슷하게 만든 스코틀랜드 음식—옮긴이)와 위스키를 제공하는 선술집 등을 만날 수 있다. 에든버러는 새로운 사상에서 뿜어져 나오는 에너지와 과학 탐구에 대한 열정으로 가득했다. 당시 인구는 4만 명에 불과했지만, 중요한 의문을 제기하는 위대한 지성들이 차고 넘쳤다.

에든버러의 주된 종교인 장로교가 새로운 사상을 반겼던 점이 여기에 한몫했다. 당시 스코틀랜드는 서유럽에서 최빈국 중 하나로 문맹률 역시 세계 최고 수준이었다. 이에 스코틀랜드에서 신도 수가 가장 많았던 장로교는 문맹 퇴치 캠페인에 돌입했다. 온건하고 개방적인 성직자들로 구성된 장로교는 스코틀랜드 계몽주의 운동의 핵심 인물과 긴밀한 유대를 구축하고 그들의 활동에 힘을 실어주었다. 반면, 장로교 내 보수파는 계몽주의 학자들의 업적을 경멸하고 심지어 철학자 데이비드 흄 David Hume(1711-1776)을 이단으로 몰아 파문하려고 했다. 하지만 더 단단한 결속을 자랑한 온건파가 흄을 지켜냈다.

장로교의 온건파 목사였던 윌리엄 로버트슨 William Robertson(1721-1793)은 1750년에 에든버러대학교의 총장이 되어 스코틀랜드 계몽주의를 대표하는 지식인 단체를 설립했다(총장은 그때나 지금이나 대학 운영의 전반을 책임진다). 스코틀랜드 명사회에서는 흄뿐 아니라 철학자이자 그의 제자인 애덤 퍼거슨 Adam Ferguson(1723-1816)과 경제학자 애덤 스미스 Adam Smith(1723-1790) 등 저명인사들이 회원으로 활동했다. 1783년, 철학 부문에서 흄과 가장 날 선 대립을 보인 토머스 리드 Thomas Reid(1710-1796)는 또 다른 지식인 단체인 에든버러 왕립 학회를 공동 창립했다.

프랑스 계몽주의자들이 드나들던 파리의 여러 살롱과 마찬가지로 에든버러 전역에 생겨난 수많은 독서 모임과 지식인 모임 덕분에 스코틀랜드 계몽주의도 부흥했다. 하지만 파리에서는 대개 여성이 살롱을 운영한 데 반해 에든버러에서는 여성을 배제하는 문화가 만연했다. 시인이자 사교계 인사인 앨리슨 콕번 Alison Cockburn(1712-1794) 같은 극소수를 제외한 여성은 에든버러의 지성인 모임에 낄 수 없었다. 현대 여성이라면 18세기의 에든버러에 살고 싶지 않겠지만, 당시 남성은 에든버러의 다양한 클럽에서 얻을 수 있는 인맥과 토론의 기회를 값지게 여겼다. 1762년, 프랑스 작가 볼테르는 "오늘날 우리[유럽인]는 서사시부터 정원 가꾸기까지 모든 예술 부문에서 취향의 기준을 스코틀랜드로부터 얻는다"라고 말하기도 했다.

스코틀랜드는 흉내 낼 수 없는 시인 로버트 번즈Robert Burns(1759-1796)와 에든버러 소설가 월터 스콧 경Sir Walter Scott(1771-1832) 등 굵직한 인물을 배출하며 문학계에 한 획을 그었다. 또한 조경과 건축, 인테리어 디자인에서 새로운 바람을 일으켰는데, 그 중심에는 에든버러에서 자라고 교육받은 건축가 로버트 애덤Robert Adam(1728-1792)이 있었다. 그는 동생 제임스James Adam(1730-1794)와 함께 소위 '애덤 양식'이라는 새로운 건축 양식을 개발했다. 애덤 양식은 18세기 잉글랜드, 스코틀랜드, 러시아의 주택 건축에 많은 영향을 미쳤고, 독립 이후의 미국에까지 확산되어 이른바 '연방 양식'으로 발전했다. 스코틀랜드는 초상화 부문에서도 스타일을 선도했는데, 앨런 램지Allan Ramsay(1713-1784)와 헨리 래번 경Sir Henry Raeburn(1756-1823) 같은 에든버러 예술가들이 새로운 사조를 개척한 덕분이었다.

스코틀랜드 계몽주의는 예술과 인문학뿐 아니라 과학 분야에서도 획기적인 발전을 이루었다. 1789년 토머스 제퍼슨Thomas Jefferson은 "과학에 관한 한, 세계 어느 지역도 에든버러와 어깨를 나란히 할 수 없다"라고 말했다. 에든버러의 지질학자 제임스 허턴James Hutton(1726-1797)은 지질학 기본 원리의 상당 부분을 발견해 지질학의 개념을 새롭게 썼다. 에든버러대학교에서 수학한 화학자이자 물리학자 조셉 블랙Joseph Black(1728-1799)은 이산화탄소와 마그네슘, 잠열과 비열이라는 열역학의 주요 개념을 발견했다.

에든버러대학교의 의과대학이 영어권 국가 최고의 의과대학으로 거듭난 데는 의사 윌리엄 쿨렌William Cullen(1710-1790)의 공이 컸다. 그곳에서 그는 유명한 과학자들을 가르쳤는데, 최초로 인체의 림

프계를 구체화한 흑인 해부학자 알렉산더 먼로 세쿤두스^Alexander Monro Secundus^(1733-1817)도 그중 하나였다. 열네 살이라는 어린 나이에 에든버러대학교에 입학한 제임스 영 심슨 경^Sir James Young Simpson^(1811-1870)은 클로로포름 마취제를 개발해 환자들의 고통을 덜어주었다. 빅토리아 여왕을 비롯한 수많은 여성이 실제 출산을 할 때 이 마취제를 사용했다.

스코틀랜드 계몽주의는 수학과 공학의 발전도 이끌었다. 수학자이자 에든버러대학교 교수인 콜린 매클로린^Colin Maclaurin^(1698-1746)은 불과 열한 살에 대학에 입학한 영재로 기하학과 대수학 분야에 괄목할 업적을 남겼다. 에든버러에서 한동안 일했다고 알려진 토목 기사 토머스 텔포드^Thomas Telford^(1757-1834)는 워낙 많은 작업물을 남겨 '도로의 거상'(세계 7대 불가사의 중 하나인 '로도스의 거상'을 희화화한 것)이라는 별명까지 얻었다. 스코틀랜드의 공학자이자 발명가인 제임스 와트^James Watt^(1736-1819)는 증기 기관을 대폭 개량해 산업혁명이 일어나는 데 일조했다.

제임스 와트(1736-1819) · 증기 기관을 대폭 개량해 산업혁명에 큰 영향을 미쳤다.

미국 작가 에릭 와이너는 에든버러가 갑작스럽게 예상치 못한 성공을 거둘 수 있었던 것은 스코틀랜드 특유의 현실성 덕분이라고 주장했다. 1768년 에든버러에서 탄생한, 스코틀랜드 계몽주의의 산물 『브리태니커 백과사전』 역시 이 도시에서 다양한 업적이 탄생할 수 있었던 이유로서, 실용주의를 골자로 한 스코틀랜드 철학이 밑바탕에 깔려 있었던 점을 이야기한다. 이른바 합리주의 사상(이성만으로 모든 진리를 추론할 수 있다는 주장)에 대한 회의, 과학적 탐구의 경험적 방법론에 대한 관심, '상식' 철학의 등장, 인간 본성의 과학을 발전시키려는 시도 등이 이루어진 것도 모두 이 같은 관점의 일환이다.

스코틀랜드 계몽주의가 인류의 진보에 가장 크게 기여한 업적은 바로 '경험주의의 대중화'였다. 이와 관련해 퍼거슨 같은 사상가가 발전시킨 '상식철학'은 추상 이론보다 현실 세계의 관찰을 강조했고, 교육 받지 못한 일반인도 기본 상식에 있어서는 지식인과 동등하다고 주장했다. 상식철학은 미국 건국의 아버지 중에서도 토머스 제퍼슨Thomas Jefferson과 존 애덤스John Adams의 사상에 특히 많은 영향을 미쳤다. 역사상 가장 영향력 있는 철학 서적으로 손꼽히는 흄의 『인간 본성에 관한 논고』(1739)는 인지 과학의 토대가 되었다.

인간 행동을 이해하고자 하는 열망은 인지 과학뿐 아니라 경제학에도 영향을 미쳤다. 현대 경제학의 창시자로 유명한 애덤 스미스는 『국부론』(1776)을 통해 일찍부터 분업과 (중상주의 및 보호무역주의 반대 개념인) 자유무역 경제의 이점을 탐구했다. 이 저서는 출간 후 경제 정책에 즉시 영향을 미쳤을 뿐 아니라, 수 세기 동안 경제 논쟁에 등장한 용어를 정의하는 데 도움을 주었다. 애덤 스미스와 가장 치열하게 대립한 칼 마르크스 등 이후의 주요 경제 사상가들은 애덤 스미스의 말을 인용하고 그의 사상과 씨름했다.

스미스는 경제학이라는 분야를 창안함으로써 인류의 번영을 증진할 기반을 닦았다. 경제적 자유 등 스미스가 옹호한 이 정책들은 동시대인은 물론, 인류 전체를 스미스조차 상상하지 못한 수준으로 풍요롭게 만들었다.

에든버러가 세계사를 바꾸었다고 생각하기란 사실 쉽지 않다. 그만큼 이 도시는 작고 어수선한 데다 열악한 도시였지만, 불안정했던 한 세기를 꿋꿋이 버텨내면서 전 세계를 놀라게 했다. 열린 태도로 문해력을 끌어올리고, 지식인 중심의 격렬한 토론과 실용적 사고로 인류의 지식을 한층 폭넓게 만들었다. 작은 대학 도시에 불과했던 곳이 그 규모를 훨씬 뛰어넘는 성취를 거둔 것이다. 미국 건국의 아버지 벤저민 프랭클린 Benjamin Franklin에 따르면, "에든버러대학교는 어느 시대, 어느 나라에서도 볼 수 없는 위대한 인물들을 배출했다". 수많은 업적, 특히 인류에게 경험주의와 경제학을 선사한 스코틀랜드 계몽주의 시대의 에든버러는 누가 뭐라고 해도 세계사에 한 획을 그은 도시임에 틀림없다.

애덤 스미스(1723-1790) · 스코틀랜드 명사회의 일원이었던 그는 자본주의 기틀을 닦아 '경제학의 아버지'라고도 불린다.

필라델피아

자유민주주의

다음으로 살펴볼 도시는 자유의 요람이자 미국의 발상지라 일컬어지는 필라델피아^{Philadelphia}다. 초창기 미국의 수도였던 이곳에서 제2차 대륙회의가 열렸고, 긴 논의 끝에 참석자들이 독립선언문에 서명하며 새로운 형태의 정부가 들어섰다. 이전까지만 해도 군주제로 운영되는 나라가 대부분이었지만, 미국 건국의 아버지들이 새로운 실험에 나선 것이다.

오늘날 필라델피아는 펜실베이니아주 최대 도시이자 미국에서 일곱 번째로 큰 대도시권의 중심이다. 자유의 종과 같은 역사 기념물부터 치즈 스테이크 샌드위치, 펜실베이니아대학교와 '록키 계단'(필라델피아 미술관 정문 계단으로, 영화 '록키'에서 주인공이 이 계단을 올라가는 장면이 유명해져서 붙여진 이름―옮긴이) 같은 문화 아이콘이 넘쳐나 문화 거점으로도 유명하다. 독립선언문과 (연합 규약을 계승한) 헌법에 대한 서명이 이루어진 독립기념관은 유네스코 세계 문화유산으로 지정되어 있다. 유네스코는 "독립기념관에서 논의와 채택, 서명을 거친 원칙들은 전 세계 의원과 정책 입안자들에 큰 영향을 미쳤다"라고 언급했다.

영국의 퀘이커교도였던 윌리엄 펜^{William Penn}(1644-1718)은 1682년, 새롭게 개척한 '펜실베이니아 식민지'의 수도로 필라델피아를 건설했다. '필라델피아'라는 이름은 '형제애'를 뜻하는 그리스어다. 본래는 성경에 등장하는 용어였는데, 초창기 기독교의 중심지였던 튀르키예 지역의 고대 도시에 경의를 표하기 위해 이 이름을 붙였다. 개신교의 한 종파인 퀘이커교는 평화주의를 표방하고 노예제에 반대하는 것으로 유명했다. 특히 후자의 경우 당시로서는 특히 급진적인 주장이었다. 초기에 필라델피아에서 노예를 부린 가구는 전체의 7퍼센트 정도였지

윌리엄 펜(1644-1718) · 평화주의를 표방하고 노예제에 반대했으며, 원주민과 평화 조약을 맺기도 했다.

만, 1767년 무렵에는 15퍼센트까지 늘었다. 1712년, 필라델피아에서 열린 펜실베이니아 의회는 식민지의 노예 수입을 금했다. 1713년 초, 앤 여왕 치하에 있던 영국 정부가 이 결정을 뒤집기는 했지만, 이듬해인 1714년과 1717년에도 펜실베이니아 의회는 식민지의 노예제를 제한하기 위한 시도를 계속했다. 하지만 그때마다 영국 정부가 그 결정을 거부했다.

펜은 퀘이커의 가치를 충실히 실천하는 '거룩한 실험'의 땅으로서 펜실베이니아 식민지를 다스리려 했다. 그래서 펜실베이니아의 법은 다른 미국 식민지들과 확연히 달랐다. 종교의 자유를 보장했고 남자아이뿐 아니라 여자아이에게도 교육을 제공하는가 하면, 범죄자를 단순히 처벌하기보다는 기술을 가르쳐 재활을 시도했다. 당시 온갖 사소한 범죄까지 사형으로 다스린 영국과 달리 펜실베이니아에서는 살인이나 반역을 저지른 자들만 사형에 처했다. 공식적으로는 노예제에 반대하면서 실제로는 12명 이상의 노예를 소유하고 있던 펜은 펜실베이니아 의회에서 펜실베이니아의 노예를 해방하고 새로운 마을의 재산을 수여하는 법안을 제안했지만, 결국 부결되고 말았다.

18세기 필라델피아에 확산된 급진적 사상은 비단 노예제 폐지, 보편 교육, 계몽주의적 처벌에만 그치지 않았다. 식민지 주민들은 멀리 떨어진 곳에서도 정치적으로 사사건건 관여하는 영국에 갈수록 더 큰 불만을 품었다. 계몽주의 사상은 이렇게 절망한 이들이 세상을 바꿀 새로운 실험에 나서도록 영감을 불어넣었다. 1774년, 미국 내 13개 영국 식민지 중 12개 지역 대표들이 필라델피아에 모여 최초의 대륙회의를 개최했다(조지아 식민지는 당시 현지 부족과의 전투에서 고전 중이었기 때문에 영국의 군사 원조를 잃을 수 없어 감히 대표단을 파견하지 못했다).

제1차 대륙회의는 영국 상품 불매 운동과 민병대 모집을 승인했고, 무엇보다 제2차 대륙회의 소집을 결정했다는 점에서 큰 의의를 갖는다. 영국과의 전쟁이 아직 공식 선포되기 전이었음에도 버지니아 대표단이었던 조지 워싱턴^{George Washington}(1732-1799)은 새로운 소총과 군복을 구입하고 군대 규율에 관한 책까지 주문한 상태였다. 미래에 초대 대통령이 될 이 인물은 필라델피아의 자갈길을 걸으며 전쟁이 임박했음을 직감했다.

이후 각종 사건이 불거지면서 갈등이 격화되었다. 1775년, 영국군이 매사추세츠 무기고 탈취를 시도하자 지역 민병대가 반격에 나섰다. 어느 쪽이 먼저 발포했는지는 확실하지 않지만, 교전이 이어지면서 미국

벙커힐전투 · 미국 독립 전쟁 초기 1775년 6월 17일에 일어난 대륙군과 영국군의 전투로, 독립 전쟁의 두 번째 전투였다.

필라델피아

인 90명과 영국인 273명이 사망했다. 이후 미국군이 영국군이 점령하고 있던 보스턴을 포위했는데, 그 과정에서 일어난 렉싱턴전투와 콩코드전투, 벙커힐전투가 미국 독립혁명의 시발점이 되었다.

하지만 영국과 피점령국 간의 분쟁은 이때까지만 해도 혁명이 아닌 내전에 가까웠다. 식민지 주민이 원했던 것은 영국으로부터의 독립이 아니라 영국 의회에서 자신들의 입지를 강화하는 것이었다. 1776년 1월, 영국 태생의 미국 작가 토머스 페인 Thomas Paine(1737-1809)은 『상식 Common Sense』이라는 소책자를 발표해 영국으로부터의 독립과 자유민주주의 공화국의 수립을 주장했다. 이 책은 필라델피아에서 이내 10만 부 넘게 팔려나가며 영국으로부터의 분리와 자유민주주의 공화국에 대한 열망을 불러일으켰다. 미국 건국의 아버지이자 두 번째 대통령인 존 애덤스 John Adams(1735-1826) 역시 "『상식』을 쓴 저자의 펜이 아니었다면 워싱턴은 칼을 뽑고도 아무것도 하지 못했을 것"이라고 말한 걸로 유명하다. 따라서 필라델피아의 인쇄기가 미국 혁명의 촉매제였다고 해도 과언이 아니다.

이후 필라델피아에서 제2차 대륙회의가 개최되었다. 사실 제2차 대륙회의는 여러 곳에서 열렸지만 독립선언문을 채택한 곳이 다름 아닌 필라델피아였다. 버지니아 출신의 토머스 제퍼슨 Thomas Jefferson(1743-1826)이 필라델피아의 한 벽돌집에 머물며 이 문서의 초안을 작성했다. 독립선언문에는 식민지 반군이 영국으로부터의 분리를 원하는 이유와 새로운 국가의 이상이 몇 가지 담겨 있었다. 미국은 인권이나 연방 정부 제도 같은 계몽주의 원칙을 바탕으로 설립된 최초의 국가가 되었다. 선언문에서 가장 유명한 구절은 다음과 같다.

우리는 다음과 같은 진실이 자명하다고 여긴다. 모든 사람은 평등하게 태어났고 조물주에 의해 양도할 수 없는 권리를 부여받았다. 여기에는 생명, 자유, 행복을 추구할 권리가 포함된다. 정부는 이 권리를 보장하기 위해 피지배자의 동의에서 나온 정당한 권력을 위임받은 사람들로 구성된다.

이 문서에 명시된 많은 아이디어가 바로 계몽주의 철학자들로부터 시작되었다. 예를 들어, '생명과 자유, 사유재산'에 대한 권리를 믿는 '자유주의의 아버지' 존 로크의 신념이 표현만 다를 뿐 그대로 드러나 있다. 하지만 이 같은 이상에 신생 미국 공화국이 항상 부응한 것은 아니었다. 특히 노예제의 경우가 그랬다. 그럼에도 건국의 이상은 더욱

독립선언문 채택 · 1776년 7월 4일 필라델피아에서 개최되었던 제2차 대륙회의에서 독립선언문이 채택되었다.

필라델피아

확대된 법적 평등을 바탕으로 좀 더 자유로운 사회를 건설하도록 수없이 많은 미국인에게 영감을 주었다. 따라서 미국의 건국이념이 궁극적으로는 노예제 폐지(1865), 인종(1870)과 성별(1920)을 불문한 투표권 보장, 인종 간 커플(1967)과 동성 커플(2015)의 결혼권 보장을 이루어냈다. 독립선언문에 유창하게 기술된 계몽주의의 이상이 세대를 막론하고 깊은 울림을 일으켜 발전을 실현한 것이다.

독립전쟁이 이어지는 동안 필라델피아는 이 새로운 나라의 본부 역할을 했다. 여기에는 인구가 가장 많다는 점이 한몫했다. 이 책에서 소개한 다른 도시와 마찬가지로 인구 수는 도시가 번창하고 문화의 거점의 역할을 하는 데 중요한 요소다. 필라델피아 인구는 4만여 명에 불과했지만, 당시 식민지의 다른 도시에 비하면 훨씬 많은 수였다. 필라델피아는 미국에서 가장 번화한 항구이기도 하다. 만약 독립혁명 당시 우리가 이 도시를 방문할 수 있었다면, 각종 가게와 벽돌집으로 이루어진, 풍요의 기운이 가득하지만 최신 전쟁 소식으로 소란했던 도시를 마주했을 것이다.

또한 과학자이면서 언론인이자 정치인으로 혁명을 가장 열렬하게 지지했던 벤저민 프랭클린(1706-1790)을 마주칠 수도 있다. 그는 필라델피아라는 도시를 세우는 데 큰 역할을 했다. 본래 청교도 세력이 장악했던 고향 보스턴에 살던 그는 열일곱 살에 좀 더 관용적인 필라델피아로 이주해 인쇄업체에 취직했다(이전에 형의 신문사에서 견습생으로 일했지만, 이내 보스턴 당국이 신문사 운영을 금했다). 1729년에 식민지 최고의 신문이 된 『펜실베이니아 관보』를 창간하고, 1731년에는 필라델피아 도서관 회사를 설립해 책값이 말도 못 하게 비쌌던 당시 도서 대출이라는 새로운 개념을 만들었다. 도서관 운영 자금은 회원들의 가입비로 충당했다. 1751년, 프랭클린은 필라델피아에서 가장 부유한 가문으로부터 재정 지원을 받았고 정부로부터 비슷한 규모의 지원금을 따내 병원을 설립하기도 했다. 이 병원은 환자를 무료로 치료해주었고, 필라델피아는 향후 미국이 될 식민지의 의료 수도로 거듭났다.

혁명이 시작되자 영국군에 점령당할 것이라는 두려움이 필라델피아 사람들의 마음에 크게 자리 잡았다. 마침내 1777년 가을, 이 우려가 현실이 되었다. 작가 패트릭 글레논$^{Patrick\ Glennon}$은 영국군의 필라델피아 점령을 "독립전쟁 최대의 실수"라고 지적했다. 점령 기간에는 볼티모어가 수도 역할을 대신했다. 필라델피아 사람들이 전쟁으로 온갖 결핍에 시달리는 동안 영국군은 약탈한 물품들로 호화로운 생활을 누린다는 소문이 자자했다. 당시 필라델피아에 거주하던 퀘이커교도 일기작가 엘리자베스 드링커$^{Elizabeth\ Drinker}$(1735?-1807)는 당시 상황을 이렇게 묘사했다. "우리 땅이 이토록 황폐해지고 죽음과 뼈아픈 파괴가 너무나 많은 이들을 덮치며 먹구름을 드리우는데, 이 자들은 얼마나 무감각하다는 말인가." 1778년, 프랑스의 지원에 힘입어 미군 병력이 강력해지자, 영국은 필라델피아에서 군대를 철수시켰다. 결국 1783년, 전쟁은 반란군의 승리로 끝이 났다.

독립혁명이 점차 마무리되던 시기, 퀘이커교도와 장로교도를 비롯한 펜실베이니아의 노예제 폐지론자들은 1780년, 펜실베이니아의 노예제를 단계적으로 폐지한다는 내용의 법안을 필라델피아에서 통과시켰다. 미국의 다른 여러 주(뉴햄프셔, 코네티컷, 로드아일랜드) 역시 얼마 지나지 않아 이를 본딴 법안을 통과시켰다(버몬트주는 1777년 노예제를 금지해 식민지 시절 최초로 노예제를 전면 금지한 지역이 되었다). 필라델피아는 신생 공화국에서도 핵심 역할을 지속해 1790년부터 1800년까지 워싱턴 D.C.가 건설되는 동안 미국의 공식 수도로 사용되었다.

'자유의 요람'이자 미국 독립혁명의 본거지였던 필라델피아는 자유민주주의가 발전하는 데 크게 기여했다. 새로운 정부 형태의 핵심이 된 이 사상은 성공적으로 자리 잡았고, 오늘날에는 대부분의 국가가 대의자유민주주의를 채택하고 있다. 필라델피아는 일찍이 노예제 폐지론, 계몽주의의 가치, 의학과 문화의 중심지로도 많은 주목을 받았다. 이 같은 이유로 필라델피아는 세계사에서 당당히 한 자리를 차지한다.

빈

음악

다음으로 살펴볼 도시는 일명 음악의 도시로 불리는 빈Vienna다. 이 도시는 18세기 후반부터 19세기 전반에 걸쳐 음악사에 혁명을 일으켰다. 고전주의와 낭만주의 시대를 대표하는 위대한 작품들이 바로 이곳에서 탄생했다. 당시 막강한 권력을 자랑한 합스부르크 왕조와 빈 황실 귀족의 후원에 힘입어 음악적으로 풍요로운 환경이 조성되면서 음악가들이 빈으로 모여들었다. 루트비히 판 베토벤Ludwig van Beethoven(1770-1827), 요하네스 브람스Johannes Brahms(1833-1897), 요제프 하이든Joseph Haydn(1732-1809), 프란츠 슈베르트Franz Schubert(1797-1828), 볼프강 아마데우스 모차르트Wolfgang Amadeus Mozart(1756-1791) 등 역사상 가장 위대한 작곡가들이 빈에 거주하며 창작에 매진했다. 그 결과, 역사상 가장 위대한 교향곡과 협주곡, 오페라가 빈에서 만들어졌다. 이 곡들은 심지어 오늘날까지도 전 세계 오케스트라 공연을 지배하고 있다.

빈 필하모닉 오케스트라 · 1842년 창단한 빈 필하모닉 오케스트라는 세계적으로도 가장 유명한 관현악단이다.

오늘날 빈은 오스트리아의 수도이자 200만 명이 거주하는 도시다. 유서 깊은 궁전과 박물관, 카페, 고급 상점이 즐비한 데다 삶의 질이 높기로 유명하다. 유구한 역사를 지닌 도심은 유네스코 세계 문화유산으로 지정되어 있다. 19세기 말부터 20세기 초에 걸쳐 빈에서 개인의 선택을 강조하는 경제학파가 생겨나 상당한 영향력을 떨쳤다. 이들은 이후 '오스트리아 학파'로 불리게 된다. 이 학파의 대표적 경제학자로는 칼 멩거$^{Carl\ Menger}$(1840-1921), 프리드리히 하이에크$^{F.\ A.\ Hayek}$(1899-1992), 루트비히 폰 미제스$^{Ludwig\ von\ Mises}$(1881-1973)를 들 수 있다. 이처럼 경제학에도 상당한 공헌을 했지만, 빈은 음악으로 가장 유명한 도시다. 이 도시는 수많은 공연을 개최하며 여전히 세계 음악의 수도를 자처한다. 역사적으로 음악 분야에 혁명을 일으켰을 뿐 아니라 오늘날에도 계속해서 전 세계 음악가들에게 영감을 불어넣고 있다. 빈의 공식 관광 웹

사이트에 따르면, 빈은 비틀즈와 빌리 조엘의 곡 등 무려 3천 곡이 넘는 노래의 배경이 되었다.

현재 빈이 위치한 지역인 다뉴브강 인근에서 고대 켈트족이 살았음을 보여주는 증거가 발견되었다. 이를 통해 적어도 기원전 500년경부터 이곳에서 정착 생활이 이루어졌음을 알 수 있다. 이 지역은 기원전 15년 무렵에 로마군의 요새로 활용되었고 다뉴브강을 통해 자연스럽게 무역 거점의 역할도 했다. 6세기경 비잔틴제국의 동전이 빈까지 흘러들어왔다는 사실은 당시 빈이 광범위한 지역과 교류했음을 보여준다. 오스트리아는 변경백국(타국과 영토가 맞닿은 일부 봉토의 세습 영주가 다스리는 국가를 의미—옮긴이)이던 1155년에 빈을 수도로 지정했다. 빈은 이듬해 공국으로 승격되었다. 수 세기에 걸쳐 경제적·정치적 중요성이 커진 빈은 15세기 중반에 합스부르크 왕가의 본거지이자, 신성로마제국의 실제적 수도로 거듭났다. 합스부르크 가문은 한때 유럽에서 최고의 영향력을 자랑한 왕가였다. 비록 권력이 크게 약화되기는 했지만, 오늘날에도 정치에 적극 참여하고 있다.

무역과 문화의 중심지로서 기능이 확대되자 빈은 군사 공격의 표적이 되었을 뿐 아니라 낯선 질병에도 취약해졌다. 15세기에는 헝가리, 16~17세기에는 오스만 제국의 침략 시도가 있었고, 심지어 1679년에는 시민의 3분의 1을 죽음으로 몰아넣은 전염병까지 겪어야 했다. 당시에 전염병 종식을 축하하는 의미로 화려한 조각을 새긴 기둥을 오늘날에도 빈 중심가에서 볼 수 있다. 나폴레옹 전쟁이 한창이던 1804년, 오스트리아 제국의 수도로 지정된 빈은 전쟁과 질병에 시달리면서도 고급문화의 성지로 명성을 이어갔다.

합스부르크 왕가는 자신들의 명예를 높이기 위한 방편으로 예술, 그 중에서도 음악에 지원을 아끼지 않았다. 이탈리아 및 가톨릭교회와 긴밀한 관계를 맺은 합스부르크 왕가는 17세기 초라는 이른 시기부터 100명이 넘는 이탈리아 음악가들을 빈으로 초청해 오페라와 발레 같은 이탈리아의 최신 음악 장르를 즐겼다. 종교 음악도 갈수록 화려해졌다. 가톨릭교회는 반종교개혁의 일환으로 대규모 예술 프로젝트를 추진했다.

1622년 합스부르크 왕가의 수장이자 신성로마제국 황제였던 페르디난트 2세$^{Ferdinand\ II}$(1578-1637)는 만토바의 공주로 음악을 사랑한 엘레오노라^{Eleonora}(1598-1655)와 결혼했다. 빈 궁정은 엘레오노라 황후의 예술적 후원에 힘입어 바로크음악뿐 아니라 오페라 같은 신규 무대 공연의 중심지로 거듭났다. 합스부르크 왕가는 가족 행사나 종교 행사를 위해 갈수록 화려한 음악 공연을 개최했다. 그러자 이 같은 재정 지원에 고무된 유럽 전역의 음악가들이 빈으로 몰려들었다. 1760년 들어 음악이 빈 문화에 깊숙이 자리 잡으면서 귀족부터 부유한 중산층까지 음악 활동 후원에 동참하기 시작했다.

'교향곡의 아버지' 또는 '현악 4중주의 아버지'라고 불렸던 오스트리아 작곡가 요제프 하이든은 가난한 가정에서 수공업자와 요리사의 아들로 태어나 한때 유럽에서 최고의 명성을 자랑했던 작곡가로 등극했다. 초기에는 외딴 영지의 부유한 가문에서 궁정 음악가로 일했지만, 빈으로 거처를 옮긴 이후에는 아낌없는 지원을 받으며 유명해졌다. 하이든의 대작 〈창조$^{The\ Creation}$〉는 성경의 창세기를 기념하는 성가극으로, 귀족들을 위해 비공개로 초연되었다. 이후 1799년 빈 부르크극장에서 대중에게도 정식으로 공개되었는데, 표는 공연일 한참 전에 이미 매진되었다. 하이든은 빈에서 모차르트의 멘토가 되었고, 베토벤을 가르쳤다.

잘츠부르크 음악 강사의 아들이던 모차르트는 불과 여섯 살 때 열 살 누나와 함께 빈 쉰브룬 궁에서 처음 공연을 선보였다. 합스부르크 황후 마리아 테레지아Maria Theresa(1717-1780)는 이 남매에게 고마움의 표시로 100두카트에 달하는 금화와 값비싼 의상을 선물했다. 모차르트는 빈에서 커리어를 쌓는 동안 재정적으로 큰 성공

요제프 하이든(1732-1809) · '교향곡의 아버지'라는 별명으로 불리는 요제프 하이든은 100개가 넘는 교향곡을 작곡하며, 교향곡 양식을 완성했다.

을 거두어 아내와 고급 주택에서 살았다. 그들은 값비싼 가구를 구입하는 한편, 하인을 여럿 거느리고 아들 칼을 (프라하에 위치한) 명문 학교에 보내는 등 전반적으로 호화로운 생활을 누렸다. 모차르트는 마리아 테레지아의 아들이자 후계자인 요제프 2세Joseph II(1741-1790)에 의해 궁정 실내악 작곡가로 임명되어 공연 수익과 다른 후원자들의 지원금에 더해 급여까지 받게 되었다.

하지만 모차르트는 말년에 재정적 어려움에 시달렸다. 오스트리아-튀르크 전쟁(1788-1791)이 맹위를 떨쳐 빈 경제가 기울고 귀족들도 형편이 안 좋아지자 음악가에 대한 지원이 끊긴 것이다. 모차르트는 벌이가 줄어드는데도 지출을 줄이지 못해 결국 빚더미에 앉았다. 다른 지역에서 새로운 후원자를 찾아 최악의 형편에서는 좀 벗어났지만, 연쇄상

어린 시절의 모차르트 초상화와 성년 이후의 초상화 · 그는 다섯 살 때 처음 작곡을 했다고 알려졌으며, 여섯 살 때 이미 공연을 선보였다.

구균 감염(일각에서는 독살되었다는 이야기도 나온다)으로 추정되는 질병에 걸려 불과 35세에 갑작스럽게 사망했다. 모차르트의 최고 걸작이라 손꼽히는 〈레퀴엠Requiem〉이 결국 미완성으로 남은 이유다. 이 곡은 신원을 알 수 없는 낯선 이가 작곡을 의뢰했는데, 모차르트의 미망인은 남편이 이 곡을 작곡하면서 자신의 장례식을 위한 미사곡을 만드는 것처럼 느꼈다고 말해 신비감을 더하고 있다.

모차르트와 더불어 역사상 가장 많은 사랑을 받은 작곡가인 베토벤은 스물한 살에 본에서 빈으로 이주했다. 단기간에 피아니스트로 이름을 날린 것은 물론, 가톨릭 추기경이자 합스부르크 가문의 일원이던 루돌프 황태자Archduke Rudolf(1788-1831)가 후견인을 자처할 만큼 왕실의 총애를 한몸에 받았다. 베토벤은 웰링턴 공작의 나폴레옹 전투 패배를 기

빈

리는 곡(op. 91)과 역시 나폴레옹 전쟁에서 영감을 받아 작곡한 교향곡 7번(op. 92)을 반복 연주하는 공연에서 가장 큰 수익을 올렸다. 말년에 청각을 잃고도 혁신적 음악을 계속 내놓으면서 위대한 음악가의 반열에 올라섰다. 가장 위대한 작품으로 널리 알려진 교향곡 9번(op. 125)은 1824년 빈에서 초연되었는데, 지금까지도 전 세계적으로 가장 많이 공연된 곡으로 손꼽힌다.

루트비히 판 베토벤(1770-1827)
고전주의와 낭만주의의 전환기에 빈에서 활동했던 음악가다.

빈 태생인 슈베르트는 귀족들의 후원에 힘입어 짧은 생애 동안 위대한 작품을 남길 수 있었다. 최고의 작품이라 할 〈겨울나그네^{Winterreise}〉에서는 빌헬름 뮐러^{Wilhelm Müller}의 시를 가사로 차용해 '고독'과 '고난'이라는 주제를 탐구했다. 그는 불과 31세의 젊은 나이에 장티푸스나 매독으로 추정되는 병으로 사망했다.

브람스는 함부르크에서 태어났지만, 음악가로서의 삶은 대부분 빈에서 보냈다. 그가 남긴 최고의 작품으로는 보통 교향곡 4번이 꼽힌다. 브람스는 특정한 무엇인가를 주제로 삼지 않고, 특정 장면이나 내러티브를 연상시키지 않는 '절대 음악'을 자신의 신념으로 삼았다. 하지만 일부 학자들은 교향곡 4번이 셰익스피어의 희곡 《안토니와 클레오파트라》에서 영감을 받았을 것이라고 추정한다.

고전주의와 낭만주의 음악 시대가 지난 뒤에도 빈은 문화 혁신의 거점 역할을 계속했다. 20세기에는 아르누보 운동의 중심지가 되어 구스타프 클림트$^{Gustav Klimt}$(1862-1918) 등 유명 화가를 배출했다. 하지만 이 운동도 18세기와 19세기에 빈이 이룬 음악적 성취를 따라올 수는 없었다.

음악은 선사시대부터 인류의 삶에 활기를 불어넣었다. 독일에서 발굴된 상아 재질의 플루트는 방사성탄소연대측정법으로 측정한 결과, 4만 2천 년에서 4만 3천 년 전의 것으로 밝혀졌다. 기원전 14세기경 작곡된 고대 과수원의 여신을 향한 찬가는 점토판에 새겨진 현존하는 가장 오래된 악보 형태로 남아 있다. 한편, 멜로디와 번역된 가사까지 고스란히 남아 있는 가장 오래된 곡은 무려 기원전 200년경의 것으로 추정되며, 고대 그리스어로 쓰였다. 이 곡은 유테르페(문자 그대로 '마음껏 기뻐하라'는 의미)라는 여성의 무덤 기둥에 새겨져 있는데, 유테르페가 마침 음악의 여신의 이름이라는 점이 절묘하다. 유테르페의 부군이 쓴 것으로 추정되는 곡의 가사를 번역하면 다음과 같다.

> 사는 동안 빛나라
> 일말의 슬픔도 갖지 말아라
> 삶은 기껏해야 찰나
> 시간은 그 대가를 요구하네

이 곡의 곡조는 유테르페의 삶을 축하하듯 경쾌하다. 이 곡은 세이킬로스의 비문으로 더 유명해졌다.

수 세기 후, 베토벤은 역사상 가장 많은 사랑을 받고 가장 많이 연주되는 교향곡 악장인 교향곡 9번 중 〈환희의 송가〉를 통해 기쁨의 감정을 표현하고자 했다. 음악은 감정을 표현하고 고취시키는 강력한 수단으로서 세대를 불문하고 영혼을 고양하는 등 인류의 삶에 항상 중요한 역할을 해왔다. 인류는 끊임없이 새로운 음악 기법과 사조를 만들어냈다. 그중에서도 빈은 수많은 곡으로 예술에 혁명을 일으키고, 수 세기가 흐른 뒤까지 음악 분야에서 큰 역할을 차지한다.

　빈의 음악적 유산은 인류를 풍요롭게 했다. 또한 위대한 예술 작품을 만들기 위한 재정적 지원과 경제적 풍요가 얼마나 중요한지도 보여주었다. 빈은 위대한 작곡가들을 다른 어느 도시보다 많이 배출했으며, 음악적 성취의 정점을 거둔 매우 중요한 도시였다.

맨체스터

산업화

　다음으로 살펴볼 도시는 제1차 산업혁명기(1760-1850)의 맨체스터Manchester다. '최초의 산업도시'라고 불리는 맨체스터는 다른 어떤 시기보다 인류 역사에 거대한 전환을 일으켰다. 물론 이 급속한 전환에는 여러 문제도 뒤따랐다. 오늘날 우리가 누리는 수준에는 한참 못 미치는 노동 환경과 생활 여건이 만들어진 것이다. 하지만 산업화가 현재 많은 사람이 누리는 일상의 기반이 되었음은 부정할 수 없다. 맨체스터는 최초의 산업도시로서 궁극적으로 인류의 발전에 큰 역할을 했다.

　오늘날 맨체스터는 영국에서 다섯 번째로 인구가 많은 도시다. 지역 축구팀으로 유명한 맨체스터 유나이티드는 영국의 여느 축구 클럽보다 많은 우승컵을 거머쥐어 높은 인기를 누린다. 이 팀은 일명 '붉은 악마'라고 불리며, 세계 최고의 수익을 거두고 있다. 맨체스터는 1917년 사

맨체스터의 타운홀 • 1877년 완공된 맨체스터의 대표적 건축물로, 85미터 높이에 이르는 시계탑이 상징적으로 자리하고 있다.

상 최초로 원자 분리에 성공한 대학의 소재지로도 유명하다. 맨체스터대학교에서 운영하는 조드렐 뱅크 천문대는 우주에 관한 초기 연구에 지대한 영향을 미쳤음을 인정받아 유네스코 세계 문화유산으로 지정되었다. 맨체스터는 역사상 최고의 음반 판매고를 기록한 뮤지션 그룹 '비지스BeeGees'를 배출하는 등 음악 분야에도 괄목한 만한 기여를 해왔다. 이곳의 건축물은 대부분 산업 시대에 지어진 것으로, 이 시기의 창고, 공장, 고가 철도와 운하가 아직도 많이 남아 있다.

현재 맨체스터가 위치한 지역은 적어도 청동기시대부터 고대 켈트 브리튼족의 정착 생활이 이루어졌다. 기원후 70년대 무렵에는 로마인이 이곳을 점령했다. 그들은 이 전초기지를 '마무시움Mamucium'이라고 불렀는데, '젖가슴 모양의 언덕'이라는 뜻의 고대 브리튼어를 라틴어로 바꾼 것으로 추정된다. 마무시움에 '요새 마을'을 의미하는 라틴어 카스트룸castrum에서 유래한 접미사 '체스터'가 붙어 '맨체스터'라는 이름이 탄생했다. 로마인들이 영국을 떠나고 중세와 노르만인 정복기를 거치는 동안 맨체스터에는 수많은 왕국이 번갈아 들어섰다. 맨체스터는 14세기 직물 무역으로 처음 이름을 알렸다. 당시 플랑드르 지방의 직공들이 몰려들어와 마을에 정착한 뒤, 리넨과 양모를 생산하기 시작했다. 16세기 무렵에는 지역 경제가 양모 무역을 중심으로 돌아가게 되었다. 이때는 가내수공업으로 양모를 생산해야 해서 많은 시간과 노력이 필요했다.

산업혁명 이전인 18세기 초, 맨체스터는 인구 1만 명이 채 안 되는 작지만 번성했던 시장 도시였다. 이 도시는 기술의 발달로 직물 산업의 효율성이 높아지면서 1760년대부터 가파르게 성장하기 시작했다. 운하가 발달하고 기후가 면화 재배에 적합한 데다 상품이 드나들기 좋은 입지여서 기술만 제대로 받쳐준다면 이내 산업의 중심지로 부상할 운명이었다.

산업혁명은 1764년이나 1765년, 맨체스터에서 북서쪽으로 40미터 떨어진 오스왈트위슬에서 다축 방적기가 발명되면서 시작된 것으로 알려져 있다. 다축 방적기는 여러 개의 축을 활용해 양모나 면사를 더 빠르게 휘감는 틀이었다. 다축 방적기의 발명 덕분에 최초로 완전한 기계화 생산이 가능해졌다. 이후 1771년에는 맨체스터에서 남동쪽으로 80미터가량 떨어진 크롬포드 공장에 물레바퀴의 동력으로 프레임을 회전시키는 신규 발명품 워터 프레임이 설치되었다. 1779년경, 맨체스

| **뮬 정방기** · 다축 방적기와 물레바퀴가 결합되어 훨씬 빠르게 실을 생산할 수 있다.

터에서 북서쪽으로 25미터 떨어진 볼튼에서 발명가 새뮤얼 크롬프턴 Samuel Crompton(1753-1827)은 다축 방적기와 물레바퀴를 결합한 '뮬 정방기'를 만들었다.

뮬 정방기 덕분에 생산 공정의 속도가 매우 빨라졌다. 알파카 털 같은 섬세한 섬유에서 원사를 생산할 때는 지금도 다양한 버전의 뮬 정방기를 사용하고 있다. 이내 이 신기술을 활용한 수력 방직 공장이 맨체스터 전역에 등장했다.

뮬 정방기가 도입된 지 불과 2년 후인 1781년, 실용적 증기기관이 개발되면서 방직 공장도 더욱 강력한 증기로 운용되기 시작했다. 증기 동력은 산업의 판도를 완전히 바꾸어놓았다. 기원후 1세기에 이미 알렉산드리아의 영웅이 증기 동력을 가리켜 '새로운 바람'이라고 묘사했던 것처럼 인류는 이미 증기 동력에 관한 지식을 가지고 있었다. 하지만 마침내 증기를 실질적으로 활용활 능력을 갖추게 된 순간이야말로 산업혁명이 촉발된 결정적 순간이었다. 개선된 증기기관 덕분에 영국의 직물 산업이 빠르게 산업화되면서 직물을 방적하고 직조하는 속도가 유례없이 빨라졌다.

1782년에는 맨체스터에 최초의 면화 공장이 문을 열었다. 5층 건물로 '심슨의 공장'이라고도 불린 슈드힐 공장은 지름이 10미터인 물레바퀴와 최첨단 증기 동력을 사용했다. 1800년경, 맨체스터에 있는 방적 공장만 40곳이 넘었다. 맨체스터에 그야말로 '증기 방적 공장 열풍'이 분 것이다. 그해 맨체스터의 인구는 18세기 초보다 거의 10배 가까이 증가해 8만 9천 명에 달했고, 1801년부터 1820년대 사이에도 그 두 배로 증가했다. 1830년 무렵, 맨체스터에 이름난 면방직 공장만 99곳에 이른 한편, 리버풀과 버밍엄 등 잉글랜드 북부의 다른 지역에는 중공업 공장이 많이 들어섰다.

1800년에는 리버풀과 맨체스터를 잇는 세계 최초의 현대식 철도가 개통되어 그렇지 않아도 호황을 누리던 맨체스터의 직물 산업을 더욱 뜨겁게 달구었다. 리버풀 항구에서 맨체스터의 공장으로 들어오는 원자재뿐 아니라 맨체스터에서 나가는 완제품도 더욱 빠르게 운송할 수 있었기 때문이다. 리버풀과 맨체스터를 잇는 50미터 길이의 철도는 세계 최초의 증기기관차 전용 철도이자, 세계 최초의 도시 간 철도였다. 복선 철로를 사용하고 정규 시간표에 따라 운행하며 신호 체계를 도입하고 우편물을 운송한 최초의 철도이기도 했다. 1850년 1차 산업혁명

| 리버풀-맨체스터 철도 · 리버풀과 맨체스터를 잇는 철도에서 기차가 화물을 싣고 달리는 모습이다.

이 끝날 무렵 맨체스터에는 약 40만 명의 인구가 거주하고 있었다. 이전에는 잘 알려지지 않았던 시장 도시가 런던에 버금가는 도시로 등극하면서 결국에는 영국 제2의 도시로 불리게 되었다.

시골과 아일랜드의 청춘 남녀가 새로운 공장과 방적소의 일거리에 이끌려 맨체스터로 쏟아져 들어오면서 인구가 급증했다. 사람들은 공장의 노동 환경이 아무리 가혹해도 허리가 휘는 농사일이나 (많은 고용주가 하인을 멋대로 구타하던 시대의) 하인 노릇보다는 낫다고 여겼다. 공장 급여는 시골 지역의 다른 일자리에 비해 높아서 도시로 이주한 사람들의 소득이 눈에 띄게 증가했다. 그렇게 차츰 역사상 최초로 대규모 중산층이 형성되었다.

그렇다고 해서 산업혁명 초기 맨체스터 공장의 노동 환경이 좋았다는 것은 아니다. 장시간 노동은 기본이었고, 산업재해가 많았던 데다 아동노동도 빈번하게 이루어졌기 때문이다. 아동노동은 산업혁명이 일으킨 혁신이 아니라 가난한 사람들 사이에선 태곳적부터 이어져 온 비극의 역사다. 사실, 아동노동이 재고되기 시작한 것도 산업혁명으로 생활 여건이 크게 개선된 후의 일로 1833년 영국에서 이와 관련된 법이 제정되었다. 세계 최초의 아동노동 방지법으로 간주되는 이 법안 이후 관련 법안들이 뒤따랐다.

최초로 산업혁명이 진행되던 시기에 맨체스터를 방문할 수 있었다면 증기기관차를 타고 도시에 진입한 뒤 사람들로 북적이는 기차역을 가장 먼저 마주했을 것이다. 역에서 나오면 시인 윌리엄 블레이크가 "사악한 어둠의 공장"이라고 칭했던 공장 굴뚝들이 스카이라인을 형성하고 있었다. 1814년 영국 공무원 요한 메이 Johann May는 이 스카이라인을 다음과 같이 기술 발전의 상징으로 묘사했다.

> 맨체스터에는 5층과 6층 높이로 우뚝 솟은 수백 개의 공장이 있다. 이 건물들 한쪽의 대형 굴뚝에서 뿜어져 나오는 석탄의 검은 증기는 강력한 증기기관이 사용되고 있음을 암시한다. 멀리서도 한눈에 들어오는 이 증기구름은 집들까지 검게 만들어버렸다.

도시는 귀가 먹먹해질 정도의 소음으로 가득 찼을 것이다. 프랑스의 정치 철학자 알렉시스 드 토크빌 Alexis de Tocqueville(1805-1859)은 1835년의 맨체스터를 가리켜 "기계 바퀴의 굉음, 증기가 보일러에서 배출되는 소리, 베틀의 규칙적 박동 소리 … 는 절대 피할 수 없는 소음"이라고 설명했다. 거리에서는 각종 시위대를 맞닥뜨릴지도 모른다. 맨체스터는 옥수수법 폐지를 주장하고 여성의 참정권과 공산주의를 지지했던 급진적 정치 운동의 선봉이었다(옥수수법은 영국으로 수입되는 식량과 곡물에 관세를 부과하는 법이었다. 1846년 리처드 코브덴Richard Cobden과 존 브라이트John Bright 같은 개혁가들의 선동에 힘입어 이 법이 폐지되면서 자유무역을 향한 움직임이 본격화되었다).

독일의 정치 철학자이자 칼 마르크스Karl Marx(1818-1883)의 재정 후원자였던 프리드리히 엥겔스Friedrich Engels(1820-1895)는 1842년 맨체스터에 발을 들였다. 그는 낮에는 면직물 상인으로 일하고 밤에는 도시 빈민층에 대한 글을 쓰며 생활했다. 1844년 출간한 『잉글랜드 노동계급의 상황The Condition of the Working Class in England』이 그 정점의 작품이다. 다음은 그가 맨체스터 빈민가에 대해 적은 구절이다.

> 사방이 높은 공장으로 둘러싸여 … 다소 깊은 구멍에는 … 200여 개의 오두막이 두 구역으로 나뉘어 다닥다닥 붙어 있다. 이곳에 거주하는 4,000명은 대부분 아일랜드인이다. 오두막은 낡고 더러운 데다 이보다 더 작을 수 없고 … 거리 역시 울퉁불퉁하고 움푹 꺼진 데다 일부는 배수구나 포장재도 없다. 온 사방의 웅덩이에는 쓰레기와 내장, 역겨운 오물이 가득하다.

엥겔스가 미처 알지 못했던 게 있다면 이렇게 참혹한 수준의 빈곤이 실제로는 역사상 처음으로 감소하고 있었다는 사실이다. 그의 생애에 걸쳐 영국인은 이전보다 세 배 더 부유해졌다.

대다수 인류에게 가난이란 당연한 것이었다. 그러다 갑자기 평균 소

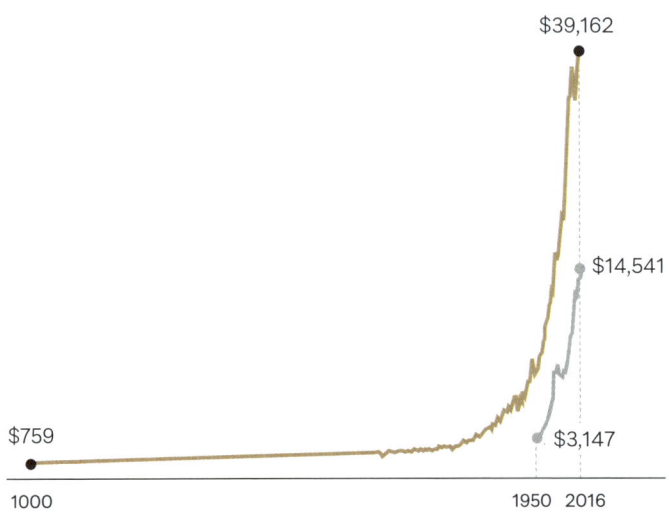

하키 스틱 그래프 • 지난 2세기 동안 그 이전 세기를 모두 합친 것보다 훨씬 많은 경제 성장을 이루어냈다.

득이 상승하기 시작했고, 상승 폭 또한 기하급수적으로 커졌다. 어쩌면 세계에서 가장 중요한 그래프라 할 수 있는 '하키 스틱 그래프'는 이 같은 극적 변화를 잘 보여준다. 인류는 지난 2세기 동안 그 이전 세기를 모두 합친 것보다 훨씬 많은 경제 성장을 이루어냈다. 이내 빈곤율이 급격히 떨어지고 생활 수준이 향상되었으며, 기대 수명도 늘어났다. 경제사학자 디어드리 맥클로스키Deirdre McCloskey는 이 같은 변화를 '위대한 풍요'라고 일컬었다.

엥겔스는 30년간 맨체스터를 비롯해 여러 지역을 돌며 생활했다. 맨체스터에서는 친구이자 동료인 독일 철학자 칼 마르크스가 그를 여러 차례 방문했다. '위대한 풍요'가 진행 중이라는 사실을 알아차리지 못한 채 맨체스터와 다른 공장 도시의 생활고에만 주목한 두 남성은 노동자의 파라다이스 창조를 목표로 하는 정치 철학을 개발했다.

하지만 이들이 제안한 해결책은 훨씬 큰 고통을 초래하는 비극을 낳았다. 식량 부족 사태가 일어나고 수용소가 설치된 데다 1억 명의 사망자까지 발생한 것이다. 그로 인한 심리적 상처가 오늘날에도 지속되고 있다. 이전에 공산주의를 표방했던 국가들은 오늘날에도 부정이 만연하고 정부에 대한 신뢰도도 높지 않다. 아이러니하게도 더 짧은 노동시간과 더 높은 소득이라는 마르크스와 엥겔스의 목표는 시장 경제에서 달성되었다.

맨체스터는 전형적 산업 도시로서 '세계의 공장'이라고 불린다. 산업화 초기의 중심지로서 이따금 어려운 전환기를 거치며 세계사에 막대한 영향을 미쳤다. 산업화로 창출된 전례없는 규모의 부는 결국 노동 환경 개선과 생활 수준의 향상으로 이어져 산업화 이후에 놀라운 풍요를 일구어냈다.

31
런던
노예해방

다음으로 살펴볼 도시는 18세기 말부터 19세기 초 사이의 런던London이다. 당시 런던에서는 인권의 본질에 대한 논의가 끊임없이 이루어져 세상을 변화시키는 초석이 되었다. 오늘날 우리에게는 인간이 다른 인간을 사거나 팔 수 없는 게 지극히 당연하지만, 인류가 이 같은 수준에 도달하기까지는 상당한 시간이 걸렸다. 노예제는 수천 년간 전 세계에서 별다른 논란 없이 시행되었지만, 현재는 대부분 국가가 이를 금지하고 있다. 아직까지 암암리에 시행하는 곳도 있기는 하지만 이 자체로도 놀라운 발전이다. 런던은 노예제 폐지를 위해 치열하게 싸웠고 노예제를 바라보는 시각을 완전히 뒤바꿈으로써 자유라는 값진 승리를 얻어냈다.

오늘날 런던은 굳이 소개할 필요가 없을 정도로 유명하다. 영국의 수도로 가장 많은 인구를 자랑할 뿐 아니라 세계 최고의 글로벌 도시로 손꼽힌다. 상업, 금융, 예술, 교육, 연구의 중심지로 인정받으며 세계 최고의 인기를 누리는 관광지이기도 하다. 버킹엄 궁전, 도시의 상징인 빅벤 시계탑, 대영박물관과 유럽에서 가장 높은 관람차인 런던아이가 도시를 지킨다. 웨스트민스터 사원부터 중세 유적인 런던탑, 큐 가든과 그리니치 해변까지 유네스코 세계 문화유산도 네 개나 있다.

오늘날 런던이 있는 지역에서는 청동기시대부터 정착 생활이 시작되었다. 하지만 런던이 세계사에서 존재감을 드러내기 시작한 것은 43년, 로마인들이 이곳에 항구 정착지를 세운 이후였다. '론디니움'이라고 불린 이곳은 이내 인근 무역의 거점이자 주요 도로의 교차점으로서 로마인들이 브리타니아 지역을 지배하는 동안 수도 역할을 했다. 로마인들이 떠난 뒤에는 앵글로색슨족이 런던을 장악해 잉글랜드 왕국의 수도로 지정했다. 1066년 노르만인의 정복 이후 '정복왕' 윌리엄 1세^{William I}(1028?-1087)가 잉글랜드 왕위에 오르고부터는 런던에서 사상 최초로 노예제를 제한하려는 움직임이 시작되었다.

윌리엄 1세(1028?-1087) · '정복왕 윌리엄'이라고 불렸던 그는 최초의 노르만계 잉글랜드의 군주로, 1066년부터 사망한 1087년까지 즉위했다.

세계 각국은 오랜 시간에 걸쳐 노예제를 산발적으로 비판해왔고, 이를 규제하거나 일시적으로 금지하기도 했다. 가령 기원후 9년, 중국 전한 말에 황제 왕망에 의해 노예제가 폐지되었다가 얼마 지나지 않아 재개되는 일도 있었다. 노예 출신이었던 7세기 프랑크왕국의 여왕 바틸다는 기독교도 노예의 거래를 막기 위한 개혁을 시행했다. 740년대에 교황 자카리아는 무슬림의 기독교인 노예 매입을 금지했다. 873년에는 교황 요한 8세가 기독교인을 노예로 만드는 것은 죄악이라고 칭하며 노예 석방을 주장했다.

하지만 노예제 규제 조치가 꾸준히 이어지며, 세계에 영감을 준 곳은 런던이었다. 1080년대에 잉글랜드와 웨일스 일부 지역에 대한 광범위한 조사를 바탕으로 작성된 책 『둠스데이 북Domesday Book』에 따르면, 이 지역 인구의 10퍼센트가량이 노예였다. 1080년, 정복왕 윌리엄은 비기독교인의 노예 매입을 금했다. 1102년, 런던 교회 공의회 역시 잉글랜드 내 노예 매매를 금지했다. "앞으로는 누구도 감히 … 사람을 짐승처럼 파는 악명 높은 사업에 관여하지 말라"는 게 칙령의 내용이었다.

잉글랜드에서는 세대교체가 채 이루어지기도 전에 노예제가 거의 사라지고 농노제가 그 자리를 대신했다. 농노는 노예와 달리 적어도 재산을 소유할 수 있었고, 가족과 헤어질 위험도 없었다. 하지만 자신이 일하는 땅에 영원히 매여 있었기 때문에 거주지를 옮기는 것만큼은 허용되지 않았다. 또한 봉건 영주가 영토를 매매하더라도 농노는 매매 대상이 아니어서 농노가 섬기는 주인이 바뀔 수도 있었다(중세의 잉글랜드는 노예제를 금하기는 했지만 현대의 인권 기준에서 보면 그 환경도 열악하기 짝이 없었다. 종교의 자유만 봐도 에드워드 1세가 집권했던 1290년, 이 땅의 유대인들은 강제로 추방당했다).

태곳적부터 주요 문명지에서는 노예제가 다양한 형태로 시행되었다. 노예제는 고대 수메르인이 노예제를 실시한 기원전 3500년경 혹은 그 이전부터 존재해왔다. 항해술의 발달로 전 세계 모든 지역에서 노예가 거래되었는데, 16세기부터 19세기 사이 왕성하게 일어난 대서양 무역을 통해 사하라사막 이남 지역의 아프리카인 수백만 명이 대양을 건너 노예로 팔려가기도 했다.

사하라사막 이남의 아프리카 지역에서 노예를 처음 거래한 외국인은 아랍인이었다(사우디아라비아는 1962년까지도 노예제를 법으로 금지하지 않았다). 하지만 이내 유럽인이 해상 노예무역의 주역으로 떠올라 약 1,100만 명의 노예를 아프리카 밖으로 실어 날랐다. 최초이자 최악의 범죄자는 포르투갈인로, 이들은 아프리카 노예 500만여 명을 자국 식민지인 브라질로 운송했다.

영국은 그다음으로 많은 아프리카 노예를 자국의 여러 식민지로 이송했다. 훗날 미국이 된 영국의 북아메리카 식민지에는 최소 30만 명의 아프리카 노예가 운송되었다. 하지만 영국 안에서는 정복왕 윌리엄의 개혁 이후 노예제가 거의 사라졌고, 대다수 영국인이 노예제에 반대했다.

널리 알려진 것처럼 아프리카 노예는 인간이 아닌 재산으로 취급당했고, 노예 운반선 역시 열악하기 짝이 없어서 여정 도중 사망하는 이들도 많았다. 항해에서 가까스로 살아남은 노예 대부분은 신대륙 농장에서 지독한 강제 노동을 견뎌내야 했다. 북아메리카 지역의 노예도 가혹한 취급을 받았지만 카리브해와 브라질 농장의 노예야말로 최악의 환경에 내던져졌고, 그만큼 죽어나가는 사람도 많았다.

바베이도스의 십 대 노예 조너선 스트롱은 1765년에 주인의 손에 이끌려 런던에 왔다. 어느 날 주인이 그를 권총으로 구타한 뒤 거리에 내다버렸다. 앞을 거의 볼 수 없는 상태로 피 흘리며 쓰러져 있던 그는 가까스로 민싱 레인에 있는 빈민층 치료소로 후송되어 치료를 받던 중 잠시 들른 주치의의 형 그랜빌 샤프에게 강렬한 인상을 남기게 된다.

더럼에서 태어났지만 열다섯 살부터 런던에 살았던 샤프는 이 만남 이후 전혀 다른 삶을 살게 되었다. 샤프 형제는 스트롱을 병원으로 옮긴 뒤 몇 달에 걸친 치료 비용을 전부 대주었다. 덕분에 스트롱은 건강을 회복해 퇴원할 수 있었지만, 다시 이전 주인에게 붙잡혀 자메이카 농장으로 팔려갈 위기에 처하게 되었다.

샤프는 법정 다툼에서 이전 주인을 이기고 형식적으로나마 스트롱의 자유를 지키는 데 성공했다. 하지만 비극적이게도 스트롱은 권총 공격의 후유증에서 완전히 회복하지 못하고 1770년, 스물다섯 살의 나이에 사망하고 말았다. 이후 샤프는 인간이 강제로 노예가 되어 영국에서 추

〈노예 무역〉(1791) · 영국 로코코시대 화가 조지 몰랜드의 작품이다. 영국은 여러 식민지에 아프리카 노예를 운송해 막대한 이익을 챙겼다.

방당하는 것을 불법으로 규정하는 데 자신을 바쳤고, 그로 인해 계몽주의 사상가이자 노예제 반대 운동가라는 명성을 얻게 되었다. 영국에서는 이러한 노예제 폐지 운동이 점차 확산되었다.

1769년, 제임스 서머셋이라는 노예가 런던으로 팔려 올 계획이었지만, 1771년 탈출에 성공했다. 하지만 두 달도 채 되지 않아 다시 체포되었고 그를 자메이카에 노예로 팔기 위한 절차가 진행되었다. 이때 런던 시민 세 명이 서머셋의 청문회를 요청하는 청원을 제기해 승인받았고, 많은 영국인은 서머셋이 변호인을 고용할 수 있도록 돈을 보냈다. 다수의 변호사가 무료 변호를 자처했고, 샤프까지 나서서 서머셋의 변호사들에게 폭넓은 조언을 해주었다.

윌리엄 데이비라는 한 변호사는 서머셋을 변호하는 과정에서 1569년에 어느 목수가 노예 한 명을 러시아에서 잉글랜드로 데려오려고 했던 사건을 인용한 것으로 잘 알려져 있다. 당시 이 사건은 잉글랜드의 공기가 노예에게는 걸맞지 않을 만큼 "너무 순수해서" 잉글랜드의 모든 이는 자유인이라고 판결했다. 런던 태생의 법학자 윌리엄 블랙스톤 경 Sir William Blackstone(1723-1780)은 "자유의 정신이 우리 헌법에 깊숙이 뿌리내려 있어, 노예는 잉글랜드에 도착하는 순간부터 자유인이다"라고 말했다.

결국 서머셋은 승소했다. 그가 영국에 있는 동안은 자유인이라는 것이 판결문의 내용이었다. 누구에게도 그를 강제 추방할 권한이 없었다. 이 판결은 노예제 폐지의 전환점이 되었다.

서머셋 사건의 판결이 내려질 무렵, 영국에는 노예가 없다는 사실이 영국인의 자부심으로 자리 잡았다. 오늘날의 시에라리온에 붙잡혀 있던 노예이자 전직 노예선 선장으로 찬송가 '나 같은 죄인 살리신'이라는 곡을 쓴 존 뉴턴John Newton(1725-1807)과 같은 성직자와 계몽주의의 여러 사상가, 일반 대중에게 노예제는 도덕의 문제이기도 했다.

1807년에는 갈수록 거세지는 대중의 압박과 윌리엄 윌버포스William Wilberforce(1759-1833) 같은 개혁가들이 끊임없이 노력한 덕분에 영국에서 국제 노예무역을 금지하는 데 성공했다. 파리와 빈에서도 유사한 법안이 통과되도록 외교적으로 압박을 가했지만, 그 노력은 실패로 돌아갔다. 이에 영국에서는 무력 사용을 촉구하는 대중의 목소리가 높아졌다.

윌리엄 윌버포스(1759-1833) · 영국의 정치인이자 자선가였으며, 대서양 노예 무역 폐지 캠페인을 벌였다.

1808년에 런던 의원들은 왕립 해군에 서아프리카 전대를 편성해, 서아프리카를 봉쇄함으로써 노예 운반선이 대서양을 건너는 것을 막으라고 지시했다. 서아프리카 전대는 1850년대가 되자, 약 25척의 배와 2,000명의 영국군, 주로 지금의 라이베리아에서 모집한 선원 1,000여 명의 규모로 구성되었다. 영국 해군 장교들은 노예 한 명을 구출할 때마다 포상금을 받았지만, 사실 그들에게 있어 가장 큰 동기는 인도적 마음이었다(당시 영국에서는 노예제에 반대하는 태도가 상당한 인기를 끌었다). 시인 앨프리드 테니슨Alfred Tennyson(1809-1892)은 "이 기사도 정신은 … 육지와 해상을 가리지 않고 노예무역에 맞서 싸우는 영웅적 행위에서 엿볼 수 있다"라고 말했다.

1808년에서 1860년 사이, 서아프리카 전대는 최소 1,600척의 노예선을 포획해 15만 명의 아프리카 노예를 해방하는 데 성공했다. 스페인과 포르투갈은 아프리카 상인으로부터 계속 노예를 사들이는 등 노예무역을 포기하지 않았다. 18세기 중반, 현재의 베냉 지역에 있던 다호메이 왕국의 테그베수 왕King Tegbesu of Dahomey은 전투에서 포획한 노예를 유럽인에게 판매해 그의 전체 수입과 맞먹는 연간 25만 파운드를 벌어들였다. 그의 후계자인 게조Ghezo는 1840년, 노예 매매를 중단하라는 영국의 압력에 맞서 다음과 같이 선언했다. "노예무역은 우리 민족의 통치 원칙이다. 이는 부의 원천이자 영광이다 … 이 땅의 어머니들은 전투 승전보와 함께 적군이 노예로 전락했다는 소식으로 아이를 재운다." 노예제를 바라보는 그의 태도는 당시 노예제가 전 세계적으로 얼마나 깊이 뿌리 내리고 있었는지 보여준다.

영국 해군은 결국 브라질을 봉쇄하고, 1852년 브라질 노예무역을 중단시키는 데 성공했다(비극적이게도 브라질에서는 노예의 소유권이 1888년까지 합법으로 유지되었다). 하지만 런던에서 시작된 노예제 폐지 운동의 여파는 여기서 멈추지 않았다. 1860년대, 스코틀랜드 의사이자 런던 선교회의 선교사였던 데이비드 리빙스톤David Livingstone(1813-1873)이 아프리카의 아랍 노예무역에 관한 보고서를 발표해 영국 대중에게 깊은 인상을 남김으로써 노예제 폐지 운동에 또다시 불을 지폈다. 1870년대, 영국 해군은 이번엔 잔지바르를 중심으로 이루어지는 노예무역을 막기 위해 또다시 모든 자원을 쏟아부었다. 이처럼 런던에서 시작된 노력 덕분에 19세기에는 노예제를 합법적으로 운용하는 나라의 수가 급감했다.

18세기와 19세기 런던의 의원들 또한 결코 완벽한 인간은 아니었지만, 노예제에 반대했던 그들의 열정이 세상을 더 나은 곳으로 만드는 데 공헌했다. 아일랜드 역사가 윌리엄 레키$^{\text{William Lecky}}$(1838-1903)은 "노예제 폐지를 위해 영국이 남모르게 펼친 과감한 전쟁들은 아마 세계 역사에서 최고의 미덕을 선보인 서너 페이지로 기록될 것이다"라고 말했다.

영국의 노예제 폐지론자들은 조직을 결성해 법정과 의회에서 승리를 거두었으며, 노예해방이라는 사명을 가진 군함을 진수했다. 궁극적으로는 문명이 시작된 이래 지속되어온 도덕적 규범을 바꾸는 데 일조했는데, 그 터전이 바로 런던이었다.

웰링턴

참정권

　다음으로 살펴볼 도시는 19세기 후반의 웰링턴 Wellington이다. 이 도시 덕분에 뉴질랜드는 사상 최초로 여성에게 투표권을 허용한 국가가 되었다. 당시로서는 매우 급진적인 움직임이었다. 뉴질랜드 의회에서 입법에 성공한 개혁가들은 이후 세계 각국을 돌며 참정권 운동을 전개했다. 웰링턴에서 시작된 개혁 덕분에 오늘날 여성은 추기경에게만 교황을 뽑는 투표권이 주어지는 바티칸을 제외하고는 모든 민주주의 국가에서 투표권을 행사할 수 있게 되었다.

　오늘날 웰링턴은 뉴질랜드의 수도이자 세계 수도 중 최남단에 있는 도시로 알려져 있다. 만灣 인근에 자리하고 있어 바람에 영향을 많이 받는다. 인구는 20만 명을 조금 웃도는데, 유행에 발맞춘 여러 가게와 카페, 해산물, 독특한 분위기의 바와 수제 맥주 양조장으로 유명하다. 예스러운 붉은색 케이블카가 여전히 운행 중이며, 1876년에 지어진 구

정부 청사는 세계 최대 규모의 목조 건축물로 손꼽힌다. 빅토리아산과 테 파파 박물관이 있고, 부두에서는 팝업 시장과 아트 페어가 자주 열린다. 젊음과 모험 정신이 넘치는 특유의 분위기 덕분에 새로운 사업을 시작하기 가장 쉬운 도시라고 일컬어지기도 한다. 또한 인근에 있는 웨타 스튜디오가 영화《반지의 제왕》시리즈로 이름을 날리면서 예술과 기술의 중심지로도 자리 잡았다.

현재 웰링턴이 위치한 지역은 10세기 후반, 마오리족의 전설적 추장 쿠페에 의해 처음 발견되었고, 이후 수 세기에 걸쳐 마오리족의 정착지가 되었다. 마오리족은 탐험가였던 아버지를 대신해 처음 이 지역을 발견한 남성의 이름을 따 이곳을 '테 왕가누이아 타라$^{\text{Te Whanganuia-Tara}}$', 즉 '타라의 위대한 항구'라고 불렀다. 또 다른 이름으로 '테 우포코 오 테 이카 아 마우이$^{\text{Te Upoko-o-te-Ika-a-Māui}}$'가 있는데 '마우이의 물고기 머리'라

쿠페 • 최초로 뉴질랜드 섬을 발견했다고 전해지는 전설적인 탐험가로, 왼쪽에 있는 여성은 그의 아내 쿠라마로티니다.

는 의미의 이 이름은 반신 마우이가 거대한 물고기를 잡았더니 뉴질랜드로 변신했다는 신화에서 비롯되었다.

1839년, 영국의 한 장군은 웰링턴이 교역에 최적화된 입지 조건을 지녔다고 판단하고, 이 지역을 마오리족으로부터 사들였다. 이내 항구를 중심으로 상업 지구가 조성되면서 도시가 번창하기 시작했다. 이듬해 영국 대표단과 마오리족의 추장들이 와이탕기 조약에 서명하면서 뉴질랜드는 영국에 편입되었고, 마오리족은 영국의 지배를 받게 되었다. 웰링턴은 뉴질랜드 최초의 대규모 유럽인 정착지로서 초대 공작이던 아서 웰슬리Arthur Wellesley(1769-1852)의 이름을 따서 명명되었다. 이 이름은 총리이자 1815년 워털루 전투에서 나폴레옹을 물리친 군사 지도자였던 그에 대한 경의의 표현이기도 했다.

뉴질랜드에는 '독립 기념일'이 없다. 실제로 이 나라의 주권은 1857년, 1907년, 1947년, 1987년에 발생한 주요 사건을 기점으로 서서히 확립되었다. 뉴질랜드는 1987년에야 비로소 영국이 뉴질랜드에 행사하고 있던 모든 잔여 입법권을 일방적으로 철회했다.

이 식민 국가의 인구 통계는 빠르게 변화했다. 1886년경까지도 영국인이 꾸준히 유입되었지만, 마오리족을 제외한 거주민 대다수는 영국 이민자가 아닌 뉴질랜드 태생이었다. 본인을 영국인으로 여기는 사람도 많았지만, '뉴질랜드인'이라는 용어가 갈수록 보편화되었다. 1896년 무렵, 뉴질랜드에는 70만 명이 넘는 영국인 이민자와 그 후손, 치열했던 뉴질랜드 전쟁(1845-1872)으로 영토를 잃은 4만여 명의 마오리족이 거주하고 있었다.

역사 전반에 걸쳐 여성은 정치에서 배제되기 일쑤였다. 남성 역시 일부를 제외하고는 정치에서 배제되었다는 사실을 기억하는 것도 중요하다. 정치권력이 왕가 등 소수 집단에만 집중되어 있었기 때문에, 대부분은 남녀를 불문하고 정치적 결정을 내리는 데 별다른 영향을 미치지 못했다. 비잔틴제국의 황후 테오도라Theodora(497?-548)부터 중국의 황후 측천무후(624-705)까지 정치에서 강력한 권력을 발휘한 여성도 있었지만, 모든 문명사회에서 통치자의 대다수는 남성이었다.

다시 말해, 정치 제도가 거의 모든 사람을 배제할 만큼 상당히 배타적이었던 세상에서 여성은 남성보다 소외될 확률이 높았다. 마찬가지로 19세기 민주화 물결로 정치 참여의 폭이 전례 없이 넓어졌을 때도 여성은 투표인단 명부에 여전히 이름을 올릴 수 없었다.

초창기 뉴질랜드도 예외는 아니어서 여성은 투표권을 얻지 못했다. 사람들은 대개 여성이 할 수 있는 일은 가사뿐이어서 '공적 생활'은 남성에게 맡겨야 한다고 믿었다. 하지만 19세기 후반에 본래 남성이 점유했던 직업군에 진출하는 여성이 늘어나면서 여성도 공적 영역에 참여할 능력을 갖춘 존재로 여겨지기 시작했다.

이 같은 변화로 뉴질랜드의 참정권 운동은 활기를 띠기 시작했다. 케이트 셰퍼드 Kate Sheppard(1847-1934) 같은 여성 참정권 운동가들은 여성 참정권을 지지하는 대중이 늘고 있다는 증거로 서명을 모아 제출했고 1891년, 1892년, 1893년에 각각 여성 참

케이트 셰퍼드 · 영국 리버풀 출신의 뉴질랜드 이주민으로 뉴질랜드 최초의 여성 운영 신문인 사의 편집자. 여성의 참정권을 홍보한 대표적 인물이었다.

정권의 보장을 요구하는 청원을 연이어 제기했다. 1893년의 여성 참정권 청원서에는 약 2만 4천 명이 서명했다. 이때 웰링턴 의회에 제출한 서류 뭉치를 이어붙이면 총 270미터에 이를 정도였다.

뉴질랜드의 남성들도 지지를 보내며 참정권 운동에 힘을 실어주었다. 뉴질랜드는 '식민지 변방'에 있는 국가로서 여성보다 남성의 수가 훨씬 많았다. 척박한 환경의 외국으로 이민을 떠나는 이들 가운데는 독신 남성의 비율이 높았기 때문이다. 배우자 찾기가 절실했던 뉴질랜드 남성들은 더 많은 여성을 뉴질랜드로 끌어들이기 위해 노력했다. 뉴질랜드인의 상당수는 더 많은 여성이 들어와야 사회가 안정되어 범죄와 음주율이 줄고 도덕적 기준도 높아질 것이라고 믿었다.

실제 연구에 따르면 성비 차이가 클수록 사회문제가 생길 확률도 높아진다. 남성이 여성보다 훨씬 많은 사회에서는 남성의 우울증, 공격성, 폭력 범죄 비율이 훨씬 높은 것으로 나타났다. 이는 배우자를 찾지 못한 남성들이 배우자를 만날 희망이 없다고 느낄 때 생기는 절망감 때문에 벌어지는 현상이었다.

19세기 뉴질랜드에서는 여성이 남성보다 도덕적으로 우월하다거나 사회에 이로운 방향으로 행동할 확률이 높다는 견해가 지배적이었다. 참정권 지지자들은 이 같은 신념에 기반해 여성을 '도덕 시민'으로 규정하고 여성이 투표할 수 있는 사회는 더욱 덕망이 높아질 것이라고 주장했다. 특히 여성 참정권 운동은 금주 운동과도 밀접하게 연관되어 있어서 도덕적 이유로 금주법을 지지하는 남성은 여성의 투표권 역시 지지할 가능성이 높았다.

이는 뉴질랜드만의 예외적 사례가 아니었다. 일찍이 여성에게 투표권을 부여한 다른 국가 역시 전형적인 '변방' 사회였다. 이들 나라도 뉴질랜드와 마찬가지로 국민 대다수가 남성이었고, 여성 유권자들의 도덕성이 훨씬 뛰어나 사회 병폐에 맞서 싸울 것이라는 신념을 갖고 있었다. 대표적 사회 병폐로는 알코올을 비롯해 미국 서부에서 일어난 초창기 '후기 성도 운동' 추종자 일부가 실천한 일부다처제를 들 수 있다(당시에는 이 집단에 대한 선입견이 만연했다). 여성은 불필요한 전쟁에 반대하고 비교적 평화로운 외교 정책을 추진할 것이라는 믿음도 강했다. 미국에서 여성 참정권을 가장 먼저 도입한 주로는 서부 산악 변방 지대의 와이오밍(1869, 독립 이전), 유타(1870, 역시 독립 이전), 콜로라도(1893), 아이다호(1895)를 들 수 있다. 오스트레일리아 남부(1894)와 서부(1899) 변방의 지역도 동일한 패턴을 따랐다.

뉴질랜드는 여성에게 투표권을 부여한 최초의 국가로 역사를 선도했다. 참정권 운동가들의 끊임없는 노력과 수많은 남성의 지지를 목격한 뉴질랜드 정부는 급진적 조치로 화답했다. 1893년 9월 19일, 웰링턴 주지사 글래스고 경은 새로운 선거법을 승인하면서 여성도 의회 선거에서 투표권을 행사할 수 있는 길을 열었다.

이후 웰링턴 여성들은 정치에 적극적으로 참여했다. 뉴질랜드는 세 명의 여

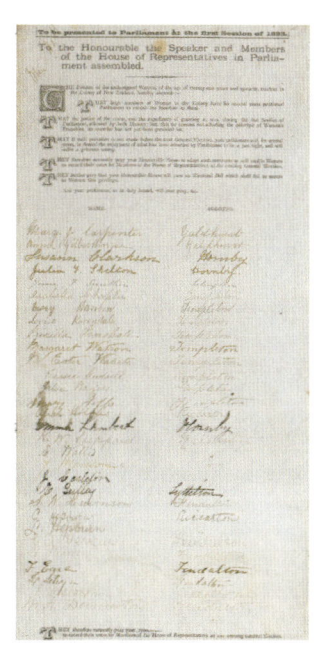

여성 참정권 청원서 · 1893년 셰퍼드의 주도로 총 3만 1,872명이 서명한 이후 1893년 선거법안에서 여성에게도 참정권이 허용되었다.

웰링턴

성 총리를 배출했고 헌법상 각 정부 요직에도 여성이 대거 포진해 있다. 총리, 총독, 하원의장, 법무부 장관과 대법원장까지 다양한 영역에서 여성들이 활약했다. 뉴질랜드는 법적 양성평등에 한 발짝 다가갔다는 자부심으로 참정권 운동가인 셰퍼드를 10달러짜리 지폐의 주인공으로 지정하기도 했다.

셰퍼드와 동료들은 투표권 입법에 성공한 이후 다른 나라를 돌며 외국에서도 참정권 운동이 확산하는 데 도움을 주었다.

지금이야 여성의 투표와 공직 출마가 당연하게 받아들여지지만, 당시만 해도 이는 혁명이나 다름없는 사건이었다. 미국 일부 지역에서는 1920년까지 여성에게 투표권이 없었고, 영국은 1928년에야 여성에게 완전하고 동등한 투표권을 부여했다. 이처럼 보편적 참정권이 보장된 것은 스페인은 1931년, 프랑스는 1945년, 스위스는 1971년이었으며, 리히텐슈타인은 무려 1984년까지 버텼다. 심지어 사우디아라비아는 2015년까지도 꿈쩍도 하지 않았다.

뉴질랜드 정부가 위치한 웰링턴은 자국 여성에게 투표권을 부여하자는 캠페인을 세계 최초로 성공시켰다. 여성 참정권 보장이라는 획기적 입법의 승리를 주도한 웰링턴은 인류 역사에서 인권 의식을 한층 끌어올린 도시로 당당히 이름을 올릴 만하다.

시카고

철도

　　　　　　　다음으로 살펴볼 도시는 증기기관 시대의 시카고 Chicago다. 시카고는 철도 대중화에 핵심 역할을 했으며, 오늘날에도 북아메리카 지역에서 가장 중요한 철도의 중심지다.

인구가 270만여 명인 시카고는 미국에서 세 번째로 인구가 많은 도시이자 다양한 영역에서 경제가 발전한 상업의 거점이다. 1885년 세워진 최초의 현대식 마천루를 비롯한 인상적인 건축물로 세계 건축에 한 획을 그었다. 본래 '시어스 타워'라고 불렸던 442미터 높이의 '윌리스 타워'도 이곳에 있다. 이 건축물은 25년여 동안 세계에서 가장 높은 건물이었으며, 지금도 미국에서 세 번째로 높은 건물이다. 많은 관광객이 이 타워의 전망대를 구경하기 위해 모여든다.

시카고는 음악, 시카고를 대표하는 '딥디시 피자'를 비롯한 먹거리, 예술, 유서 깊은 시카고 컵스 야구팀을 비롯한 스포츠, 노스웨스턴대학

윌리스 타워 • 1973년 시카고에 지어진 타워로 지상 108층 높이를 자랑하며, 1974년부터 1998년까지 세계에서 가장 높은 건물이었다.

교와 시카고대학교 등으로 유명하다. 특히 시카고대학교의 경우, 시카고 경제학파와 사회학파를 탄생시켰다. 시카고는 이탈리아계, 폴란드계, 아일랜드계 미국인 등 다양한 인종이 거주하는 다문화 도시다. 매년 아일랜드의 수호성인을 기리는 성 파트리치오 축일에는 도시를 가로지르는 시카고강이 초록색으로 물든다.

철도를 제쳐두더라도 시카고는 교통의 중심지다. 2022년, 시카고의 오헤어 국제공항은 세계에서 네 번째로 이용객이 많은 공항으로 선정되었고, 시카고를 지나는 연방 고속도로의 수도 미국에서 가장 많다.

현재 시카고가 위치한 지역에서는 다양한 토착민이 정착 생활을 해왔다. 오대호와 배가 다닐 수 있는 미시시피강 사이라는 매력적 입지

시카고

덕분에 오래전부터 교통의 중심지가 된 것이다. 토착민 외에 처음 이곳에 정착한 이들은 프랑스어를 사용했는데 '시카고'라는 이름은 당시 이 지역에서 많이 난 야생 마늘 이름을 프랑스어로 발음한 데서 유래했다 (이 작물은 지금도 음식점과 식료품점에서 찾아볼 수 있다).

토착민을 제외하고 시카고에 최초로 정착한 사람은 장 밥티스트 푸앵 뒤사블Jean Baptiste Point du Sable(1750-1818)이라는 아이티 태생의 아프리카계 개척자였다. 토착민 여성과 결혼한 이후 상인이 되어 생계를 꾸린 그는 사업이 번창하면서 부자가 되었다. 그가 시카고강 초입에 설립한 작은 정착촌이 점차 커져 도시를 이루게 되었고, 이 덕분에 그는 '시카고의 설립자'로 널리 알려지게 되었다.

시카고는 본래 어느 시골 마을에 지나지 않았다. 1837년까지만 해도 350여 명 정도가 소박하게 거주하는 도시였다. 하지만 주위에 비옥한 농장이 많은 데다 오대호에 배를 띄워 음식을 실어 나를 수 있어 좋은 입지로 평가받았다. 이에 기업가들은 일찍이 1830년대부터 교통 거점으로 기능할 수 있는 시카고의 잠재력을 눈여겨보고 토지를 투기에 가까운 수준으로 사들이기 시작했다. 1840년 무렵, 4,000명 정도였던 이 신흥 도시의 인구가 1850년에는 거의 3만 명에 육박했다.

이후 기차가 이곳에 도착하면서 시카고는 그야말로 다시 태어났다. 시카고 최초의 철도는 갈레나-시카고의 연합 철도였다. 1848년 10월 10일, 첫 기관차 파이오니어가 첫 운행을 시작했고, 시카고는 근 하룻밤 새 대규모 상업 중심지로 거듭났다. 1852년, 한 시카고 시민은 이 같은 질문을 던졌다. "3년 만에 도시 인구가 두 배로 늘고, 단칸방에서 장사하던 사람들이 이제 으리으리한 벽돌이나 대리석 매장을 갖고도 고

파이오니어 · 1848년 첫 운행을 시작해 1875년에 은퇴한 뒤 시카고 역사 박물관에 전시되어 있다.

객을 다 수용하지 못해 난리라니 놀랍지 않아요?"

1850년대에 시카고를 방문한 사라 제인 리핀콧Sara Jane Lippincott(1823-1904) 역시 놀라움을 금치 못하며 "이 도시의 성장은 현대 문명사에서 가장 놀라운 일"이라고 적었고 시카고를 가리켜 "번갯불에 콩 구워 먹는 도시"라고 불렀다. 1857년부터는 주철 철로가 견고한 강철 철로로 교체되는 혁신이 일어나면서 열차 속도가 두 배로 빨라져 운송 산업이 더욱 발전했다.

시카고 인구가 급격히 늘면서 공중 보건이 새로운 해결 과제로 대두되었다. 하수 처리 시스템이 충분히 갖춰져 있지 않아서 상수도가 병원균에 감염되었고 장티푸스나 이질 같은 질병이 발생했다. 심지어 1854년에는 콜레라가 확산해 시카고 인구의 6퍼센트가량이 사망했다.

시카고

이에 1850년대 말부터 1860년대에 걸쳐 민관이 협력해 도시의 배수 시스템을 개선하기 시작했다. 하수관을 설치할 공간을 확보하기 위해 도시를 5미터가량 들어 올리는 등 공학 부문에서 가히 초인적인 업적을 달성했다. 이 같은 공정을 일컫는 이른바 '시카고 들어 올리기'는 수백 명의 사람들이 초대형 스크류잭을 사용해 거대한 벽돌 건물과 거리, 보도를 들어 올리는 방식으로 이루어졌다. 도저히 상상이 안 된다면 아래 그림을 참고하기 바란다.

이는 시카고강의 흐름까지 뒤바꾼 근대 위생 운동에서 가장 놀라운 사건이었다. 노벨 경제학상 수상자 앵거스 디턴은 인간의 기대 수명이 극적으로 늘어난 것은 위생 시설이 개선된 덕분이라고 말했다.

1870년 무렵, 시카고 인구는 30만 명에 이르렀다. 그러던 중 비극이 닥쳤다. 1871년 10월, 건조한 날씨가 이어지던 무렵 대형 화재가 발생해 약 300여 명이 목숨을 잃었고 약 1만 7,500채의 건물이 파괴되었으

| **시카고 들어올리기** · 시카고는 하수관을 설치할 공간을 확보하기 위해 도시를 5미터가량 들어 올리는 가히 초인적인 업적을 달성했다.

며, 시카고 시민의 3분의 1이 넘는 10만 명 이상이 거리로 나앉게 된 것이다. 일반적으로 이 시카고 대화재는 아일랜드에서 이주한 캐서린 오리어리Catherine O'Leary(1827~1895)의 소 한 마리가 등불을 발로 찬 데서 시작되었다고 전해진다. 진위는 알 수 없지만 '오리어리 부인의 소' 이야기는 수많은 노래와 영화에 등장할 정도로 인기를 누렸다. 안타깝게도 이 이야기는 반아일랜드 정서에 의해 더욱 부풀려졌다. 1997년, 시카고 시의회는 오리어리 가족과 악명높은 소에게 무죄 판결을 내렸고, 오리어리 부인의 후손들은 명예를 되찾을 수 있었다.

 말 그대로 잿더미가 됐던 시카고는 마치 신화 속 불사조처럼 부활해 인류의 발전에 크게 공헌했다. 대화재 이후 시카고는 철도 산업을 중심으로 빠르게 재건되었고, 뛰어난 입지 조건 덕분에 철도를 기반으로 한

'오리어리 부인의 소' 삽화 • 1871년 잡지 『하퍼스 매거진』에 실린 것으로, 그녀와 가족들은 1997년에야 무죄 선고를 받게 되었다.

시카고

상업의 요충지로 급성장할 수 있었다. 이를 알아본 철도 기업들이 대부분 시카고에 본사를 설립하면서 시카고는 철도 장비를 생산하는 중심지로도 자리 잡게 되었다.

여섯 군데나 되는 시카고의 터미널은 이내 승객과 화물 열차의 굉음으로 가득 찼다. 도시와 지역을 가로지르는 통근 열차까지 등장해 시내 교통이라는 개념이 만들어졌다. 철도 황금기 시절의 모습을 그대로 간직한 '시카고 유니언 스테이션'은 오늘날 미국에서 세 번째로 붐비는 기차역이다.

최근 연구에 따르면 전국적 교통 시스템, 특히 철도의 발달이 19세기 미국의 도시화 및 산업화를 촉진한 것으로 나타났다. 이러한 교통 혁명 덕분에 시골 지역 노동자들이 도시로 이주해 생산직에 종사하기 시작했다. 열차는 미국 전역에서 상품의 유통 속도를 높여 각 지역의 전문 분야 개발에 일조했다. 미국 북동부 지역이 산업화되면서 중서부 지역은 급증하는 인구를 부양하기 위해 밀을 생산하는 이른바 미국의 곡창지대가 되었다.

다른 도시에서 상품을 싣고 온 화물 열차가 시카고의 중앙 작업장에 도착하면 노동자들이 이를 도시 외곽에 있는 대규모 분류 작업장으로 이동시켰다. 일부 철도 기업은 '유니온 야드'로 알려진 육류 포장 지구를 운영하면서 다른 지역으로 고기를 배달해 '세계의 정육점'이라는 별명까지 얻었다. 시카고의 육류 포장업자들은 컨베이어 벨트를 이용하는 근대의 '조립 라인'을 개발함으로써 산업가 헨리 포드 Henry Ford(1863-1947)의 자동차 생산 방식에 영감을 주었다.

시카고의 육류 포장 지구는 1906년 출간된 암울한 소설 『밀림 The Jungle』

에도 등장했다. 저자이자 사회주의자였던 업턴 싱클레어$^{Upton\ Sinclair}$가 가혹한 노동 환경을 고발하기 위해 이 소재를 차용한 것이었다. 이에 비해 1914년, 칼 샌드버그$^{Carl\ Sandburg}$(1878-1967)가 발표한 시 「시카고」는 시카고 노동 계층의 삶을 좀 더 균형감 있게 들여다본다. 시카고의 가혹한 평판을 인정하는 한편, 도시민의 기개를 축복하고 이들이 자기 일에 갖는 자부심 또한 놓치지 않았다. 시의 일부 내용은 다음과 같다.

> 나는 나의 이 도시를 비웃는 자들을 또 한 번 돌아보고
> 똑같이 비웃으며 이렇게 말한다.
> 이렇게 살아 있고 거칠고 강하고 교활한 것을
> 고개를 쳐든 채 자랑스럽게 노래하는 도시가 또 있으면
> 와서 보여주시오.
> …
> 태풍처럼 허스키하고 떠들썩한 젊음의 웃음,
> 반쯤 벗은 채 땀 흘리며 자부심으로 빛나는
> 도축업자, 도구 제작자, 밀 운반업자, 철도 기술자 그리고 화물 운송업자.

시카고는 번영을 거듭하며 문화와 혁신의 중심지로 자리 잡았고 그중에서도 교통 기술의 발전에 괄목할 만한 공헌을 했다. 1893년에는 세계 박람회가 열려 다양한 발명품들을 선보였는데, 그중에는 시카고 휠이라고도 불리는 페리스 휠, 무빙워크, 최초의 제3레일이 포함되어 있었다.

1900년 무렵, 시카고는 세계에서 다섯 번째, 미국에서는 뉴욕 다음으로 인구가 가장 많은 도시가 되었다. 만약 이 시대에 시카고를 방문할 수 있었다면 보행자와 마차, 전차와 기차로 성황을 이루는 도시를 만날 수 있었을 것이다. 화물 열차를 포함해 무려 2,000여 대의 열차가 매일 시카고를 드나들었으니 말이다. 철도 운송은 증기기관차가 과연 말을 앞지를 수 있을지 의심하던 시절로부터 그야말로 눈부신 발전을 이루었다.

시카고는 철도 혁명에 가장 핵심적 역할을 한 도시였다. "모든 길은 로마로 통한다"라는 말처럼 로마는 혁신적 도로 체계 덕분에 세계사를 바꾼 도시라는 명성을 얻었다. 오늘날에는 "모든 철도는 시카고로 통한다"라고 단언할 수 있다. 철도 여행 황금기의 시카고는 증기를 통해 도시화, 산업화, 궁극적으로는 위대한 풍요를 일군 도시였다.

로스앤젤레스

영화

다음으로 살펴볼 도시는 할리우드 황금기였던 1910년대부터 1960년대까지의 로스앤젤레스Los Angeles다. 로스앤젤레스는 영화 제작의 새로운 기법을 개척해 다른 나라에 전파했다. 그 과정에서 세계에서 가장 많은 사랑을 받은 대표작들이 탄생했다. 할리우드는 영화사에 독보적 공헌을 한 만큼 영화 제작과 거의 동의어처럼 쓰인다.

400만여 명이 거주하는 로스앤젤레스는 미국에서 두 번째로 인구가 많은 도시다(로스앤젤레스 카운티의 인구는 1천만 명에 육박한다). 로스앤젤레스를 고향으로 꼽는 유명인과 영화배우도 많다. 그밖에도 이 도시는 멋진 스포츠 센터와 공연장, 쇼핑과 밤 문화, 쾌적한 지중해성 기후, 끔찍한 교통체증, 아름다운 해변과 여유로운 분위기 등 다양한 특징을 지니고 있다. 영화 관련 테마파크인 디즈니랜드와 유니버설 스튜디오 할

할리우드 사인 · 산타모니카산맥의 리산(Mt.Lee)에 위치하고 있으며 미국 서부를 대표하는 랜드마크가 되었다.

리우드는 각각 연간 약 1,800만 명과 900만 명이 방문할 만큼 할리우드의 주요 관광지로 자리 잡았다.

  오늘날 로스앤젤레스가 위치한 지역에는 추마시^{Chumash}족과 통바^{Tongva}족을 비롯한 원주민이 최초로 정착해 살았다. 유럽인 중 처음 이곳을 발견한 사람은 1542년에 도착한 탐험가 후안 로드리게스 카브리요$^{Juan\ Rodríguez\ Cabrillo}$(1498?-1543)로, 로스앤젤레스의 카브리요 해변이 그의 이름을 따왔다. 1781년에는 스페인 정착민이 이곳에 작은 목장 공동체를 세우고 '우리의 숙녀이신 천사들 중 여왕의 마을'이라는 의미의 '엘 푸에블로 데 누에스트라 세뇨라 라 레이나 데 로스 앤젤레스'$^{El\ Pueblo\ de\ Nuestra\ Señora\ la\ Reina\ de\ los\ Ángeles}$라고 불렀다. 얼마 지나지 않아 이는 '푸에블로 데 로스 앤젤레스'로 축약되었다.

1821년, 멕시코 독립전쟁 이후 새롭게 독립한 멕시코가 스페인으로부터 이곳의 통치권까지 획득했다. 이후 멕시코-미국 전쟁(1846-1848)을 마무리하며 맺은 조약을 통해 멕시코는 향후 캘리포니아주가 되는 이 땅을 미국에 양도했다.

그해 캘리포니아에서 금이 발견되었다. 희망에 부푼 광부들이 몰려들었고, 1850년 캘리포니아가 주^{State}로 승격되자 이주는 더욱 가속화되었다. 첫 산업이 목축업이었던 역사에 걸맞게 로스앤젤레스는 캘리포니아주 최대 규모로 소를 보유하게 되었다. 금광 인구가 계속 느는데도 소고기와 유제품을 부족함 없이 제공해 '목축 카운티의 여왕'이라는 명성까지 얻었다.

로스앤젤레스 카운티의 영토 대부분은 소를 키우는 농장이었지만, 채소와 감귤류 재배에 전념하는 곳도 적지 않았다(로스앤젤레스는 오늘날까지도 브로콜리와 시금치, 토마토, 아보카도를 미국에서 가장 많이 생산하는 지역이다). 식품 산업이 번창하면서 도시도 성장하기 시작해 1850년에 1,600명 정도였던 인구가 1870년에는 약 6,000명으로 늘었다. 당시 로스앤젤레스는 미국의 100대 도시에 명함도 못 내밀 정도의 규모였다 (사실, 1870년 당시 캘리포니아 도시 중 100대 도시에 포함된 유일한 곳은 89위를 차지한 새크라멘토였다).

1883년, 정치인이자 부동산 개발업자였던 하비 윌콕스$^{Harvey\ Wilcox}$ (1832-1891)와 한참이나 어린 두 번째 부인 다이다(1861-1914)가 이 마을로 이주했다. 그들은 과수원을 운영할 요량으로 살구나무와 무화과나무밭을 400제곱미터 넘게 구입했지만, 사업에 실패하고 그 땅에 대규모 주택 커뮤니티를 지었다. 그리고 이 새로운 구획을 '할리우드'라고 불렀다. 전해지는 이야기에 따르면, 일리노이주에 있는 동명의 저택 혹은 오하이오주에 있는 동명의 마을에서 영감을 받았다고 한다. 이 지역에 풍부한 토종 관목으로 붉은 열매가 열리는 '토욘^{toyon}'이나 '캘리포니아 호랑가시나무'에서 영감을 받았다는 이야기도 있다. 로스앤젤레스 시의회는 이 이론에 경의를 표하는 의미로 2012년, 토욘을 로스앤젤레스의 '공식 토종 식물'로 지정했다. '할리우드'라는 이름이 실제로 어디서 유래했는지는 알 수 없지만, 다이다만은 공로를 인정받아 할리우드의 어머니로 불린다(그녀가 본래 할리우드를 술, 도박 등에서 자유로운 '금욕 공동체'로 만들려 했다는 사실은 아이러니하다).

사실이 무엇이든 간에 할리우드는 1900년 무렵, 우체국, 호텔, 마구간, 심지어 전차까지 갖춘, 작지만 부유한 마을로 출발했다. 1902년, 은행가이자 부동산 거물인 H. J. 휘틀리$^{H. J. Whitley}$(1847-1931)가 이 구역으로 이사했다. 그는 고급 주택을 짓고 전기와 가스, 전화선을 개통하는 등 마을의 발전을 이끌었다. 이 덕분에 그는 '할리우드의 아버지'라는 별명을 갖게 되었다.

할리우드는 1903년에 공식적으로 설립되었다. 하지만 하수 처리와 식수 공급을 자체적으로 감당하지 못해 1910년에 로스앤젤레스시와 합병되었다. 당시 30만 명가량이던 로스앤젤레스의 인구는 1930년, 100만 명을 넘어서더니 1960년에는 250만 명으로 증가했다. 도시 인구가 이렇게 폭발적으로 성장한 배경에는 다름 아닌 '영화' 산업이 있었다.

할리우드에서 완성된 최초의 영화는 1908년 선보인 《몬테크리스토 백작》이다. 당시는 영화라는 매체가 생긴 지 얼마 안 됐을 때였는데,

| **LA 최초의 영화사** · 1911년은 로스앤젤레스 최초의 영화 스튜디오인 네스터 스튜디오가 문을 연 역사적인 해다.

《몬테크리스토 백작》은 허구의 이야기를 담은 최초의 영화로 손꼽힌다. 촬영은 우리가 앞서 살펴본 시카고에서 처음 시작되었지만, 로스앤젤레스의 영화 관계자들이 제작을 마무리하면서 역사를 새롭게 썼다. 2년 후,《인 올드 캘리포니아In Old California》라는 영화가 사상 최초로 처음부터 끝까지 할리우드에서 제작되었다. 1911년에는 선셋 대로에 로스앤젤레스 최초의 영화 스튜디오가 만들어졌다. 다른 제작사들도 그 뒤를 따르면서 작은 물결이 이내 큰 홍수를 이루었다.

무수한 영화 제작자들이 로스앤젤레스로 이주한 이유는 무엇일까? 온화한 기후로 일 년 내내 야외 촬영이 가능하고 지형이 다양해 온갖 세트를 구축할 수 있으며, 땅값과 인건비가 저렴했기 때문이다. 하지만 무엇보다 중요했던 점은 이곳이 천재적 발명가 토머스 에디슨Thomas Edison(1847-1931)이 거주하던 뉴저지주에서 상당히 멀었다는 사실이다.

에디슨의 영화 특허권 회사는 영화 제작과 영화관 운영에 필요한 많은 기술을 독점 소유해 영화 산업을 독식했다. 에디슨은 1,000개가 넘는 특허를 보유했으며 소송을 일삼기로 악명 높았다. 에디슨의 회사는 심지어 마피아까지 고용해 그의 영화 관련 특허를 침해한 이들을 갈취하고 처벌했다.

캘리포니아는 에디슨의 분노를 피하기에 완벽한 장소였다. 동부 해안에 몰려 있던 마피아에게서 멀리 떨어져 있었고, 캘리포니아 판사 대부분이 에디슨의 특허권을 보호하는 데 소극적이었기 때문이다.

1915년, 마침내 대법원이 나서서 에디슨의 회사가 경쟁을 저해하는 불법 행위를 통해 영화 산업의 숨통을 조였다고 판결했다. 하지만 에디슨의 영화 관련 특허가 모두 만료되었을 무렵은 영화 산업이 이미 캘리포니아에 확고하게 뿌리를 내린 뒤였다. 에디슨은 미국의 영화 제작자들을 서부 해안으로 몰아냈다는 이유로 '의도치 않은 할리우드의 창시자'라고 불린다.

할리우드는 서사가 있는 무성 영화의 선두 주자가 되었고, 1920년대 중후반에는 '유성 영화'의 상업화까지 이끌었다. 초기의 유성 영화는 무척 짧았다. 1927년, 할리우드에서 배우의 목소리를 담은 최초의 장편 영화 《재즈 싱어》가 제작되었다. 이 영화가 인기를 끌면서 갈수록 많은 배우 지망생과 영화 제작자가 로스앤젤레스로 몰려들어 급성장하는 영화 산업에 합류했다.

1930년대에 로스앤젤레스의 제작사들은 온갖 혁신적 영화로 관객을 사로잡기 위해 경쟁했다. 아카데미 시상식, 즉 오스카 시상식이 1929년 한 로스앤젤레스 호텔의 비공개 만찬 자리에서 처음 열렸고, 1930년에 라디오로 중계되었다. 이는 오늘날까지도 영화계에서 가장 권위 있는 상으로 꼽힌다. 1934년 개봉해 많은 사랑을 받고 오스카상을 휩쓸었을 뿐 아니라 영화 리뷰 집계 사이트인 로튼 토마토에서 만점에 가까운 점수를 받은 《어느 날 밤에 생긴 일》을 비롯한 로맨틱 코미디, 뮤지컬, 서부극과 공포영화까지 새로운 시도가 계속되었다.

그 시대의 혁신은 오늘날까지도 영화에 많은 영향을 미치고 있다. 《킹콩》은 1933년에 처음 개봉했지만, 주인공인 거대 유인원은 2021년에 무려 열두 번째로 영화에 등장해 고질라와 싸움을 벌였다. 할리우드는 1937년 월트 디즈니(1901-1966)의 《백설공주와 일곱 난쟁이》를 통해 세계 최초의 장편 애니메이션 영화를 선보였고, 1939년에는 《오즈의 마법사》를 통해 컬러 영화를 대중화했다. 비록 최초의 컬러 영화는 아니었지만, 컬러 제작 기술이 널리 퍼지는 데 가장 크게 공헌한 작품이었다. 할리우드의 주요 제작사 중에는 루이스 B. 메이어[Louis B. Mayer](1884-1957), 새뮤얼 골드윈[Samuel Goldwyn](1879-1974), 해리(1881-1958), 앨버트(1884-1967), 워너브라더스[Warner brothers] 등 성공한 초기 제작자들의 이름을 딴 곳이 많다.

할리우드의 상징과도 같은 지금의 간판은 1923년 세워진 '할리우드랜드'라는 간판을 대신해 1940년대에 처음 등장했다. 이후 수십 년에 걸쳐 역사상 가장 많은 사랑을 받은 고전 영화가 제작되었다. 《시민 케인》(1941), 《카사블랑카》(1942), 《멋진 인생》(1946), 《사랑은 배를 타고》(1952), 《이창》(1954), 《12인의 성난 사람들》(1957), 《현기증》(1952), 《사이코》(1960), 《티파니에서 아침을》(1961), 《석양의 무법자》(1966)가 바로 그것들이다. 일부는 다른 곳에서 촬영되기도 했지만, 모두 할리우드를 기반으로 제작된 작품이었다. 《티파니에서 아침을》의 경우, 촬영은 뉴욕에서 이루어졌지만, 할리우드 스튜디오에서 제작되었고 실내 장면도 대부분 할리우드 세트장에서 찍은 것이었다. 이들 영화 중 상당수는 지금도 최고의 작품으로 손꼽히며, 인터넷 영화 사이트에서 최근작들을 제치고 높은 순위를 기록했다.

로스앤젤레스는 소규모 농장 마을에서 영화 제작의 중심지로 거듭나 새로운 예술 장르를 개척했다. 영화는 오락, 영감, 웃음, 스릴을 제공하고, 사람들을 하나로 모으는 매개체가 되며, 심지어 그들의 세계관을 바꿔놓기도 한다. 할리우드는 현대 영화의 본거지로, 영화를 즐기는 모든 이는 로스앤젤레스에 빚을 지고 있는 셈이다.

《티파니에서 아침을》(1961) • 오드리 헵번이 주연을 맡은 이 영화는 전 세계적으로 1,400만 달러의 수익을 올렸다.

뉴욕

금융

제2차 세계대전 이후 많은 도시가 폐허로 변하면서 뉴욕이 국제사회에서 새롭게 존재감을 나타냈다. 심지어는 런던을 제치고 국제 금융시장의 중심지로 떠올랐다. 곧이어 뉴욕의 월스트리트가 세계 최대의 규모와 권위를 자랑하는 증권시장으로 자리매김해 금융계를 장악했다. 월스트리트는 이제 지리적으로나 상징적으로나 자본주의의 중심이라고 여겨진다.

오늘날 뉴욕시는 미국에서 인구가 가장 많은 도시로, 800만 명이 넘는 사람이 이곳에 거주한다. 뉴욕 권역에 거주하는 인구는 2천만 명 이상으로 이곳은 세계에서 가장 북적이는 지역이다.

미국인에게 뉴욕은 기회를 상징한다. 뉴욕은 19세기와 20세기 내내 엘리스섬을 통과해 들어오는 이민자들로 문전성시를 이루었으며, 지금까지도 전 세계 이민자들에게 인기가 많다. 실제로 언어 다양성이 세계 최고 수준이라 할 만큼 거리에서 들려오는 언어만 해도 수백 가지에 달한다.

많은 사람이 출판, 연극, 상업, 패션, 대중매체, 금융투자 등 다양한 분야에서 자신의 이름을 알리겠다는 야심을 품고 뉴욕으로 모여든다. 게다가 실제로 성공한 사람들은 계속 그곳에 머물기 마련이어서 다른 어떤 도시보다 억만장자가 많다. 이 대도시는 별명만 해도 '잠들지 않는 도시' '빅애플' '고담'(작가 E.B. 화이트의 『샬롯의 거미줄』로 널리 알려진) '세계의 수도' '세계에서 가장 위대한 도시' 등 다양하다. 지역민들은 단순히 '도시 the city'라고 부르기도 하는데, 이는 구체적으로 맨해튼만을 의미할 때도 많다. 뉴욕은 브롱크스, (한때 독립된 도시였던) 브루클린, 맨해튼, 퀸스, 스태튼 아일랜드라는 5개 자치구로 구성되어 있다.

뉴욕은 문화적으로나 경제적으로나 중요한 도시다. 도시의 상징인 자유의 여신상, 우뚝 솟은 엠파이어 스테이트 빌딩, 브로드웨이 극장가, 신록의 센트럴 파크, 그리고 새해 전야의 볼 드롭 행사로 유명한 타임스퀘어까지 인기 관광지가 수두룩하다. 그만큼 세계에서 '사진이 가장 많이 찍힌' 도시로 손꼽히기도 한다. 만약 뉴욕 메트로폴리탄 권역이 하나의 국가였다면, 세계 8위의 경제 규모(현재 이탈리아에 해당하는 수치)를 자랑했을 것이다. 뉴욕은 뉴욕대학교, 컬럼비아대학교, 록펠러대학교를 비롯해 100곳이 넘는 대학이 있어 학문의 거점이기도 하다.

엠파이어 스테이트 빌딩 · 뉴욕의 랜드마크 중 하나로 한때 세계에서 가장 높은 빌딩이었다.

뉴욕

뉴욕은 지리적으로만 봐도 상업의 중심지가 될 운명을 타고난 도시다. 세계 최대 규모의 자연 항구를 끼고 있어 인간이 정착하기에 가장 뛰어난 입지를 자랑하기 때문이다. 본래 이곳에 거주하던 레나페족과 아메리카 원주민은 자연 물길을 이용해 물고기를 낚고 인근 부족과 교역하거나 전쟁을 치렀다. 이 구역을 최초로 방문한 유럽인은 이탈리아인 조반니 다 베라차노Giovanni da Verrazzano(1485-1528)였다. 그는 1524년에 프랑스의 위임을 받아 이곳을 탐험한 뒤 프랑수아 1세의 이름을 따 '뉴 앙굴렘New Angoulême'이라는 이름을 붙이고는 이내 이곳을 떠났다.

이후 1609년 '허드슨만'과 '허드슨강'이라는 이름을 제공한 영국의 탐험가 헨리 허드슨Henry Hudson(1565-1611 실종)이 이곳에 도착했다. 허드슨도 얼마 지나지 않아 이곳을 떠났지만, 그 전에 비버의 개체 수가 많다는 사실을 빠르게 알아차렸다. 당시에는 비버 가죽이 워낙 귀했기에, 이 소식은 빠르게 퍼져 17세기 초에는 네덜란드인이 이곳에 가죽 교역 기지를 상당수 설립했다. 그중에는 1624년, 네덜란드 서인도회사가 지금의 맨해튼에 설립한 정착촌도 포함되었다. 1626년에는 이곳에 암스테르담 요새가 건설되어 1790년 철거될 때까지 마을의 중심지 역할을 했다. 이 마을은 '뉴 네덜란드'로 불린 네덜란드 식민지의 수도로서 '뉴 암스테르담'이라고 불렸다. 뉴욕의 각 구역에서는 할렘, 브루클린 등 네덜란드어에서 유래된 이름을 지금까지도 많이 찾아볼 수 있다.

헨리 허드슨(1565-1611 실종)・허드슨만과 허드슨강을 발견한 잉글랜드 탐험가로, 훗날 식민지 건설과 교역을 위한 기초를 닦았다.

제2차 영국-네덜란드 전쟁(1665-1667)이 네덜란드의 승리로 끝났지만, 조약에 따라 영국이 뉴욕을 차지하게 되었다. 대신 영국은 오늘날 인도네시아에 해당하는, 육두구를 생산하는 작은 섬 룬과 수리남을 네덜란드에 양도했다. 당시에는 육두구의 상품 가치가 워낙 높고, 룬섬이 위치한 군도도 유럽에서 유명했던 반면, 뉴 암스테르담은 비교적 알려지지 않아서 영국이 큰 손해를 본 것처럼 여겨졌다. 오스트레일리아 역사학자 이안 버넷Ian Burnet은 "맨해튼의 작은 교역 마을이 현대의 대도시 뉴욕이 될 운명이라고 믿은 이는 거의 없었다"라고 말했다.

교환 직후, 뉴 암스테르담은 영국 왕 찰스의 동생 제임스의 이름을 따 뉴욕으로 바뀌었다. 요크 공작이자 제독이던 제임스가 전쟁 중 뉴욕시를 정복했기 때문이다. 도시는 무섭게 성장해 1700년경 5,000명 정

뉴 암스테르담(1664) • 1624년에 네덜란드는 허드슨강 하구에 식민지를 건설하고 '뉴 암스테르담'이라고 불렀다.

도였던 인구가 1776년 독립 당시에는 2만 5천 명으로 늘었고 1800년에는 6만여 명에 달했다. 이후 이민자가 계속 증가하면서 1900년에는 300만 명을 훨씬 넘어섰다.

뉴욕시가 세계적 도시로 거듭난 것은 제2차 세계대전 이후였다. 독일군은 소위 '아메리카 폭격기' 작전에 막대한 비용이 소요된다고 판단해 뉴욕 폭격 계획을 보류했다. 뉴욕은 유럽과 대서양을 사이에 두고 멀리 떨어져 있어 전쟁에서 무사히 살아남았을 뿐 아니라 승승장구하며 세계 비즈니스와 문화를 지배할 준비를 마쳤다.

1940년대 후반, 뉴욕은 4만 개의 공장과 100만 명의 공장 근로자를 자랑하는 세계 최대의 생산 중심지이자, 연간 1억 5천만 톤의 수상 화물을 처리하는 세계에서 가장 분주한 항구로 부상했다. 스탠더드 오일, 제너럴 일렉트릭, IBM 등 유수의 기업들이 국제 비즈니스를 위해 뉴욕에 정착하면서 그렇지 않아도 다양한 이름이 붙은 도시에 '본부 도시'라는 별명까지 추가되었다. 심지어 새롭게 탄생한 국제연합 역시 뉴욕에 본부를 두었다. 1947년 영국 작가 J. B. 프리스틀리^{J. B. Priestley}는 "40년 전의 뉴욕은 미국 도시였다"라고 회상하며, "오늘날 세계는 뉴욕의 것이 아니지만, 뉴욕은 세계의 도시다"라고 말했다.

뉴욕은 파리의 뒤를 이어 예술과 패션계의 중심지로도 거듭났다. 네덜란드 화가 피트 몬드리안^{Piet Mondrian}(1872-1940)처럼 전쟁으로 망가진 유럽에서 탈출한 외국 예술가들의 피난처이자 잭슨 폴록^{Jackson Pollock}(1912-1956) 같은 혁신적 예술가를 길러낸 창의성의 온상이기도 했다. 음악적으로 영향력이 급속히 확대되어 카네기홀에서 열린 뉴욕 필하모닉의 클래식 공연이 명성을 떨치고, 할렘의 나이트클럽에 처음 등장한 비밥이라는 형태의 음악이 전 세계를 강타했다.

무엇보다 이 도시는 전후 세계화의 중심에 있었다. 1948년, 영국 작가 비벌리 니콜스Beverley Nichols는 1948년 당시의 이 국제도시를 이렇게 묘사했다.

뉴욕은 세계의 모든 끝이 도달한 위대한 국제도시라는 느낌이 있었다. 예전에는 런던이 그랬지만, (각각 스페인과 이탈리아의 고급 자동차인) 이스파노와 이소타가 피카딜리를 질주하고 본드 스트리트 창밖으로 열대 과일이 빛을 발한 지도 아주 오랜 세월이 흘러 이제는 잊히고 말았다. 그랬던 런던에서 미국으로 건너온 이들에게 뉴욕은 전형적 유럽과 달리 너무나 미국적인 색채를 선보였다. 이제 뉴욕은 세계의 중심으로 거듭났다.

국제도시로 거듭난 뉴욕은 마침내 세계 금융의 수도로 부상해 세계 최대의 증권거래소인 뉴욕 증권거래소와 나스닥을 품게 되었다.

1792년, 24명의 브로커가 '버튼우드 협정'에 서명하면서 소박하게나마 증권 거래 절차를 개시한 이후, 뉴욕 증권거래소는 역경 속에서 꾸준히 성장했다. 미국 남북전쟁(1861-1865)으로 증권 거래가 더욱 활성화되면서 금융지구도 성장을 거듭했고, 1865년에는 월스트리트 11번지인 현재 위치로 이전했다. 하지만 지금의 독보적 지위를 굳힌 계기는 제2차 세계대전이었다.

신용카드 역시 전후에 일어난 금융 혁신 중 하나였다. 1946년, 존 비긴스John Biggins(1910-1971)라는 은행가는 브루클린 전역의 다양한 매장에서 사용할 수 있는 후불 카드를 만들어야겠다고 생각했다. 매장 주인이 매출 전표를 비긴스가 있는 플랫부시 국립은행에 예치하면, 은행이 카드 소지자에게 금액을 청구하는 방식이었다.

1989년, '돌진하는 황소' 또는 '월스트리트 황소'라고 알려진 상징적 청동상이 맨해튼 금융지구에 세워져 자본주의와 번영을 상징하게 되었다(시장의 긍정적 경향을 뜻하는 'bull market'이라는 용어가 여기에서 나왔다.)

자본주의의 상징이 된 월스트리트는 2011년, 반자본주의 운동인 "월가를 점령하라" 운동의 표적이 되기도 했다. 이 운동가들은 시장경제에서 창출된 부가 소수에게 국한되는 경제 불평등에 우려의 목소리를 높였다. 하지만 영화에 등장하는 악당이자 금융계 종사자를 희화화한 '고든 게코'(올리버 스톤 감독의 영화《월스트리트》에 등장하는 기업 사냥꾼—옮

뉴욕 증권거래소 · '빅 보드'라고도 불리는 세계 최대 규모의 증권 거래소. 나스닥, 아멕스와 함께 미국 3대 증권거래소로 손꼽히기도 한다.

긴이) 같은 어둠 속의 인물만 금융시장의 혜택을 누렸다고는 할 수 없다. 월스트리트는 은퇴자금용 계좌를 통해 평범한 미국인의 퇴직 연금을 보장하고, 유망한 혁신 사업에 자금을 지원해 궁극적으로 삶의 질을 높이는 등 중요한 기여를 계속하고 있다. 증권 변호사 타야 브룩 나이트Thaya Brook Knight의 이야기를 들어보자.

월스트리트의 핵심은 유용한 일을 하는 기업이 그 일을 계속하는 데 필요한 자금을 확보할 수 있도록 돕는 것이다. 스마트폰이 마음에 드는가? 그것 덕분에 당신의 삶이 더 편리해졌는가? 기업이 자금을 확보해 스마트폰을 개발하고 매장에서 판매할 수 있었던 것은 월스트리트의 도움이 있었기 때문이다. 기업이 사업을 확장하거나 신제품을 만들거나 기존 제품을 개선하려면 돈이 필요한 만큼 주식이나 채권을 판매해 자금을 조달하는 경우가 많다. 이는 기업은 물론 경제 전반, 나아가 소비자들에게도 도움이 된다.

지금도 뉴욕은 세계 최고의 금융 중심지이자, 미국 금융 산업의 심장부이다. '월스트리트'가 곧 자본주의의 약어로 통용될 정도다. 새로운 기술 덕분에 투자가 갈수록 분산되고, 오늘날에는 누구든 집에서 편안하게 스마트폰으로 주식을 사고팔 수 있지만, 뉴욕이 금융을 새로운 차원으로 끌어올렸다는 사실만은 부정할 수 없다.

뉴욕

홍콩

내정 불간섭의 원칙

다음으로 살펴볼 도시는 1960년대에 자유 시장 경제로 급속히 변모하던 홍콩Hong Kong이다. 오랜 기간 빈곤과 전쟁, 질병에 시달려야 했던 이 도시는 고전 자유주의 정책을 통해 번영을 이루었다.

하지만 홍콩의 성공에 핵심적 역할을 했던 '자유'가 오늘날에는 그 기세를 잃어가고 있다. 중국 본토에서 홍콩의 정치와 시민의 자유를 탄압해 이 도시의 미래가 불투명해졌기 때문이다. 하지만 마리안 투피Marian Tupy는 "홍콩의 앞날에 무엇이 기다리든 우리는 자유 개혁을 통한 홍콩의 부상에 찬사를 보내야 마땅하다"라고 말했다.

현재 홍콩이 위치한 지역에서 정착 생활이 시작된 것은 구석기시대다. 일찍이 '서족'이라는 민족이 이곳에 터를 잡았다. 향후 홍콩으로 거듭날 이 작은 어촌 마을은 진나라가 다스리던 시기(기원전 221-기원전 206)부터 제국의 지배를 받게 되었다. 13세기 몽골에 정복된 이후 송나라의 충신들이 이 외진 해안 기지로 도망쳐 오면서 홍콩 인구가 처음으로 대폭 증가했다.

해안가에 있는 홍콩 주민은 낚시와 소금 채취, 진주 발굴로 생계를 유지했다. 하지만 강도와 해적의 위협이 끊이지 않았다. 특히 악명 높았던 해적은 장보張保(1786-1822)였다. 본래 600척의 해적선을 거느리던 그는 일순간 해군 대령으로 발탁되어 포르투갈 군대와 전투를 벌였다. 홍콩 해안에서 10미터가량 떨어진 섬에 있었던 장보의 은신처는 현재 유명한 관광 명소가 되었다.

중국은 제1차 아편전쟁을 끝낸 1842년에 난징조약을 통해 홍콩 땅 대부분을 영국에 양도했다. 중국과 영국 간 비단, 도자기, 차 무역이 활발해지면서 홍콩은 빠른 성장을 거듭해 교통의 거점으로 자리 잡았다. 이내 도시가 과밀해지고 위생 문제까지 불거지면서 제3차 페스트 팬데

제1차 아편전쟁 · 영국이 청나라의 아편 단속을 빌미로 일으킨 침략 전쟁이었다. 이 전쟁에서 패한 청은 영국에 홍콩을 내어주게 된다.

홍콩

믹(1855-1945)이 발생했다. 이 때문에 전 세계에서 1,200만 명이 사망하고 아시아도 초토화되었는데, 홍콩도 예외가 아니었다.

1894년, 홍콩에서 페스트가 창궐해 감염자의 93퍼센트 이상이 사망했다. 전염병이 최고조에 달했을 때는 매일 1,000명의 시민이 홍콩을 빠져나가는 등 대탈출이 이어져 심각한 경기 침체까지 발생했다. 총 20만 명의 중국계 주민 중 약 8만 5천 명이 홍콩을 떠났다. 페스트는 1929년까지 홍콩의 풍토병으로 남아 있었다. 심지어 페스트가 사라진 후에도 홍콩의 위생 상태는 개선되지 않아 '백사병'이라고도 불리는 결핵이 기승을 부렸다.

질병이 아니더라도 홍콩에서의 삶은 중국 본토에서 계속되는 전쟁으로 혼란하기 짝이 없었다. 1898년에는 제2차 아편전쟁의 영향으로 홍콩의 구룡반도가 영국의 지배를 받게 되었다.

홍콩의 고난은 1941년 2월, 남편인 작가 어니스트 헤밍웨이Ernest Hemingway(1899-1961)와 함께 홍콩에 도착한 저널리스트 마사 겔혼Martha Gellhorn(1908-1998)의 기록에 잘 드러나 있다(헤밍웨이는 훗날 이 여행을 신혼여행에 비유하기도 했다). "밤이면 거리가 노숙자로 가득 찼다 … 무면허 노점은 범죄행위였고, 벌금은 누구도 낼 수 없는 수준이었다. 이들이야말로 진짜 홍콩이었으며 이것은 어디서도 본 적 없는 가장 잔혹한 빈곤이었다." 하지만 홍콩의 상황은 앞으로 더욱 악화될 참이었다.

제2차 중일전쟁(1937-1945) 때 중국이 연합국으로부터 받은 지원 물자의 대부분이 항구를 통해 들어왔다. 특히 외부 물자의 40퍼센트가량이 영국 식민지였던 홍콩을 통해 들어왔다. 이 때문에 홍콩은 적군의 표적이 되었다. 영국 당국은 공격에 대비해 유럽의 여성과 어린이를 홍콩에서 대피시켰다. 이후 1941년 12월의 어느 아침, 실제로 일본군은 하와이 진주만을 공격한 동시에 홍콩에도 공중 폭격을 퍼붓기 시작했다. 영국군은 일본군의 진격을 늦추기 위해 홍콩의 교각을 비롯한 핵심 기반 시설을 폭격했지만, 이런 조치도 소용없었다.

일본군은 홍콩 전투 이후 3년 8개월(1941-1945)간 홍콩을 점령했다. 홍콩과학기술대학교에서는 이 시기를 "홍콩 역사상 가장 암울했던 시기"라고 언급한다. 점령군은 1만여 명의 홍콩 민간인을 처형하고 수많은 사람을 고문하거나 강간함으로써 불구로 만들었다. 이 같은 상황으로 홍콩의 수많은 시민이 탈출하면서 일본 점령기에 홍콩의 인구는 160만 명에서 60만 명으로 급격히 줄었다. 1945년, 일본이 미군에 항복한 이후 영국이 홍콩을 재점령했다.

같은 해, 스코틀랜드 출신의 30세 공무원 존 제임스 카우퍼스웨이트

홍콩의 해방 · 1941년 12월 8일에 일본에 점령당했던 홍콩은 1945년 8월 일본의 항복으로 다시 영국의 지배를 받게 된다.

John James Cowperthwaite(1915-2006) 경이 군수·무역 및 산업부의 일원으로 식민지의 경제 개발을 감독하기 위해 홍콩에 왔다. 본래 그는 1941년 당시 홍콩으로 발령이 났으나, 일제 점령으로 시에라리온에 재배치된 것이었다. 마침내 홍콩에 도착했을 때 그가 목격한 것은 전쟁으로 폐허가 되어 겔혼이 묘사한 것보다 훨씬 심각한 빈곤에 시달리는 도시였다. 이에 홍콩은 '척박한 섬'이라는 별명까지 붙게 되었다. 수출입까지 완전히 중단되면서 영국인들은 전쟁 난민만 차고 넘치는 절망의 도시를 중국에 반환하는 방안을 고민하기도 했다.

하지만 카우퍼스웨이트는 지구상에서 가장 가난한 축에 속하는 홍콩을 최고의 부자 도시로 탈바꿈할 만한 몇 가지 전략을 가지고 있었다.

그가 제안한 기적적인 방안은 무엇이었을까? 홍콩 시민이 직접 상점을 재건하고 활발히 거래해 궁극적으로 자신을 구하고 도시를 부유하게 만들 수 있도록 허용하는 것뿐이었다. 카우퍼스웨이트는 삶과 사업을 운영해나갈 수 있는 평범한 사람들의 능력을 믿었다. 그래서 동료 행정가들과 함께 자유, 치안, 법치와 안정적 통화를 보장하는 데만 몰두하고 나머지는 시민에게 모두 맡겼다. 한마디로 아무것도 하지 않는 정책을 시행한 것이다. 그렇다고 그가 실제로 아무것도 하지 않았다는 뜻은 아니다. 그는 다른 관료주의자들을 견제하는 일만으로도 바빴다. 향후 그는 자칫 경제 개입을 정당화할 수 있는 통계 수집을 차단한 일이 가장 뿌듯하다고 회고했다.

카우퍼스웨이트는 관료 계급의 사다리를 꾸준히 올라 1961년 결국 홍콩 재무장관으로 발탁되었고, 이후 1971년까지 10년간 그 자리를 지켰다. 1960년대에는 상당수 국가가 막대한 세금을 걷어 대규모 공공 지출을 시행하고 엄청난 적자를 내는 등 중앙집권적 경제 정책을 시행했다. 전 세계 정부가 산업을 계획적으로 육성하고 의도적으로 인플레이션을 일으키며 경제를 주도해야 한다는 데 암묵적으로 합의했기 때문이다. 하지만 카우퍼스웨이트는 이 같은 정책에 동참하라는 정치적 압박에 저항했다. 1964년부터 1970년까지 영국에서는 강력한 경제 개입을 선호하는 노동당이 집권했지만, 그는 영국 관료가 홍콩 시장에 간섭하는 것을 막기 위해 끊임없이 개입했다.

중국 본토의 경우, 향후 문화대혁명(1966-1976)으로 대표되는 공포정치를 실시하며 자본주의의 잔재를 난폭하게 척결했지만, 홍콩은 전혀 다른 길을 걸었다.

1961년, 카우퍼스웨이트는 첫 예산안 연설을 통해 이렇게 말했다. "장기적으로 보면 자유 경제 안에서 개인 사업가가 주체적 판단을 내리는 것이, 설령 실수가 발생하더라도 정부 정책을 따르는 것보다 피해가 적을뿐더러 피해를 빠르게 상쇄할 확률도 높다."

결국 그가 옳았다. 홍콩 경제는 자유화되기 무섭게 놀라울 만큼 효율성이 높아져 경제가 폭발적으로 성장했다. 홍콩은 동아시아 국가 중 처음으로 완전한 산업화를 이루어내면서 그로 인한 풍요를 발 빠르게 누렸다. 홍콩은 이내 금융과 상업의 국제 중심지로 거듭나 '아시아 속 국제도시'라는 별명까지 얻었다. 이 같은 경제적 부상은 홍콩의 생활 수준을 극적으로 높였다. 카우퍼스웨이트가 재무장관직을 수행하는 동안 홍콩의 실질 임금은 50퍼센트 상승했고, 극빈층 가구의 수는 3분의 2로 감소했다.

1945년 스코틀랜드인이 홍콩에 도착했을 때 홍콩의 평균 소득은 영국의 40퍼센트에도 미치지 못했다. 하지만 1997년 홍콩이 중국에 반환될 무렵에는 심지어 영국보다도 높았다 (아래 표 참조).

홍콩과 영국의 실질 평균 소득, 1945-1997			
	1945	1997	1945-1997
홍콩	$3,783	$35,327	$31,543(차이)
영국	$9,567	$29,840	$20,273(차이)
홍콩	40%(영국 대비)	118%(영국 대비)	834%(증가)
영국	253%(홍콩 대비)	84%(홍콩 대비)	212%(증가)

카우퍼스웨이트의 뒤를 이은 필립 헤이든 케이브 Philip Haddon-Cave (1925-1999) 경은 카우퍼스웨이트의 전략을 '긍정적 불간섭주의'라고 명명했다.

긍정적 불간섭주의는 홍콩 정부의 공식 정책으로 자리 잡아 2010년대까지 계속되었다. 홍콩은 수년간 세계 최고 수준의 경제적 자유를 보장해 금융 및 무역 산업이 번성했을뿐더러 인권 수준도 중국 본토보다 훨씬 우수했다.

그러던 2019년, 중국 정부가 홍콩 망명자들의 본토 송환을 요구하기 시작해 홍콩 사법 체계의 독립성을 침해했다. 그에 대한 반발로 대규모 시위가 일어나자, 이들은 홍콩의 정치적·경제적 독립성을 무참히 짓밟는 절차를 속속 도입했다. 2020년 7월, 중국 정부는 새로운 국가보안법을 시행해 집회를 금지했고, 이전에는 당연하게 보장되었던 수많은 자유를 박탈했다. 그 밖에도 교육 시스템을 개편하는 등 광범위한 제도

홍콩의 대표 상업지구 · 홍콩은 정부의 시장 개입이 최소화되면서 시장경제가 급속히 발전해 금융과 상업의 국제 중심지로 거듭났다.

변화를 일으켰다.

홍콩은 2047년까지 자치권을 유지한다는 조건으로 중국에 반환되었다. 하지만 이 '자치 영토'는 더 이상 진정한 의미의 자치 영토라고 할 수 없게 되었다.

홍콩은 전쟁과 가난으로 인한 굶주림에서 벗어나 풍요와 자유가 빛을 발하는 도시로 거듭나면서 제한된 정부, 법치, 경제적 자유와 재정 건전성의 잠재력이 얼마나 거대한지 보여주었다. 하지만 홍콩의 성공을 떠받쳤던 기둥들이 지금은 무너져가고 있다. 이 도시의 미래가 어떻게 될지는 알 수 없지만, 과거의 도약은 온전한 자유가 주어졌을 때 얼마나 많은 것을 성취할 수 있는지를 여실히 보여준다.

휴스턴

우주 비행

다음으로 살펴볼 도시는 20세기 우주 경쟁 시대의 휴스턴Houston이다. 당시 미국과 소련은 우주 탐험 분야에서 어느 나라가 더 앞서 나갈 것인가를 두고 치열한 경쟁을 벌였다. 미션 컨트롤 센터가 있어 '우주 도시'라고도 불리는 휴스턴은 우주 탐사 분야의 발전을 위해 다른 어느 도시보다 큰 노력을 기울여왔다.

오늘날 휴스턴은 (앞서 살펴본 뉴욕, 로스앤젤레스와 시카고의 뒤를 이어) 미국에서 네 번째로 인구가 많은 도시이자, 널찍하고 번화한 항구 도시다. 텍사스주와 미국 남부 도시 가운데 가장 큰 데다가 지역 전통문화가 가장 잘 보존되어 있으며, 세계 최대 규모의 가축 박람회와 로데오 축제를 개최한다. 휴스턴의 로데오는 매년 수백만 명의 방문객은 물론, 엘비스 프레슬리부터 비욘세에 이르는 유명 뮤지션까지 찾는 대형 축제다. 휴스턴은 갈수록 다문화 경향이 점점 강해져 오늘날 휴스턴 시민의 20퍼센트 이상이 외국인인데, 그중에는 인도, 베트남, 중국, 아프리카와 라틴아메리카 출신이 특히 많다.

휴스턴은 또 미국 최대 도시 중 용도지역 규정이 없는 도시라는 특징이 있다. 유권자들이 이 규제에 계속 반대해왔기 때문인데, 이 덕분에 자유방임적 토지 관리 구역이라는 평판이 자자하다(제한을 두는 조례 규정이 아예 없는 것은 아니다). 상황이 이렇다 보니 다른 곳에서는 보기 드물게 한 마을에 주택과 다양한 기업체가 나란히 있는 경우가 많다. 1970년 이래 인구가 230만 명으로 두 배 가까이 뛰었음에도 집값이 비교적 저렴하다는 특징도 있다. 작가 놀란 그레이$^{Nolan\ Gray}$는 용도지역 규정이 없는 휴스턴을 두고 "건축이 폭발적으로 증가해 다른 어느 도시보다 성장과 변경, 발전 가능성이 높다"라고 말했다. 미국 대도시 중 부동산이 가장 저렴한 도시로, 광활한 평지가 자동차 도로를 중심으로 설계되어 있다. 또한 다양한 박물관과 음식점은 물론, 대형 동물원에 지역 명소인 우주 센터까지 가세해 수많은 여행객의 발길을 붙든다.

유럽 탐험가들의 보고에 따르면, 오늘날의 휴스턴은 한때 아코키사족과 같은 원주민 부족이 거주하던 곳이었다. 1826년, 정착민이었던 존 리처드슨 해리스$^{John\ Richardson\ Harris}$(1790-1829)가 지금의 휴스턴 내에 마을을 세우고 자신의 이름을 따 '해리스버그'라는 이름을 붙였다. 그때까지만 해도 이곳은 사람이 거의 살지 않는 곳이었다. 10년 후, 멕시코 군대가 텍사스 혁명을 일으키고 텍사스 군대를 추격하면서 해리스버그는 파괴되었다. 그로부터 일주일 뒤, 현재의 휴스턴에서 동쪽으로 약 30미터 떨어진 곳에서 샌 자신토 전투(1836)가 벌어졌고 전쟁 이후 텍사스는 멕시코로부터 독립하게 되었다.

새로 독립한 텍사스 공화국(1836-1846) 주민들은 갈베스턴 해변의 항로에 접근할 수 있는 도시를 건설해 교통 거점이자 임시 수도로 활용했다. 뉴욕주에서 온 진취적 형제로 전쟁 중에도 배급로를 지키기 위해 함께 애썼던 투자가 존 커비 앨런John Kirby Allen(1810-1838)과 수학 교수에서 사업가로 변신한 아우구스투스 채프먼 앨런Augustus Chapman Allen(1806-1864)은 버팔로 바이유 유역의 땅을 매입해 신도시를 건설했다. 이로써 두 형제는 휴스턴의 창립자가 되었다.

휴스턴이라는 이름은 버지니아 태생의 군 지도자이자 정치가, 후천적 체로키 시민으로서 텍사스 군대를 이끌고 멕시코와 벌인 전투에서 승리해 전쟁 영웅으로 칭송받은 샘 휴스턴Sam Houston(1793-1863)에서 따왔다. 그는 텍사스 공화국 대통령부터 미국 상원의 텍사스 의원, 테네시 주지사와 텍사스 주지사에 이르기까지 두루 역임했는데, 서로 다른 두 개 주의 주지사를 역임한 사람은 지금까지도 휴스턴이 유일하다.

샘 휴스턴(1793-1863) · 휴스턴이라는 도시 이름의 유래가 된 그는 텍사스 공화국의 초대 대통령이자, 3대 대통령이었다.

1837년부터 오스틴으로 수도가 바뀐 1839년까지 휴스턴은 텍사스 공화국의 수도이자 의회 소재지였다. 1846년 텍사스는 주 자격으로 연방에 공식 가입했다. 이 도시의 인구는 1850년, 연방 가입 이후 최초로 실시한 조사에서 2,396명, 20년 후에는 9,332명으로 집계되었다. 미국 의회는 휴스턴을 선박이 드나드는 공식 항구로 지정했는데, 이후 항로가 발전하면서 무역 거점으로 성장했다.

1900년, 갈베스턴 마을에 재앙이 닥쳤다. 오늘날까지도 미국 역사상 가장 치명적인 허리케인으로 회자되는 카테고리 4 규모의 허리케인이 발생해 갈베스턴 주민 8,000명 내지는 1만 2천 명이 사망한 것이다. 이에 많은 사람이 폐허가 된 갈베스턴을 떠나 휴스턴으로 이주했다. 그 이듬해 휴스턴에서 동쪽으로 130미터가량 떨어진 스핀들탑에서 석유가 발견되었다. 그뿐 아니라 1905년에는 북동쪽으로 약 30미터 떨어진 험블에서, 1906년에는 동쪽으로 약 40미터 떨어진 구스 크릭에서 더 많은 석유가 발견되었다. 자연스럽게 휴스턴은 유전 장비 개발에 뛰어들기 시작했다.

　허리케인 이후 새로운 주민이 유입되고 인근에서 유전이 발견되면서 휴스턴 경제는 빠르게 성장했다. 1912년에는 라이스대학교가 설립되었다. 1925년에는 수심 8미터의 휴스턴 수로가 완공되었고 항구에는 최초의 심해 선박이 입항하면서 휴스턴은 세계 무역의 관문으로 거듭났다. 1930년에 실시한 인구 조사에서는 인구가 292,352명으로 집계되어 텍사스에서 가장 북적이는 도시가 되었다. 1920년대와 1930년대에 걸쳐 텍사스의 석유 산업이 성장하면서 휴스턴은 효율적 해상 운송 사업으로 부유해졌다. 휴스턴 수로를 따라 정유 공장이 계속 들어서기도 했다. 휴스턴에서는 천연가스 산업 역시 번창했다. 1940년대 후반에는 항구에 드나드는 물동량이 미국 내 2위를 기록했고, 1950년대 중반에는 인구가 100만 명으로 늘었다.

　하지만 1960년대에 비로소 인류를 위한 휴스턴의 가장 위대한 공헌이 시작됐다고 해도 과언이 아니다. 우주비행사를 '최후의 개척지'로 안내하는 관제 센터가 휴스턴에 들어선 것이다. 미국 엔지니어 로버트 고다드$^{Robert\ Goddard}$(1882-1945)가 고공비행 액체 연료 로켓을 개발하고 미국 물리학자 J. 로버트 오펜하이머$^{J.\ Robert\ Oppenheimer}$(1904-1967)가 1945년 최초의 원자폭탄 폭발을 감독한 이후, 소련과 미국 간 로켓 경쟁은 이내 우주비행 분야로 옮겨갔다. 1957년, 미국은 소련이 최초의 인공위성 스푸트니크 1호를 발사한 데 자극을 받아 나사^{NASA}를 설립했다. 1961년에는 소련이 우주선 보스토크 1호에 최초의 우주인 유리 가가린$^{Yuri\ Gagarin}$(1934-1968)을 태워 보내면서 우주 경쟁에서 확실하게 앞서나가기 시작했다.

그해, 나사는 오랜 탐색 끝에 휴스턴을 새로운 유인 우주선 센터의 부지로 선정했다. 기후가 따뜻하고 빈 땅이 많은 데다 수자원이 풍부하고 주요 항구에 접근하기 쉽다는 특징이 선정 요인으로 꼽혔다. 산업 기반 시설이 잘 갖춰져 있고, 대규모 대학(라이스대학교)이 소재한 점도 유리하게 작용했다. 당시 부통령이던 린든 B. 존슨$^{Lyndon\ B.\ Johnson}$(1908-1973)이 텍사스 출신이었다는 사실도 도움이 되었을 것이다. 연구소 착공에 들어간 1962년, 존 F. 케네디 대통령은 라이스대학교 연설에서 다음과 같이 말했다.

> 우리는 지식으로 알려진 대학, 발전으로 알려진 도시, 강인함으로 알려진 주에서 만났습니다. 그리고 이 세 가지를 모두 필요로 하는 자리에 서 있습니다 … 휴스턴이라는 도시, 텍사스라는 주, 미국이라는 나라는 기다리고 휴식하며 뒤돌아보길 원하는 사람들 손에 건설되지 않았습니다. 이 나라를 정복한 것은 앞으로 나아가는 사람들이며 우주 또한 그럴 것입니다 … 한때 서부라는 옛 개척지의 끝에

있었던 전초기지는 과학과 우주라는 새로운 개척지의 전초기지로 거듭날 것입니다. 휴스턴, 유인 우주선 센터가 위치한 당신의 휴스턴은 대규모 과학 및 공학 커뮤니티의 심장이 될 것입니다.

1963년 공식 개관한 유인 우주선 센터는 존슨 대통령 사후 1973년에 린든 B. 존슨 우주 센터로 이름이 바뀌었다. 이중 가장 유명한 '미션 컨트롤 센터'는 1965년 제미니 4호 이후 미국의 모든 유인 우주 임무를 이끌었으며, 오늘날 국제 우주 정거장에서 미국 구역을 관리하고 있다. 우주비행사들은 '미션 컨트롤 센터'(임무 관제 센터)의 '캡콤CAPCOM'(지상에서 통신을 담당하는 운영팀원)과 원격으로 대화할 때 '미션 컨트롤' 혹은 간단히 '휴스턴'이라는 콜사인을 사용한다.

제미니 4호는 나사의 대다수 임무와 마찬가지로 플로리다에서 발사

| **미션 컨트롤 센터** · 발사 지점부터 착륙, 임무 종료까지 지상에서 우주 비행을 관리한다.

되었지만, 우주선이 발사대를 떠나 하늘에 진입하는 순간부터 휴스턴에서 비행 관제를 책임졌다. 휴스턴의 관제사는 우주선의 궤도와 연료, 산소 수준, 승무원의 심박 수와 호흡 등 임무와 관계된 모든 요소를 추적했다. 그리고 은퇴한 비행 관제사 시 리베르곳Sy Liebergot의 표현처럼 "오케스트라 지도자"라고도 불리는 비행 감독이 이를 총괄했다. 나사는 휴스턴을 '미국 유인 우주비행의 신경 중추'라고 불렀다. 제미니 4호는 나사의 두 번째 유인 우주비행 임무로 우주비행사를 높은 고도의 지구 궤도로 보냈다. 당시 비행사는 소련이 사상 최초로 우주 유영에 성공한 지 1년이 채 되지 않아 미국인 최초로 우주 유영(우주선 밖의 우주비행사 활동)에 성공했으며 다양한 과학 실험을 수행했다.

1967년, 휴스턴은 '스페이스 시티'라는 별칭을 공식 채택했다. 휴스턴의 관제사들은 1966년 사상 최초로 우주선 도킹에 성공한 제미니 8호, 1968년 역시 최초로 달에 도달해 궤도를 돌고 지구로 귀환한 아폴로 8호 등 혁신적 임무를 이끌었다. 아폴로 8호의 우주비행사들은 인류 중 최초로 지구 전체를 멀리서 조망했는데, 그 놀라운 광경은 〈지구돋이Earthrise〉 사진에 고스란히 담겨 있다. 이들은 또한 크리스마스이브에 창세기를 낭독하는 방송을 진행해 대중을 사로잡았다. 당시 우주비행사들의 목소리를 송출한 라디오 채널의 청취율은 역사상 그 어느 때보다 높았다. 하지만 우주 시대에 휴스턴이 달성한 최고의 업적이 아폴로 11호 임무라는 데는 의문의 여지가 없다. 1969년, 이 우주선을 타고 날아간 인간이 사상 최초로 달을 밟았다.

우주비행사 닐 암스트롱Neil Armstrong(1930-2012)이 달 표면에 발을 내디딘 순간 내뱉은 말은 이제 너무나 유명해졌다. "인간에게는 작은 한

지구돋이 · 아폴로 8호에 탑승했던 윌리엄 앤더스가 1968년 12월 24일에 촬영한 사진으로, 역사상 가장 유명한 천체 사진으로도 손꼽힌다.

걸음이지만 인류에게는 거대한 도약입니다." 하지만 이 말 직후 휴스턴 미션 컨트롤 센터로 보낸 통신 내용은 그다지 유명하지 않다. "휴스턴, 여기는 트랭퀼리티 기지. 이글이 착륙했다." 당시 미국 가구의 85퍼센트를 포함해 전 세계 인구의 5분의 1에 해당하는 약 6억 명이 이 착륙 순간을 실시간으로 시청했다. 이들은 '인류의 거대한 도약'이 이루어지는 동안 자신이 어디에 있었는지 생생하게 기억한다.

휴스턴

달에 성조기를 꽂은 우주비행사들에게 전 세계의 이목이 쏠렸다. 하지만 하얀 셔츠에 스키니 타이와 포켓 프로텍터를 착용한 채 창문 없는 방에서 주요 데이터를 중계하는 콘솔 화면 뒤에 일렬로 늘어선 휴스턴의 비행 관제사들이야말로 우주 시대의 고요한 영웅들이었다. 옅은 회색의 IBM 콘솔은 시시각각 달라지는 1,500개 항목의 정보를 분석했다. 여러 날에 걸쳐 임무가 진행되는 동안 비행 관제사가 24시간 상주해야 했기 때문에 각 역할은 8시간씩 근무하는 4교대 조가 수행했다. 최초의 달 착륙 당시 휴스턴의 비행 관제사 평균 연령은 32세에 불과했고, 공학과 수학, 물리학을 전공한 이들이 대부분이었다. 대표 비행 감독이던 클리프 찰스워스Cliff Charlesworth(1931-1991)는 30대 후반의 물리학 학사 출신이었다.

나사의 휴스턴 시설에 미션 컨트롤 센터만 있었던 것은 아니다. 달에 최초로 발을 내디딘 사람들이 지구로 돌아온 뒤 한동안 격리되어 있던 달 수용 실험실Lunar Receiving Laboratory도 한때 이곳에 있었는데, 이때 가져온 달 암석 샘플은 오늘날까지도 이곳에 보관되어 있다. 또한 휴스턴은 우주비행사 훈련 기지로도 사용된다.

언제나 선원의 안전이 임무의 성공보다 우선시되기는 하지만, 우주 탐사와 비행 훈련에는 늘 위험이 뒤따르며 실제로 사망자가 발생하기도 한다. 가령 시어도어 프리먼Theodore Freeman(1930-1964)은 휴스턴에서 우주비행사 훈련 도중 조류와 충돌해 사망했다. 휴스턴에서는 사망한 우주비행사를 추모하는 나사의 연례 행사도 열린다. 이와 대조적으로 소련 정부는 우주 프로그램 도중 발생한 사망 사건을 수십 년간 은폐해 악명을 떨쳤다. 미트로판 네델린Mitrofan Nedelin(1902-1960)은 은폐된 발사

달 암석 샘플 · 아폴로 14호가 1971년 탐사 당시 C1 정거장에서 수집한 것으로 달 수용 실험실에 보관되어 있다.

대 폭발 사건으로 다른 100여 명과 함께 소멸했고, 우크라이나 조종사 발렌틴 본다렌코^{Valentin Bondarenko}(1937-1961)는 훈련 도중 24세의 나이로 사망했다.

1970년, 아폴로 13호가 세 번째로 달 착륙 임무를 수행하던 중 산소 탱크가 폭발하면서 휴스턴의 관제 역량이 전례 없는 위기에 봉착했다. 이에 우주비행사 짐 러벨^{Jim Lovell}은 "휴스턴, 여기 문제가 생겼다"라고 말했고, 이 말은 이후 아주 유명해졌다(이 사건을 영화화한 1995년작《아폴로 13》에서 "휴스턴, 문제가 있다"라는 대사로 더 잘 알려져 있다).

당시 폭발로 우주선이 손상되면서 달 착륙이 어려워졌다. 휴스턴은 우주비행사들을 지구로 무사히 귀환시키는 데 모든 역량을 집중했다. 지휘 모듈의 생명 유지 시스템이 고장 나자 선원들은 달 모듈로 이동했다. 이 모듈은 이틀 동안 두 사람만 지원하도록 설계됐지만, 휴스턴 팀의 혁신적 발상 덕분에 4일간 세 명을 지원할 수 있게 되었다. 비행 책임자였던 진 크랜츠^{Gene Kranz}(1933-)는 달을 한 바퀴 도는 지구 귀환 경로를 선택했고, 휴스턴 유인 우주비행 센터의 로버트 길루스^{Robert}

Gilruth(1913-2000) 소장은 귀환 여정의 후반부를 총괄해 비행사들이 태평양에 안전하게 착륙할 수 있도록 해주었다. 우주비행사와 지상 승무원들의 대처가 생명을 지키는 데 큰 공헌을 했다.

나사는 1972년 아폴로 17호를 끝으로 총 여섯 번의 달 착륙 임무를 성공적으로 완수했다. 지금껏 달 위를 거닌 사람은 총 열두 명으로 모두 휴스턴의 지시에 따라 움직인 미국인 비행사들이었다. 우주비행사 진 서넌Gene Cernan(1934-2017)은 달에서 "우리는 왔던 것처럼 떠납니다. 신께서 허락하신다면 모든 인류를 위한 평화와 희망을 안고 돌아가겠습니다"라는 마지막 발언을 남겼다.

국제적 경쟁 구도는 우주 탐사를 촉진한 가장 큰 요인이었다. 냉전이 종식되자 우주 산업에서 발전을 이끌었던 극심한 경쟁이 사라졌고, 유인 우주 탐사 역시 중단되었다. 이 글을 쓰는 현재 달을 밟았던 비행사 중 네 명만이 아직 살아 있는데, 이제 이들은 87세부터 93세까지의 노인이 되었다. 하지만 이제는 스페이스엑스SpaceX, 블루 오리진Blue Origin, 버진 갤럭틱Virgin Galactic 등 기업이 주도하는 새로운 민간 우주 탐사 시대가 열렸다. 수익성이 새로운 우주 경쟁을 주도하게 되면서 인류는 다시 한번 다른 별에 도달할 수 있는 기회를 갖게 되었다. 스페이스엑스는 휴스턴에서 남서쪽으로 약 650미터 떨어진 텍사스 최남단에 자체 우주 공항인 스타베이스를 건설했다. '스페이스 시티' 휴스턴은 나사의 활동뿐 아니라 민간 우주비행을 위한 거점으로 자리 잡기 위해 도시 우주 공항 확대 작업에도 박차를 가하고 있다.

전쟁의 폐허 속에서 무역항으로 고군분투하던 휴스턴은 석유 운송의 세계적 중심지로 도약한 이후 우주 시대의 수도로 자리 잡았다. 이륙 이후 연이어 한계를 극복한 미국의 우주비행사들은 전적으로 휴스턴에 의지해 탐사 임무를 성공적으로 완수하고 안전하게 귀환했다. 지금도 달 착륙을 인류의 가장 위대한 업적으로 꼽는 이들이 수두룩하다. 인류 탐험의 역사에서 가장 먼 곳에 이르렀던 눈부신 업적이기 때문이다. 이처럼 인류를 최후의 개척지로 인도해준 덕분에 휴스턴은 세계사를 바꾼 도시로 이 책에 이름을 올릴 수 있었다.

베를린

공산주의의 몰락

베를린Berlin은 공산주의가 몰락하고 자유주의가 승리하는 데 핵심 역할을 했다. 베를린을 갈라놓았던 장벽이 1989년, 갑작스럽지만 활기차게 허물어졌을 때 베를린은 인류의 역사를 완전히 뒤바꾸었다.

오늘날 베를린은 유럽 연합에서 가장 인구가 많은 도시로 약 380만 명이 거주하는 곳이다. 도시의 역사, 예술, 음악과 그래피티가 화려한 명성을 자랑해, 매년 수백만 명의 관광객과 사업가가 이곳으로 모여든다. 첨단 기술과 서비스 산업을 중심으로 경제가 움직이고 있으며, 교통의 주요 거점이기도 하다.

오늘날 베를린이 있는 지역에서는 적어도 기원전 9000년경부터 정착 생활이 시작되어 인근 고대 마을에서는 화살촉 같은 유물을 다양하게 볼 수 있다. 청동기시대와 철기시대에는 시신을 매장하는 대신 화장하는 것으로 유명한 농경 민족 루사티아 문화권의 사람들이 주로 거주했다. 이후 다양한 부족의 이주가 이어졌으며, 7세기에는 슬라브인이 이곳 대다수 지역을 점령했다. 베를린이라는 이름은 지금은 사라진 언어인 폴라브어의 '늪'을 의미하는 단어에서 유래한 것으로 추정된다.

이 도시명이 현대의 'bear'(독일어로는 bär)와 유사하고, 도시의 문장에도 곰이 있어서 베를린이라는 이름도 곰에서 유래했다는 오해가 만연하다. 사실 이 문장은 12세기에 알브레히트 1세 Albert the Bear로 알려진 한 귀족 남성이 이 지역을 장악하고 1157년 브란덴부르크 변경백국을 세우면서 도시에 수여한 것이었다.

실제로는 그 전부터 많은 사람의 터전이 되었지만, 1237년에야 공식 설립된 베를린은 격동의 두 세기를 견뎌냈다. 1380년에는 화재로 초토화되기도 했지만, 1400년경에는 인구가 4,000명으로 늘었다. 이후 30년 전쟁(1618-1648)으로 엄청난 피해를 입었음에도 서서히 되살아나더니 18세기에는 프로이센 왕국의 수도가 되면서 폭발적으로 성장했다. 프로이센의 권력이 집중되어 행정과 기업가 정신의 중심지가 되었고, 각종 공방이 생겨나면서 숙련된 장인의 도시로 유명해졌다.

19세기 무렵, 물레방아로 생산할 수 있는 전력의 공급이 워낙 한정적이었기 때문에 베를린은 일찌감치 증기 에너지를 도입해야 했다. 이 덕분에 신속히 산

베를린 곰 조각상 · 곰은 예로부터 베를린을 상징했다. 손에 들려 있는 것은 브란덴부르크의 문장이다(베를린 마르키슈박물관 소장).

베를린

업화에 성공하면서 의류와 화학제품, 중장비에 이르는 제품의 주요 생산지로 자리매김했다. 베를린은 또 독일 중심부에 있어 독일 철도의 중심지 역할을 하면서 경제 강국으로 도약했다.

번영을 거듭한 베를린은 독일 낭만주의 운동의 성지가 되어 화가, 음악가, 시인과 작가들을 끌어들였다. 오스트리아 태생의 낭만주의 작곡가 프란츠 폰 주페Franz von Suppé(1819-1895)는 "너는 나의 미친 아가, 베를린으로 가야만 해 / 미친 사람들이 있는 곳 / 그곳이 네가 있을 곳이야"라는 가사를 쓴 것으로 유명하다. (1958년 영화《철의 구스타프》에 인용되어 유명해진) 이 가사는 주페가 작곡한 멜로디에 이후 덧붙여진 것으로 추정되지만, 그럼에도 당시 베를린을 장악하고 있던 창의적 정신을 제대로 포착했다. 베를린은 곧 유럽 전역에서 온 예술가들의 고향으로 명성을 얻게 되었다.

20세기, 독일 표현주의 화가들과 영화 제작자들이 새로운 장르를 개척하면서 베를린은 예술 도시의 명성을 유지했다. 바이마르 공화국 전역에서 경제적·정치적 불안정성이 커졌음에도 베를린은 광란의 1920년대를 보내며 밤 문화와 창작의 중심지로 명성을 떨쳤다. 사상가들은 과학 분야에서 주목할 만한 업적을 남겼고, 대학도 존재감을 키워갔다. 물리학자 알베르트 아인슈타인Albert Einstein(1879-1955)은 베를린 훔볼트대학교에서 연구하던 1921년에 노벨물리학상을 받았다.

도시에 만연했던 학문의 자유는 국가 사회주의(나치즘)의 부상과 전체주의적 제3제국(1933-1945)의 수립으로 순식간에 소멸해버렸다. 아인슈타인을 비롯해 베를린을 세계적 도시로 만든 많은 예술가와 과학자들이 아돌프 히틀러Adolf Hitler(1889-1945) 치하의 대량 학살을 피해 베를린을 떠났다. 히틀러의 패배로 제2차 세계대전이 끝난 뒤, 연합군은 독일을 네 지역으로 나누었다. 소련은 베를린 동부를 장악하고 소련 내 새로운 위성 국가의 수도로 선포했다.

동독의 공식 명칭은 독일민주공화국이었다. 동독은 소련을 모델로 삼아 중앙 계획으로 다스려졌다. 생산 수단은 국가가 소유했으며, 사유 재산이 제한되었다. 사실상의 일당 통치와 검열, 첩보와 탄압이 기승을 부렸고 계급의 평등을 위한 노력은 단순 시늉에 그쳤다.

서베를린과 서독은 제2차 세계대전의 여파에서 빠르게 회복하고 경제 강국의 대열에 올라섰지만, 동독은 정부가 경제를 엄격하게 통제해 그와 같은 회복을 이루지 못했다. 한편으로는 공산주의를 역사상 가장 자연스럽게 실험해볼 기회였지만, 현실은 이상과 상당히 달랐다. 250만에서 300만 명에 이르는 동독 주민이 서독으로 탈출했으며, 1961년 무렵에는 매일 1,000여 명의 동독 주민이 베를린을 통해 탈출한 것으로 추정된다. 특히 고등교육을 받았거나 전문 기술을 가진 사람들이 자유를 찾아 탈출하는 일이 잦았다. 젊은 사회주의 국가로서 최고의 인재들이 줄줄이 빠져나가자, 지도자들의 근심이 커졌다. 결국 동독의 최고 의사 결정권자였던 발터 울브리히트Walter Ulbricht는 소련 총리 니키타 흐루쇼프Nikita Khrushchev의 승인을 받아 물리적 장벽을 세워 인력 유출을 막기로 했다.

1961년 8월, 군인들이 동베를린에서 서베를린으로의 접근을 차단하는 철조망을 설치했고, 이후 철조망을 거대 장벽으로 교체했다. 콘크리트로 견고하게 만들어진 베를린 장벽은 높이 약 3.6미터, 길이는 약 155킬로미터에 달했다. 인민 경찰('볼포스')로 알려진 장교들이 장벽을

베를린 장벽 · 동독이 인력 유출을 막기 위해 세웠던 물리적 장벽으로 높이 약 3.6미터, 길이는 약 155킬로미터에 달했다.

감시하는 타워와 탐조등, 기관총으로 초소를 항상 지키고 있었다. 이 장벽은 수많은 가족과 친구를 갈라놓았다.

소위 '슈타지^{Stasi}'라고 불린 비밀경찰은 동베를린에 본부를 두고 탈출 계획은 물론, 공산주의 통치에 위협이 될 만한 모든 활동을 저지하기 위해 시민들의 일상을 감시했다. 이들은 대규모 감시 캠페인을 통해 국영 우편 시스템으로 발송되는 모든 우편물을 은밀히 검사하고 곳곳에 정보원을 두었으며 시민들의 집에 도청 장치를 설치했다.

슈타지는 첩보원들이 추려낸 반체제 인사를 심리적으로 무너뜨리기 위해 '체르세츠^{Zersetzung}(분해)'라는 프로그램을 사용했다. 슈타지 요원들은 피해자의 삶을 조작해 그들의 커리어를 방해하고, 인간관계를 모조리 파괴했다(가령 거짓 간통 증거를 심어두는 식이었다). 피해자를 완전히 고립시키고 사회적으로나 직업적으로 실패하게 만들어 자존감을 무너뜨리려 한 것이다. 이 프로그램으로 피해를 본 사람만 최대 1만 명에 이르며, 그중 절반은 돌이킬 수 없는 정신적 손상을 입었다(오늘날, 체르세츠 생존자로 인정받은 이들은 특별 연금을 받는다).

하지만 공산주의 체제에서 빈곤에 시달리던 동독 주민들은 이 같은 위협에도 불구하고 탈출 시도를 멈추지 않았다. 1961년부터 1988년까지 10만 명 이상의 동독 주민이 베를린 장벽을 넘으려 했지만, 대부분 실패하고 체포되어 수감되었다. 서독으로 탈출을 시도하던 이들 중 최소 600명이 총에 맞거나 다른 방식으로 살해되었다. 27년이라는 기간 동안 장벽을 넘는 데 성공한 사람은 5,000여 명에 불과했다.

1963년 6월 26일, 존 F. 케네디 미국 대통령은 서베를린 역사상 최고로 손꼽히는 연설을 선보였다. 이는 베를린 시민들에게 큰 반향을 일으켰다.

> 세상에는 자유 세계와 공산주의 세계 간의 커다란 차이가 무엇인지 실제로 이해하지 못하거나 모른다고 말하는 사람들이 많습니다. 그들을 베를린으로 오게 합시다! 공산주의가 미래의 물결이라고 말하는 사람들이 일부 존재합니다. 그들을 베를린으로 오게 합시다! … 자유에는 많은 어려움이 따르고 민주주의도 완벽하지 않지만, 우리는 국민이 떠날 수 없도록 장벽까지 세워서 가둬야 할 필요는 없었습니다 … 장벽은 공산주의 체제의 실패를 가장 극명하고 생생하게 보여주는 증거물입니다 … 어디에 살든 모든 자유인은 베를린 시민

이며, 따라서 자유인인 저는 긍지를 갖고 이렇게 말하고 싶습니다. "나는 베를린 시민이다!"

동베를린 주민들이 탈출을 꿈꾸는 사이, 서베를린은 번영을 거듭해 혁신적 예술가와 음악가들을 이곳으로 끌어들였다. 1970년대 후반, 영국 가수 데이비드 보위David Bowie는 서베를린에 대해 "무엇을 상상하든 그 이상을 보여주는 문화적 풍요의 정점"이라고 칭송했다. 그가 베를린 장벽에서 포옹하는 한 커플로부터 영감을 받아 작곡한 1977년 곡 〈영웅〉은 이후 비공식적으로 베를린 테마곡이 되었을 뿐 아니라, 나아가 전체주의에 대한 저항을 상징하는 곡으로 자리 잡았다(2016년 보위가 사망한 뒤, 독일 정부는 이 곡의 영향력을 인정하고 "장벽을 무너뜨리는 데 공헌한" 보위의 공로에 감사를 표했다). 이 시기에 서베를린이 성취한 또 다른 음악적 업적으로 1983년 발표된 반전 찬가 〈99개의 풍선〉을 들 수 있다.

베를린 장벽에 대한 반대 여론은 갈수록 더 거세졌다. 1987년, 로널드 레이건Ronald Reagan 전 미국 대통령은 서베를린에서 선보인 연설을 통해 소련 지도자에게 장벽 철거를 요구한 것으로 유명하다. "고르바초프 씨, 이 장벽을 철거하시오!"

1989년 11월 9일, 사회주의의 실패가 점점 명백해지고, 냉전시대의 대립 구도 역시 차츰 옅어지는 가운데 동베를린 공산당 대변인이 자정을 기점으로 베를린 장벽을 넘는 게 합법화될 것이라는 사실을 기습 발표했다. 베를린 동부와 서부의 시민들이 일제히 장벽으로 몰려들어 "Tor auf!(문을 열라!)"라고 소리쳤다. 이윽고 자정이 되자 오랫동안 떨어져 있던 친구와 가족, 이웃들이 서로 장벽을 넘어 떠들썩하게 재회를

베를린 장벽 붕괴 · 1989년 11월 9일 밤 시민들은 브란덴부르크 문으로 몰려들어 떠들썩하게 재회를 축하했다.

축하했다.

그 주말에 서베를린으로 넘어온 동베를린 주민은 2백만 명이 넘는 것으로 추정된다. 한 언론인은 이를 "세계 역사에서 가장 위대한 거리 축제"라고 묘사하기도 했다. 기쁨에 찬 이들이 장벽을 그래피티로 물들이고 망치로 때려 부수는 사이 불도저까지 등장해 장벽의 다른 구간을 철거했다.

베를린 장벽의 붕괴는 공산주의에 대한 지지가 종식되고 전 세계적으로 경제적·정치적 자유가 더욱 확대되는 일련의 전환을 상징했다. 동독에 거주했던 한 독일인은 "서독인에게는 우편번호 이외에 달라지는 게 없었다. 하지만 동독인들에게는 모든 것이 달라졌다"라고 『로이터』와의 인터뷰에서 말했다.

　베를린은 이렇게 통일되었지만, 냉전 시대에 분단이 남긴 경제적·심리적 상처는 지금까지도 남아 있다. 동베를린 주민들의 생활 만족도는 서베를린을 거의 따라잡았지만, 듀크대학교 행동과학자 댄 애리얼리Dan Ariely와 『유럽 정치 경제학 저널』의 공저자들이 실시한 연구에 따르면, 동베를린의 부정과 불신의 비율은 여전히 훨씬 높다.

　베를린의 이야기는 자유의 중요성을 일깨워준다. 장벽이 붕괴되면서 수백만 명이 가난과 독재로부터 해방되었고, 경제적으로나 정치적으로 더 큰 자유를 누릴 수 있게 되었기 때문이다. 베를린은 이런 공로를 인정받아 이 책에 당당히 이름을 올리게 되었다.

39 도쿄

기술

다음으로 살펴볼 도시는 도쿄^{Tokyo}다. 제2차 세계대전으로 거의 초토화되었던 이 도시는 눈부신 속도로 재건되어 제조업과 기술 분야에서 세계 리더로 거듭났다.

오늘날 도쿄는 일본 경제의 중심지이자, 정부의 소재지다. 안전하고 풍요로우며 화려한 국제도시로 평판이 높은 도시이기도 하다. 도쿄 권역은 3,700만여 명이 거주하는 지역으로 현재 세계의 대도시권 중 가장 많은 인구를 자랑한다. 앞서 소개한 다른 도시에서도 알 수 있듯이, 발전을 주도하고 혁신을 만들어내는 것은 언제나 그 도시의 사람들이었다. 도쿄가 세계사 발전에 큰 공헌을 한 것도 도쿄의 높은 인구 밀도 덕분이었다. 게다가 마리안 L. 투피^{Marian L. Tupy}와 게일 풀리^{Gale Pooley}는 일반적 인식과 달리 인구 밀도가 높을수록 가용 자원도 더 풍부해진다는 사실을 발견했다.

도쿄만에 위치한 이 대도시는 원래 소박한 어촌이었다. 본래 이름은 '하구'를 뜻하는 '에도'였다. 이 도시는 1603년, 도쿠가와 막부의 수도로 지정되면서 존재감을 드러내기 시작했다. 이처럼 한때는 작은 어촌이었던 이곳이 18세기 무렵에는 100만 명의 인구를 품은 세계에서 가장 붐비는 도시가 되었다.

도쿄는 오래도록 태평성대가 이어졌던 이른바 '팍스 도쿠가와'의 혜택을 많이 누렸다. 덕분에 사람들이 군사 방어보다 경제 발전에 더 공을 들일 수 있었는데, 재건이 필요한 경우가 많았던 이 도시로서는 다행이 아닐 수 없었다. 목조 건축물이 주를 이루어 화재에 취약했던 것은 물론, 지구상에서 지진이 가장 많이 발생하는 환태평양 조산대에 위치해 지진 피해가 잦았기 때문이다. 분쟁의 소용돌이에서 한발 비켜나 번창하는 도쿄 특유의 능력은 이 도시의 이야기에서 반복적으로 등장하는 테마다.

도쿠가와 이에야스(1543-1616) • 도쿠가와 시대의 문을 연 인물. 이 시기는 일본 역사상 가장 긴 평화의 시대였다.

도쿄

1868년, 도쿠가와 막부가 막을 내리자 새롭게 권력을 잡은 황실이 수도를 에도로 이전한 뒤 이름을 도쿄로 바꿨다. 이는 '동쪽의 수도'라는 의미로, 도쿄에서 서쪽으로 약 500미터 떨어진 옛 수도 교토를 기준으로 삼은 데서 나온 이름이다. 도쿄는 새로운 정권의 본거지로서 급속하게 근대화가 이루어진 메이지 유신(1868-1912)의 최전선에 있었다. 일본은 불과 수십 년 만에 봉건적 특권을 폐지하고 경제를 산업화해 포장도로와 전화, 증기기관을 갖춘 근대국가로 거듭났다. 뒤이은 다이쇼 시대(1912-1926)에 일본의 도시화와 현대화가 한층 가속화되면서 도쿄는 확장을 계속했다.

1923년, 도쿄에 재난이 닥쳤다. 규모 7.9의 관동 대지진이 발생한 데다가 그로 인한 불길이 걷잡을 수 없이 퍼져 도심을 집어삼킨 것이다. 그 결과 14만 명 이상이 사망했고 약 30만 채의 주택이 파괴되었다. 그때만 해도 이 사건이 도쿄 역사상 최악의 비극이었다. 하지만 불과 20여 년 후 도쿄는 제2차 세계대전으로 더욱 끔찍한 참사를 겪게 된다.

일본은 제2차 세계대전으로 180만 명에서 280만여 명이 사망하고 국가 자산의 4분의 1을 잃는 등 그야말로 초토화되었다. 히로시마와 나가사키에 핵폭탄이 투하되었고, 나고야와 오사카, 고베, 도쿄 등 일부 대도시에서는 재래식 폭격으로 인한 피해가 막심했다. 미팅하우스 작전, 즉 도쿄 대공습은 2차 세계대전 당시 발생한 일격 가운데 최고의 파괴력을 보인 작전으로 손꼽힌다. 드레스덴이나 함부르크 폭격, 심지어 히로시마나 나가사키에 대한 핵 공격보다 더욱 치명적이었다.

이 저고도 방화 공습으로 최소 10만 명의 도쿄 시민이 목숨을 잃고 4만 명이 넘는 부상자가 발생했으며, 도시의 4분의 1이 불에 타 100만

| 도쿄 대공습 당시 불에 타는 도쿄의 모습 · 미국은 전쟁을 조기 종결하기 위해 도쿄에 대량의 소이탄을 투하했다.

명이 집을 잃었다. 도쿄의 일부 지역에서는 지상 온도가 섭씨 1,000도까지 올라가 목조 건축물이 순식간에 불길 속으로 사라져버렸다. 게다가 이는 전쟁 중에 도쿄가 겪은 수많은 폭격 중 하나에 불과했다. 도쿄는 제2차 세계대전 중 파괴력이 가장 높은 폭격을 겪었을 뿐 아니라 항공기만 1,000대 이상 동원되는 등 단일 타격으로는 최대 규모였던 폭격까지 겪었다.

폭격이 연이어 발생하면서 도쿄의 경제 생산량은 절반으로 줄었다.

산업 생산량이 전쟁 이전의 10분의 1 수준으로 떨어졌는데, 특히 공장과 상업 시설이 폭격에 취약했다.

이 같은 도시 기반 시설의 파괴로 전후에는 식량과 에너지가 동났고 일부 지역으로는 이동조차 할 수 없게 되었다. 전쟁에 투입되었던 군인 760만 명, 전쟁 관련 업무를 처리한 민간인 400만 명이 갑작스레 동원 해제되고 전쟁 중 식민지에 머물던 일본인까지 돌아오면서 그렇지 않아도 높았던 실업률이 더욱 치솟았다. 일본 전역의 실직자가 1,300만 명을 넘어선 데 이어 물가는 치솟고 엔화 가치는 폭락해 도쿄 경제는 사실상 마비 상태에 이르렀다.

암담한 상황이었지만 전후 도쿄는 그래도 신속하게 다시 일어날 수 있는 몇 가지 이점을 지니고 있었다. 전쟁 전에도 이미 열강의 반열에 올랐던 만큼 산업국가로서 어떤 기반을 갖춰야 하는지를 알고 있었고, 높은 교육 수준과 숙련도를 갖춘 인력이 차고 넘쳤다. 미국도 일본의 경제 회복을 도우려는 의지가 강했다. 일본이 하루빨리 무장을 해제하고 민주화의 길에 들어서는 편이 미국으로서도 유리했기 때문이다.

미국은 일본이 군대를 보유할 권리를 포기하도록 하는 대신 일본의 국방 비용을 부담했다. 따라서 일본으로서는 민간 활동에 모든 자원을 쏟아부을 수 있었다. 근대 일본 경제의 아버지로 불리는 요시다 시게루吉田茂(1878-1967) 총리 등 많은 지도자가 비무장화를 전폭 지지했다. 1954년 일본이 자위대를 창설한 뒤에도 국방비 지출은 미미했으며, 국내총생산이 계속 늘어남에 따라 그마저도 전체 예산에서 차지하는 비율이 줄어들었다. 일부 경제학자들은 일본이 군사비 지출의 부담에서 벗어나지 못했다면, 1976년 무렵 경제 규모가 기존의 70퍼센트 수준에 그쳤을 것이라고 추정한다(반면 미국의 경우, 일본 방위비를 분담하느라 군사비 지출이 늘어 경제 성장이 다소 둔화되었다).

일본은 신속하게 여러 경제 개혁을 시행했다. 연합국은 낮은 세율부터 현금 지원까지 천황 정부의 특혜를 받은 재벌 대기업을 해체하도록 일본에 압박을 가했다. 재벌은 정부와의 유착에 힘입어 경제 전반에서 독점에 가까운 지위를 유지하면서 경쟁자들을 짓밟았다. 하지만 이들이 해체되면서 새로운 기업들이 등장해 공정한 경쟁을 벌일 수

요시다 시게루(1878-1967)·
전후 일본의 총리가 되어 일본 경제를 전후 수준으로 끌어올린 공로를 인정받아 '일본 경제의 아버지'라고 불린다.

있었다. 한편, 일본은 토지 개혁을 시행해, 비효율적 봉건제로 운영되던 농업 부문을 혁신했다.

1940년대 후반, 냉전이 시작되자 미국은 일본이 민주주의와 자본주의를 표방하는 강력한 동맹국이 되길 바랐다. 이를 위해 1949년, 은행가이자 미국 대통령 고문인 조셉 닷지$^{Joseph\ Dodge}$(1890-1964)가 일본을 도와 재정 수지를 맞추고 인플레이션을 억제하며 비효율적 관행을 떠받치던 정부 보조금을 일괄 삭감했다. 오늘날 닷지 라인으로 알려진 그의 정책은 일본 정부의 시장 개입을 줄여 훨씬 역동적인 경제를 창출했다. 이 정책이 시행되고 얼마 지나지 않아 한국전쟁(1950-1953)이 발발하자 미국은 지리적으로 가까운 일본에서 대부분의 전쟁 물자를 조달했다. 이처럼 갑작스럽게 급증한 생산 수요에 경제 자유화까지 맞물려 일본, 특히 도쿄는 초고속 경제 회복을 달성했다.

도쿄는 놀라울 만큼 빠른 경제 성장을 경험하기 시작했다. 신속하게 재산업화가 이루어졌고 수출입이 급증하면서 무역의 거점 역할도 톡톡히 했다. 일본은 열도 국가인 만큼 천연자원이 비교적 적었지만, 원자재를 대량 수입해 완제품을 생산함으로써 규모의 경제를 달성하고 생산량을 몇 배로 늘려 수익을 극대화했다. 또한 이 수익을 더 나은 장비와 기술 연구에 재투자해 수익과 생산량이 선순환하는 구조를 구축했다.

미국 정부는 일본 제품에 대한 무역 장벽을 제거하고 일본을 상대로 보호 무역 정책을 펼쳐야 한다는 요구를 외면했으며, 다른 국가도 자국을 따르도록 독려해 일본 기업이 미국 등지에서 자유롭게 상품을 판매할 수 있는 여건을 조성했다. 한국전쟁 이후에는 미국을 비롯한 여러 나라의 은행이 일본 경제에 막대한 투자를 하고 큰 수익을 기대했다.

일본이 경제의 기적을 이루고 도쿄가 번창하면서 이들은 예상대로 보상을 거두었다. 1958년과 1960년 사이, 일본의 대미 수출은 150퍼센트 증가했다. 1968년 제2차 세계대전이 끝난 지 22년이 채 지나지 않아 일본은 세계 2위의 경제 대국으로 올라섰고, 도쿄 역시 새로운 풍요의 중심지가 되었다.

이내 도쿄는 자동차(혼다, 도요타, 닛산, 스바루, 미쓰비시), 카메라(캐논, 니콘, 후지필름), 시계(카시오, 시티즌, 세이코)를 비롯한 기타 디지털 제품(파나소닉, 닌텐도, 도시바, 소니, 야마하)을 생산하는 글로벌 대기업의 발상지가 되었다.

도쿄의 기업이 성공할 수 있었던 비결은 '혁신'이었다. 가령 도요타는 전략적 자동화 및 '적시 생산'을 활용한 새로운 생산 체계를 구축해 효율성을 높임으로써 미국 자동차 생산업체를 앞질렀다. 제조 공정의

각 절차를 적시에 진행함으로써 재고가 쌓이지 않도록 관리한 적시 생산 모형은 이후 산업 전반에 걸쳐 국제 표준으로 자리 잡았다.

1970년대 이래 도쿄는 최첨단 로봇 공학으로도 명성을 떨쳤다. 산업용 로봇에 대한 전문성 개발은 제조 능력을 갖추고 있던 도쿄로서는 자연스러운 연장선이었다. 이후 연구자들은 로봇 공학의 다른 분야로도 진출했다. 도쿄는 로봇 안내원과 공항 안내원부터 알츠하이머 환자를 돕는 친근한 로봇 아기 물개까지 다양한 로봇을 개발했다.

안타깝게도 1990년대 초부터 잘못된 정부 정책으로 일본 경제는 크게 둔화해 수십 년 동안 침체기를 겪었다. 그럼에도 일본의 과거 급속한 경제 확장은 여전히 연구할 가치가 있다.

전쟁으로 폐허가 되었던 나라의 수도가 불과 몇십 년 만에 세계 최고의 기술 중심지로 탈바꿈하는 데 성공했다. 평화와 경제적 자유, 국제 무역에 참여할 기회에 도쿄 시민의 독창성과 결단력이 합쳐져 도쿄는 현대사에서 위대한 성공 사례로 손꼽힐 만한 경제적 기적을 이루었다. 이렇게 기술 진보의 최전선에 선 도쿄가 세계사 속 위대한 도시로 선정되는 것도 놀랄 일은 아니다.

샌프란시스코

디지털 혁명

　　마지막으로 살펴볼 도시는 주요 기술 기업이 속속 들어선 디지털 혁명기의 샌프란시스코^{San Francisco}다. 더 광범위한 샌프란시스코만灣 지역 남부는 모든 최신 마이크로프로세서에 사용되는 실리콘 트랜지스터를 개발한 덕분에 '실리콘밸리'라는 대명사를 획득했다. 하나의 칩으로 제작되는 마이크로프로세서는 컴퓨터 시스템의 중앙 장치이자 엔진이다.

　인류는 생존 확률을 높이면서 삶을 더 편리하고 생산적이며 즐겁게 영위하도록 해줄 도구를 개발하기 위해 고군분투해왔다. 평범한 사람들의 일상에 변화를 일으킨 오랜 발명의 역사에서 디지털 기술과 여기에서 파생된 수많은 애플리케이션은 현대의 가장 중요한 혁신으로 손꼽힌다.

　오늘날 이 지역은 기술 분야를 선도하는 도시로 평가받는다. 특히,

실리콘밸리 · 구글, 애플 등 디지털 기술 분야의 선두를 달리는 여러 다국적 기업이 샌프란시스코의 실리콘밸리에 본사를 두고 있다.

상징과도 같은 빅토리아 양식의 주택, 가파른 언덕, 전차, 안개, (아시아를 제외하고서는 가장 오래되고 큰) 차이나타운과 금문교를 자랑하는 샌프란시스코는 남다른 경관으로도 유명하다. 『브리태니커 백과사전』에 따르면 "샌프란시스코는 미국이 상징하는 낭만적 꿈에 잘 들어맞는다. 멋지고 우아하며 세계적인 항구의 가파른 거리에서 세계 최고 항구 지역의 숨 막히는 장관을 조망할 수 있기 때문이다". 도시 경관 보존을 위한 노력으로 새로운 건축이 엄격히 제한되어 있으며, 그 때문인지 더 많은 주택을 수용하기 어려워 미국에서 가장 집값이 비싼 도시에 속한다. 최근에는 노숙자가 넘쳐나고 약물 과다 복용으로 인한 사망 사고와 범죄가 기승을 부리는 등 여러 문제에 봉착해 있다. 샌프란시스코는 디지털 기술 분야에서 부를 창출한 억만장자가 미국에서 가장 많이 밀집해 있는 한편, 집 없는 사람도 어디서나 마주칠 수 있어 그야말로 양극단을 달리는 도시가 되었다.

오늘날에는 수많은 사람으로 북적이는 이 대도시도 한때는 모래 언덕뿐이었다. 기록에 따르면 1769년, 스페인 탐험가 가스파르 데 포르톨라Gaspar de Portolá(1716-1786)가 이끄는 정찰대가 샌프란시스코만을 최초로 발견했다. 1776년, 스페인 선교사 프란시스코 팔로우Francisco Palóu(1723-1789)와 탐험가 호세 호아킨 모라가José Joaquín Moraga(1745-1785)의 주도로 유럽인의 정착 생활이 시작되었다. 샌프란시스코에서 80미터 가량 떨어져 있지만 산호세-샌프란시스코-오클랜드 통합 통계 지역에 속하는 샌프란시스코만의 남쪽 해안에 있는 도시 산호세는 호세 호아킨 모라가에게서 따온 이름이다. 샌프란시스코는 스페인 제국의 북아메리카 지역 최북단 전초기지였으며, 멕시코가 독립한 이후에는 멕시코 최북단의 정착지였다. 하지만 그때까지만 해도 규모도 비교적 작고 이름도 알려지지 않았다.

미국은 1846년, 멕시코-미국 전쟁 중 샌프란시스코 지역을 점령했고 1848년 과달루페 이달고 조약을 통해 멕시코로부터 캘리포니아를 공식 양도받았다. 당시 샌프란시스코에 거주한 주민은 900여 명에 불과했는데, 이후 금이 발견되면서 조용했던 마을에 사람들이 몰려들었다. 골드러시(1848-1855)가 끝날 무렵 샌프란시스코는 수만 명이 북적이는 도시로 변해 있었다. 여기에 항구가 개발되어 도시는 더욱 성장했고, 무선통신 산업의 중심지로 거듭나면서 기술 분야의 리더가 될 만반의 준비를 마쳤다.

1906년, 샌프란시스코에 대지진이 일어나고 그로 인한 가스관 파열로 화재까지 발생해 도시의 4분의 3이 파괴되었다. 이후 재건된 도시는 샌프란시스코만을 중심으로 성장을 거듭했다. 1909년, 산호세에 미국 최초의 라디오 방송국이 생겨났고, 1930년대에는 금문교가 건설되어 샌프란시스코 스카이라인을 구축했다. 그뿐 아니라 최고의 보안을 자랑하는 앨커트래즈 교도소가 문을 열어 금주법 시대의 갱스터 알 카포네$^{Al\ Capone}$(1899-1947) 등 유명한 죄수들을 수감했다. 1939년, 샌프란시스코에서 남쪽으로 불과 50여 미터 떨어진 팔로알토에서 윌리엄 휴렛$^{William\ Hewlett}$(1913-2001)과 데이비드 패커드$^{David\ Packard}$(1912-1996)가 전자 신호를 파동으로 표시해주는 기기인 오실로스코프 제조 회사를 설립하고 휴렛팩커드라는 이름을 붙였다. 이 회사는 제2차 세계대전 중 레이더와 대포 기술 제조사로 전환했다. 이후 이 분야에 컴퓨팅이 도입되었다. 펜실베이니아대학교 연구원들이 새로운 도구인 범용 디지털 컴퓨

최초의 컴퓨터 에니악 · 1943~1946년에 펜실베이니아대학교의 무어전자공학대학에서 탄생했다.

터를 사용해 대포 사격표를 계산하기 시작한 것이다.

'컴퓨터'는 한때 계산하는 직업을 일컫는 용어였다. 1946년, 최초의 기계식 컴퓨터인 에니악(전자식 숫자 적분 및 컴퓨터)이 탄생했는데, 당시 가격이 약 50만 달러로 2022년 가치 기준 800만 달러에 달했다. 크기도 높이 2.5미터, 길이 25미터에 무게가 30톤에 이를 만큼 거대했고 취약한 진공관을 교체하는 등 보수 관리까지 계속 해주어야 했다. 조작을 위해서도 많은 사람이 필요했고, 전력 소모량은 오늘날의 손바닥 크기 스마트폰보다 열세 배나 많았으며, 가격도 1만 7천 배는 더 비쌌다.

샌프란시스코와 실리콘밸리가 최고의 명성을 누리기 시작한 것은 더욱 편리하고 강력한 디지털 기술이 발명된 이후다. 1956년, 동부 해안에 거주하던 발명가 윌리엄 쇼클리[William Shockley(1910-1989)]는 병든 어머니와 더 가까이 살기 위해 샌프란시스코에서 남쪽으로 12미터가량 떨어진 샌프란시스코만의 마운틴뷰로 이사했다. 그의 어린 시절 고향인 팔로알토에 어머니가 여전히 살고 계셨기 때문이다. 쇼클리는 그해 엔지니어 존 바딘[John Bardeen(1908-1991)], 물리학자 월터 하우저 브래튼[Walter Houser Brattain(1902-1987)]과 함께 노벨물리학상을 받았다. 이보다 10여 년 앞선 1947년, 뉴저지의 벨 연구소에서 반도체를 공동 개발한 공로를 인정받은 것이다.

캘리포니아로 이주한 쇼클리는 쇼클리 반도체 연구소를 설립한 뒤, 고온을 견디지 못하는 게르마늄 대신 실리콘을 사용해 트랜지스터와 컴퓨터 프로세서를 만들었다. 그의 발명품은 이후 더 많은 전자 제품 개발의 토대가 되었다. 역시 1956년, IBM이 산호세 연구소에서 하드 디스크 드라이브를 발명했고, 샌프란시스코에서 약 22미터 떨어진 버클리의 캘리포니아대학교 교수였던 해리 허스키$^{Harry\ Huskey}$(1916-2017)는 벤딕스 최초의 디지털 컴퓨터 G-15를 설계했다.

쇼클리는 거친 성격의 소유자로 우생학과 대규모 불임 시술을 옹호하는 등 극단적 견해로 논란의 중심이 되었다. 1957년 쇼클리의 직원 중 여덟 명이 쇼클리와의 의견 충돌로 회사를 나온 뒤 투자자 셔먼 페어차일드$^{Sherman\ Fairchild}$(1896-1971)와 함께 사업을 시작했다. 이들은 회사 이름을 페어차일드 반도체로 지었다. 쇼클리는 이들을 '배신자 8인'이라고 칭했다. 1960년대에 페어차일드 반도체는 앞서 살펴본 도시 휴스턴에서 지휘한 아폴로 우주 프로그램에 사용된 수많은 부품을 만들었다. 1968년, 배신자 중 두 명인 고든 무어$^{Gordon\ Moore}$(1929-2023)와 로버트 노이스$^{Robert\ Noyce}$(1927-1990)가 페어차일드를 떠나 샌프란시스코에서 남동쪽으로 약 80미터 떨어진 산타클라라에 '인텔'이라는 새로운 회사를 설립했다. 무어는 무어의 법칙을 창안한 인물로 잘 알려져 있다. 1965년에 이미 컴퓨터의 처리 능력이 18개월마다 두 배가 될 것이라고 내다본 것이었다.

1969년, 샌프란시스코에서 남동쪽으로 약 55미터 떨어진 스탠퍼드대학교의 스탠퍼드 연구소는 고등 연구 사업국 네트워크(아파넷)의 네 '연결 지점' 중 하나가 되었다. 아파넷 연구 프로젝트는 향후 인터넷으로 발전한다. 1970년, 제록스는 향후 이더넷 컴퓨팅과 그래픽 사용자 인터페이스가 개발될 팔로알토 연구소를 설립했다. 1971년, 저널리스트 돈 호플러$^{Don\ Hoefler}$(1922-1986)는 샌프란시스코만 지역 남부에서 급성장하는 컴퓨터 산업에 대한 3부작 보고서를 발표해 '실리콘밸리'라는 용어를 대중화했다. 같은 해, 마이크로프로세서가 발명되면서 기술 변화의 속도는 한층 더 빨라졌다.

19세기 골드러시가 일어나 부자가 되고 싶은 이들이 이곳에 모여들었던 것처럼 디지털 기술이 선사할 잠재적 수익과 새로운 가능성을 향한 설렘이 기업가들과 연구자들을 샌프란시스코만으로 이끌었다. 1970년대에는 아타리와 애플, 오라클 같은 기업이 이곳에 들어섰고 1980년대 무렵에는 실리콘밸리가 디지털 기술의 중심지로 자리 잡았다(일각에서는 스티브 잡스Steve Jobs(1955-2011) 같은 전설적 기업가들이 활동한 1985년부터 2000년까지를 실리콘밸리의 황금기로 간주한다). 1989년, 샌프란시스코에 또 한 번의 대지진이 발생했지만, 이번에는 사망자 수가 비교적 많지 않았다. 1990년대에는 이베이와 야후, 페이팔과 구글 등의 기업이 이 지역에 자리를 잡았고, 2000년대에는 페이스북과 테슬라까지 합류했다. 회사들이 고객을 위한 새로운 가치를 창출하고 상업적 성공을 거두면서 샌프란시스코 인근 지역은 갈수록 부유해졌다. 그중에서도 샌프란시스코의 성장세가 특히 두드러졌다.

스티브 잡스(1955-2011) · 1955년에 샌프란시스코에서 태어난 애플의 혁신을 이끌며 샌프란시스코의 디지털 혁명을 대표하는 인물이 되었다.

이 권역 내 다양한 도시에서 디지털 혁명을 대표하는 여러 중요한 사건이 일어났지만, 샌프란시스코는 굵직한 기술 기업의 보금자리로 더욱 두각을 드러냈다. 1995년부터 2015년 사이, 샌프란시스코에서 설립되었거나 이곳으로 이전한 주요 기업으로 에어비앤비, 코인베이스, 크레이그리스트, 다큐사인, 도어대시, 드롭박스, 이벤트브라이트, 핏빗, 플리커, 깃허브, 그래머리, 인스타카트, 인스타그램, 리프트, 나이언틱, 오픈테이블, 핀터레스트, 레딧, 세일즈포스, 슬랙, 태스크래빗, 트위터, 우버, 워드프레스와 옐프 등을 들 수 있다.

샌프란시스코는 소셜 미디어를 비롯한 다양한 서비스로 많은 근로자에게 편리함을 제공했다. 이곳에 본사를 둔 기업들은 식료품 배달, 레스토랑 예약, 휴가용 주택 대여, 차량 호출 서비스, 중고품 판매, 암호화폐 구매와 업무 집단 채팅 등의 프로세스를 간소화해 수많은 거래와 일상생활을 훨씬 편리하게 만들어주었다.

신기술은 대개 혜택과 문제를 함께 가져오는 경우가 많다. 실리콘밸리와 더불어 샌프란시스코의 혁신도 예외는 아니다. 데이터 프라이버시 침해, 사이버 괴롭힘, 소셜 미디어 중독, 온라인 검열 외에도 디지털 기술과 관련해 오늘날 논란이 되는 주제는 차고 넘친다. 하지만 컴퓨터가 없던 시절의 세상으로 돌아갈 수는 없으며, 디지털 기술로 누리는 혜택이 그로 인해 맞닥뜨리는 딜레마보다 훨씬 많다는 데는 대부분 동의할 것이다.

샌프란시스코의 황금기는 끝났다. 샌프란시스코가 노숙자 문제 등 다양한 문제를 해결하기 위해 고군분투하는 동안 수많은 기술 기업이 터를 옮겼고 현재는 다른 곳에서 기술 혁신이 일어나고 있다. 이 책의 마지막을 장식했다는 이유로 오늘날의 샌프란시스코가 본받을 만한 모형이라고 받아들여선 안 된다. 오히려 정반대다. 그렇다고 해도 이 도시에서 이룬 성과만큼은 간과하기 어렵다.

컴퓨터나 스마트폰을 사용하는 사실상 모든 사람이 샌프란시스코 기업들의 제품이 주는 편리함을 직접 경험했으며, 인터넷과 현대의 컴퓨터가 탄생하는 데는 샌프란시스코만 지역이 결정적 역할을 했다. 인류가 일하고 소통하고 배우고 즐기는 모든 방식을 컴퓨터, 태블릿과 스마트폰이 어떻게 바꿔놓았는지는 일일이 나열하기 어렵다. 샌프란시스코야말로 지구상에서 가장 혁신적이고 진취적인 도시로서 디지털 시대를 열고 세계를 변화시켰다는 데 의심의 여지가 없다.

이 같은 이유로 샌프란시스코는 이 책에서 마지막으로 소개하는 도시이지만, 이곳이 우리의 마지막 정착지는 아니다. 앞으로도 세상을 바꿀 혁신이 끊임없이 등장할 것이다. 토머스 제퍼슨$^{Thomas\ Jefferson}$(1743-1826)은 "나는 과거의 역사보다 미래의 꿈을 더 좋아한다"라고 말했다. 세계사를 바꿀 다음 도시는 어디가 될까? 아무도 알 수 없다. 어쩌면 지금 당신이 서 있는 곳이 바로 그곳일지도 모른다.

감사의 말

이 책으로 묶인 인터넷 칼럼을 기고하기 시작한 2020년 4월, 내가 거주하는 워싱턴 D.C는 코로나19 팬데믹으로 일시적 폐쇄에 들어갔다. '사회적 거리두기'로 집에만 머물러야 했던 시기에 각 도시를 탐구하는 작업은 내게 좋은 탈출구가 되어주었다. 남편이 커피를 내려주고 에너지 넘치는 아기를 돌보며 지지해주지 않았다면, 이 책은 세상에 나올 수 없었을 것이다. 이 책을 집필하는 동안 나는 새집으로 이사하고 둘째 아이를 맞이하는 등 많은 변화를 겪었다. 극적인 변화의 시기에 이 프로젝트가 견고하게 중심을 잡아주었다.

지혜와 지도력, 재치를 발휘해 수년간 전문 멘토링을 제공해준 마리안 투, 처음부터 이 프로젝트에 믿음을 보여준 이안 바스케즈에게 감사한다. 이 프로젝트가 결실을 맺을 수 있도록 이끌어준 동료 아론 스틸만, 엘레노어 오코너와 이반 오소리오, 전前 동료로서 조언을 아끼지 않은 제이슨 쿠즈니키에게도 감사의 인사를 전한다. 초고 편집을 도와준 말콤 코크란, 데이비드 베렌스와 카토의 편집팀, 그중에서도 특히 수석 카피 에디터 카렌 가빈에게 감사드린다. 사실 확인을 도와준 동료 사울 지메트와 워커 하스킨스, 격려의 말을 아끼지 않고 이 도시에 대한 통찰까지 공유해준 카토의 동료 학자 무스타파 아키올, 테렌스 키알리와 호세 피녜라에게 감사의 말을 전한다.

이 시리즈를 홍보해준 루이스 아후마다 아브리고, 시리즈를 바탕으로 수업 계획을 설계해준 고등교사 션 키나드, 이 책이 교실에서 활용되도록 도와준 스피어 교육 이니셔티브의 앨런 캐리와 일라이즈 알터에게 감사를 표한다. 홈페이지 ElCato.org를 위해 도시 프로필을 스페인어로 번역해준 가브리엘라 칼데론 데 부르고스에게도 감사드린다. 『세계사를 바꾼 영웅들』을 통해 이 책에 영감을 준 것은 물론, 시리즈까지 완성할 예정인 전 동료 알렉산더 C. R. 해먼드에게도 고맙다. 볼로냐와 괴베클리 테페를 포함할 것을 제안해준 독자 제럴드 오드리스콜과 마이클 스테이, 따뜻한 마음을 전해주고 최종적으로 선정하지 못한 여러 도시까지 제안해준 다른 많은 독자들에게도 감사의 말씀을 전하고 싶다. 루이스와 길레르미나 슈터 슈나이더에게도 감사를 표한다.

언제나 신뢰를 보내주시는 아버지와 돌아가신 어머니, 내 삶에 기쁨과 의미를 부여해준 아이들에게 감사의 마음을 전한다. 그리고 마감 기한을 지킬 수 있도록 독려하고 끊임없이 격려해준 남편에게 누구보다 고맙다고 말해주고 싶다.

토의를 위한 질문

1. 많은 혁신이 도시에서 일어나는 이유가 무엇이라고 생각하는가?
2. 이 책에 소개된 도시들의 공통점은 무엇이며 차이점은 무엇인가?
3. 저자는 상대적 평화와 자유, 많은 인구를 발전의 중요한 요인으로 꼽았다. 이 같은 요소가 두드러지는 도시로 어디를 꼽을 수 있는가? 또한 예외인 도시는 어디인가?
4. 인류의 발전에 기여한 다양한 사상을 논의할 자유는 어떤 역할을 했는가? 이 책에 소개된 다양한 도시에서 지적 토론은 어떻게 발전을 이끌었는가? (예: 아테네와 에든버러)
5. 문화 간 교류는 인류의 발전을 촉진하는 데 어떤 역할을 했는가? 그와 같은 교류는 책에 소개된 도시들을 어떻게 풍요롭게 만들었는가? (예: 장안과 암스테르담)
6. 인류의 발전을 촉진하는 데 경쟁은 어떤 역할을 했는가? 이 책에 나오는 도시에서 경쟁은 어떻게 발전을 가져왔는가? (교토의 궁정 문학 경연 대회나 휴스턴에서 논의된 국제 경연 대회 등을 사례로 참고할 수 있다.)
7. 인류의 발전을 촉진하는 데 재정적 동기는 어떤 역할을 했는가? 이 책에 소개된 도시에서 재정은 발전에 어떤 식으로 동기를 부여했는가? (피렌체 예술가나 빈 음악가에 대한 재정적 후원 혹은 도쿄와 샌프란시스코에 설립된 기업 등을 떠올려볼 수 있다.)

8 역사가 발전하는 데 중요한 역할을 한 다른 요인은 무엇이라고 생각하는가?

9 이 책에서는 기술 발전, 예술적 성취, 새로운 제도와 정책 등 다양한 테마를 다룬다. 이렇게 다양한 테마들이 서로 연결되어 있는가? 만약 그렇다면 어떻게 연결되는가?

10 이전 성과를 바탕으로 발전한 도시는 어디인가? 그리고 기대와 달리 다음 단계로 이어지지 않거나 세계로 퍼지지 않은 발전은 무엇인가?

11 인류 역사에서 가장 중요한 혁신은 무엇이라고 생각하는가? 세상을 가장 많이 변화시킨 도시는 어디인가?

12 책에서 소개한 도시 중 한 곳을 그곳의 전성기에 방문할 수 있다면 어디를 선택하겠는가? 그 이유는 무엇이며 기념품으로는 무엇을 가져오겠는가?

13 저자는 이 도시 중 대다수가 당시에는 발전했을지 몰라도 현대인은 여러 가지 요인으로 경악을 금치 못할 것이라고 자주 언급한다. 현대의 삶은 고대에 비해 어떤 측면에서 더 나은가?

14 이 책이 당신의 관점을 어떻게 바꾸었는가?

15 도시를 하나 더 추가할 수 있다면 어떤 도시를, 어떤 테마로 추가하고 싶은가?

참고문헌

전체

- 존 줄리어스 노리치, 『위대한 역사도시 70』(역사의아침, 2010).
- Bailey, Ronald, and Marian L. Tupy, *Ten Global Trends Every Smart Person Should Know: And Many Others You Will Find Interesting* (Washington: Cato Institute, 2020).
- McCloskey, Deirdre, "How the West (and the Rest) Got Rich," *Wall Street Journal*, May 20, 2016.
- Norberg, Johan, *Progress: Ten Reasons to Look Forward to the Future* (New York: Oneworld Publications, 2017).
- Norwich, John Julius, *Cities That Shaped the Ancient World* (London: Thames & Hudson, 2014).
- Ridley, Matt, *The Evolution of Everything: How New Ideas Emerge* (New York: Harper, 2015).
- Tupy, Marian L., and Gale Pooley, *Superabundance: The Story of Population Growth, Innovation, and Human Flourishing on an Infinitely Bountiful Planet* (Washington: Cato Institute, 2022).

1장 여리고

- 제임스 C. 스콧, 『농경의 배신』(책과함께, 2019)
- Joyce, Christopher, "Ancient Figs May Be First Cultivated Crops," NPR, June 2, 2006.
- Parry, Wynne, "Mystery of Ancient Jericho Monument Revealed," CBS News, February 18, 2011.
- University of Sheffield, "Why Did Hunter-Gatherers First Begin Farming?," *ScienceDaily*, May 16, 2017.

2장 괴베클리 테페

- Dietrich, Oliver, Manfred Heun, Jens Notroff, Klaus Schmidt, and Martin Zarnkow, "The Role of Cult and Feasting in the Emergence of Neolithic Communities: New Evidence from Göbekli Tepe, South-Eastern Turkey," *Antiquity* 86 no. 333 (2012): 674–95.
- Mann, Charles C., "The Birth of Religion," *National Geographic*, June 2011, pp. 34–59.
- Thomas, Sean, "Is an Unknown, Extraordinarily Ancient Civilisation Buried under Eastern Turkey?," *The Spectator*, May 8, 2022.

3장 버즈 빔

- Bellware, Kim, "Ancient Aboriginal Aquaculture System Older than Stonehenge Uncovered by Australian Wildfires," *Washington Post*, January 21, 2020.
- Gattuso, Reina, "Australian Wildfires Uncovered Hidden Sections of a Huge, Ancient Aquaculture System," *Atlas Obscura*, February 6, 2020.
- McDougall, Rennie, "Aboriginal Aquaculture: The First Australian Engineers and How History Almost Overlooked Them," *Lapham's Quarterly*, August 6, 2018.

4장 우루크

- Ghazal, Rym, "World's Oldest Writing Not Poetry but a Shopping Receipt," *National News UAE*, April 12, 2011.
- Glassner, Jean-Jacques, *The Invention of Cuneiform: Writing in Sumer*, translated by Zainab Bahrani and Marc Van De Mieroop (Baltimore: Johns Hopkins University Press, 2003).
- Harford, Tim, "How the World's First Accountants Counted on Cuneiform," BBC, June 12, 2017.
- University of Oxford, "Enmerkar and the Lord of Aratta: Translation," Electronic Text Corpus of Sumerian Literature.

5장 모헨조다로

- Carter, W. Hodding, *Flushed: How the Plumber Saved Civilization* (New York: Atria Books, 2007).
- Roach, John, "Mohenjo-Daro 101," *National Geographic*, October 9, 2009.
- Robinson, Andrew, "The Real Utopia: This Ancient Civilisation Thrived without War," *New Scientist*, September 4, 2016.
- Watson, Traci, "Surprising Discoveries from the Indus Civilization," *National Geographic*, April 30, 2013.

6장 난 마돌

- Moulton, Madison, "What Is the Austronesian Expansion?," *History Guild*, March 12, 2021.
- Pala, Christopher, "Nan Madol: The City Built on Coral Reefs," *Smithsonian Magazine*, November 3, 2009.
- Thompson, Christina, *Sea People: The Puzzle of Polynesia* (New York: Harper, 2019).

7장 멤피스

- Rossi, Marco, "Homer and Herodotus to Egyptian Medicine," *Vesalius: acta internationales historiae medicinae*, no. S3–5, 2010, PMID: 21657099.
- Stiefel, Marc, Arlene Shaner, and Steven D. Schaefer, "The Edwin Smith Papyrus: The

Birth of Analytical Thinking in Medicine and Otolaryngology," *Laryngoscope* 116, no. 2 (2006): 182–88.
- University of Manchester, "Egyptians, Not Greeks, Were True Fathers of Medicine," May 9, 2007.

8장 우르

- Code of Ur-Nammu.
- Editors of *Encyclopedia Britannica*, "Cuneiform Law," *Encyclopedia Britannica*, January 21, 2011.
- Kramer, Samuel Noah, "Law and Love: A Hymn, a Prayer, and a Word to the Wise," *Penn Museum Bulletin* 18, no. 2 (1952): 23–42.
- Roth, Martha T., *Law Collections from Mesopotamia and Asia Minor*, vol. 6, edited by Piotr Michalowski (Atlanta: Scholars Press, 1995), pp. 16–21.

9장 치첸 이트샤

- Blakemore, Erin, "Where Did Soccer Start? Archaeology Weighs In," *National Geographic*, June 15, 2018.
- Taylor, Steve, "Sport and the Decline of War," *Psychology Today*, March 14, 2014.
- Whittington, E. Michael, ed., *The Sport of Life and Death: The Mesoamerican Ballgame* (London: Thames & Hudson, 2001).

10장 아테네

- Long, Roderick T., "Athens, for All Its Flaws, Was a Beacon of Personal Liberty in the Ancient World," Libertarianism.org, September 24, 2015.
- Merchant, E. C., ed., "Pseudo-Xenophon (Old Oligarch)," *Xenophon in Seven Volumes* (Cambridge, MA: Harvard University Press, 1984).
- Weiner, Eric, "Genius Is Simple: Athens," *The Geography of Genius: Lessons from the World's Most Creative Places* (New York: Simon & Schuster, 2016), pp. 13–64.

11장 알렉산드리아

- El-Abbadi, Mostafa, "Library of Alexandria," *Encyclopedia Britannica*, July 17, 2020.
- Garlinghouse, Tom, "The Rise and Fall of the Great Library of Alexandria," LiveScience, March 14, 2022.

12장 로마

- Editors of *Encyclopedia Britannica*, "Roman Road System," *Encyclopedia Britannica*, April 3, 2018.
- Malacrino, Carmelo G., *Constructing the Ancient World: Architectural Techniques of the Greeks*

and Romans, translated by Jay Hyams (Los Angeles: J. Paul Getty Museum, 2010), pp. 173–74.
- "A Roman Bathhouse Still in Use after 2,000 Years," *BBC News Magazine*, October 13, 2013.
- *Walking Britain's Roman Roads*, TV series, 2020, Channel 5 (UK).

13장 장안

- Rothschild, Norman Harry, "Why Is It Necessary for Naked Savages to Drum and Dance? Early Tang Imperial Responses to a Sogdian Hibernal Festival," *Fudan Journal of the Humanities and Social Sciences* 8 (2015): 65–80.
- UNESCO Silk Roads Programme, "Did You Know? The Cosmopolitan City of Chang'an at the Eastern End of the Silk Roads."

14장 바그다드

- Akyol, Mustafa, "How We Lost Universalism" and "How We Lost the Sciences," in *Reopening Muslim Minds* (New York: St. Martin's Essentials, 2021), pp. 56–68, 86–104.
- Sardar, Marika, "Astronomy and Astrology in the Medieval Islamic World," Metropolitan Museum of Art, 2011.
- Scheiner, Jens J., and Damien Janos, eds., *The Place to Go: Contexts of Learning in Baghdad, 750–1000 C.E.* (Berlin: Gerlach Press, 2021).
- Wiet, Gaston, *Baghdad: Metropolis of the Abbasid Caliphate*, translated by Seymour Feiler (Norman: University of Oklahoma Press, 1971).

15장 교토

- Columbia University, "What Is a *Waka*?," Asia for Educators, 2022.
- Kiyoyuki, Higuchi, "Why Is There No Talk of Food or Bathing in the Tale of Genji?," in *Himitsu no Nihonshi* (Secret History of Japan), translated by Gregory Smits (Tokyo: Shōdensha, 1988), pp. 29–36.
- Morley, Brendan Arkell, "Poetry and Diplomacy in Early Heian Japan: The Embassy of Wang Hyoryŏm from Parhae to the Kōnin Court," *Journal of the American Oriental Society* 136, no. 2 (2016): 343–69.
- Van Goethem, Ellen, "Why Leave the Nagaoka Capital?," *Nagaoka: Japan's Forgotten Capital* (Boston: Brill, 2008), pp. 237–52.

16장 볼로냐

- Editors of Encyclopedia Britannica, "University of Bologna," *Encyclopedia Britannica*, July 18, 2019.
- McSweeney, Thomas J., and Michéle K. Spike, "The Significance of the Corpus Juris

Civilis: Matilda of Canossa and the Revival of Roman Law," William and Mary Law School, 2015, (*Faculty Publications*, 1736).
- University of Bologna, "Nine Centuries of History." 다음 영상을 참조하라, "Nove Secoli di Storia," YouTube, February 14, 2017.

17장 항저우

- Columbia University, "The Song Economic Revolution: From Copper Coins to Paper Notes," Asia for Educators.
- Su Tung-Po, "On the Birth of a Son," Poetry Foundation.
- Szczepanski, Kallie, "The Invention of Paper Money," ThoughtCo, 2019.
- Weiner, Eric, "Genius Is Nothing New: Hangzhou," *The Geography of Genius: Lessons from the World's Most Creative Places* (New York: Simon & Schuster, 2016), pp. 65–96.

18장 피렌체

- Squires, Nick, "Renaissance Genius Raphael Revived Long-Lost Pigment Invented by Ancient Egyptians," *The Telegraph*, October 6, 2020.
- Weiner, Eric, "Genius Is Expensive: Florence," *The Geography of Genius: Lessons from the World's Most Creative Places* (New York: Simon & Schuster, 2016), pp. 97–140.

19장 두브로브니크

- Alebić, Tamara, and Helena Marković, "Development of Health Care in Dubrovnik from 14th to 16th Century—Specific Features of Ragusan Medicine," *Collegium Antropologicum* 41, no. 4 (2017): 391–98.
- Reed, Lawrence W., "Remembering the Ragusan Republic," Foundation for Economic Education, April 10, 2019.
- Tomić, Zlata Blažina, and Vesna Blažina, *Expelling the Plague: The Health Office and the Implementation of Quarantine in Dubrovnik, 1377–1533* (Montreal: McGill-Queen's University Press, 2015).
- Vuković, Kristin, "Dubrovnik: The Medieval City Designed around Quarantine," BBC, April 22, 2020.

20장 베닌시티

- Century Project, "Remarkable Historical Figures of Ancient Benin Kingdom," Google Arts & Culture website.
- Hansberry, William Leo, "The Material Culture of Ancient Nigeria," *Journal of Negro History* 6, no. 3 (1921): 261–95.
- Pearce, Fred, "The African Queen," *New Scientist*, September 11, 1999.

21장 마인츠

- Hammond, Alexander C. R., "Johannes Gutenberg," *Heroes of Progress* (Washington: Cato Institute, forthcoming).
- Madhvi, Ramani, "How a German City Changed How We Read," BBC, May 8, 2018.

22장 세비야

- Bergreen, Laurence, *Over the Edge of the World: Magellan's Terrifying Circumnavigation of the Globe* (New York: William Morrow, 2003).
- Cavendish, Richard, "The Casa de Contratación Established in Seville," *History Today*, January 2003.
- Pigafetta, Antonio, *The First Voyage Round the World*, translated by Henry Edward Stanley (London: Hakluyt Society, 1874).
- Sazatornil, Blanca, anvd Alicia Suárez, "Elcano's Return (*El Regreso de Elcano*)," Naval Museum of Madrid, Google Arts & Culture website.

23장 암스테르담

- 페르낭 브로델, 『물질문명과 자본주의』(까치, 2024)
- "Amsterdam: Capital of the Golden Age," Official Guide for Visiting the Netherlands.
- McCloskey, Deirdre, *Bourgeois Dignity: Why Economics Can't Explain the Modern World* (Chicago: University of Chicago Press, 2011).

24장 아그라

- "Architecture," Official website of the Taj Mahal.
- Koch, Ebba, *The Complete Taj Mahal* (London: Thames & Hudson, 2006).
- Stanberg, Susan, "A Pilgrimage to the Taj Mahal: A 'Poem in Stone,'" NPR, December 30, 2004.

25장 케임브리지

- Bailey, Simon, "The Hanging of the Clerks in 1209," BBC, December 18, 2009.
- "Isaac Newton's Apple Tree," U.K. National Trust Woolsthorpe Manor website.
- Zutshi, Patrick, "The Dispersal of Scholars from Oxford and the Beginnings of a University at Cambridge: A Study of the Sources," *English Historical Review* 127, no. 528 (2012): 1041–62.

26장 파리

- 스티븐 핑커, 『지금 다시 계몽 : 이성, 과학, 휴머니즘, 그리고 진보를 말하다』(사이언스북스, 2021)
- Follett, Chelsea, "Alcohol and Caffeine Created Civilization," *USA Today*, February 28,

2017.
- Lilti, Antoine, "The Kingdom of Politesse: Salons and the Republic of Letters in Eighteenth-Century Paris," *Republic of Letters: Journal for the Study of Knowledge, Politics, and the Arts* 1, no. 1 (2009).
- "Marie-Thérèse Rodet Geoffrin," *Encyclopedia Britannica*.

27장 에든버러

- Buchan, James, *Crowded with Genius: The Scottish Enlightenment; Edinburgh's Moment of the Mind* (New York: HarperCollins, 2003).
- Edinburgh World Heritage, "City of Genius: The Scottish Enlightenment," classroom resources.
- Thornton, Robert D., "The University of Edinburgh and the Scottish Enlightenment," *Texas Studies in Literature and Language* 10, no. 3 (1968): 415–22.
- Weiner, Eric, "Genius Is Practical: Edinburgh," *The Geography of Genius: Lessons from the World's Most Creative Places* (New York: Simon & Schuster, 2016), pp. 141–84.

28장 필라델피아

- Declaration of Independence(1776).
- Nash, Gary B., "Philadelphia: An Imperfect but Undeniable 'Cradle of Liberty,'" PBS, June 18, 2011.

29장 빈

- Andrews, Evan, "What Is the Oldest Known Piece of Music?," History Channel, September 1, 2018.
- Powell, Jim, "Ludwig van Beethoven's Joyous Affirmation of Human Freedom," Foundation for Economic Education, December 1, 1995.
- Weiner, Eric, "Genius Is Contagious: Vienna on the Couch," *The Geography of Genius: Lessons from the World's Most Creative Places* (New York: Simon & Schuster, 2016), pp. 217–50.

30장 맨체스터

- Follett, Chelsea, "Scrooge and the Reality of the Victorian Home," *American Spectator*, December 12, 2018.
- "Manchester—The First Industrial City," London Science Museum website.
- Nevell, Michael, "Dark Satanic Mills? The Archaeology of the World's First Industrial City," *Current Archaeology*, May 25, 2010.
- Tupy, Marian L., "Market Capitalism Has Achieved What Karl Marx Always Wanted," *CapX*, July 13, 2018.

31장 런던

- Hammond, Alexander C. R., "William Wilberforce," *Heroes of Progress* (Washington: Cato Institute, forthcoming).
- "The Story of Africa: The End of Slavery," BBC World Service.

32장 웰링턴

- Hammond, Alexander C. R., "Kate Sheppard," *Heroes of Progress* (Washington: Cato Institute, forthcoming).
- Pickles, Katie, "Why New Zealand Was the First Country Where Women Won the Right to Vote," The Conversation, September 18, 2018.

33장 시카고

- Klein, Christopher, "When a Horse Raced against a Locomotive during the Industrial Revolution," History Channel, February 26, 2019.
- Koziarz, Jay, "Transportation That Built Chicago: The Importance of the Railroads," Curbed Chicago, September 21, 2017.
- Solomon, Brian, John Gruber, Chris Guss, and Michael Blaszak, *Chicago: America's Railroad Capital: The Illustrated History, 1836 to Today* (St. Paul, MN: Voyageur Press: 2014).

34장 로스앤젤로스

- Lewis, Dan, "Thomas Edison Drove the Film Industry to California," *Mental Floss*, September 29, 2022.
- Montoya, Yvonne, "The 'Mother of Hollywood' Thought the City Was Going to Be a Christian Utopia Free from Alcohol, Gambling and Prostitution," LAist, August 18, 2020.

35장 뉴욕

- Knight, Thaya Brook, "Wall Street Offers Very Real Benefits," *USA Today*, May 26, 2015.
- "New York after WWII," PBS, September 8, 2003.

36장 홍콩

- Monnery, Neil, *Architect of Prosperity: Sir John Cowperthwaite and the Making of Hong Kong* (London: London Publishing Partnership, 2017).
- Tupy, Marian L., "Hong Kong and the Power of Economic Freedom," HumanProgress.org, March 7, 2016.
- Tupy, Marian L., "Is This Goodbye for Hong Kong?," HumanProgress.org, June 9, 2020.

37장 휴스턴

- Hsu, Tiffany, "The Apollo 11 Mission Was Also a Global Media Sensation," *New York Times*, July 15, 2019.
- Kennedy, John F., address at Rice University on the nation's space effort, September 12, 1962.
- Muir-Harmony, Teasel, "How Apollo 8 Delivered Christmas Eve Peace and Understanding to the World," *Smithsonian Magazine*, December 11, 2020.
- Sparrow, Giles, "Apollo 11 Mission Control: The People behind the Moon Landing," BBC Sky, July 10, 2019.

38장 베를린

- Ariely, Dan, Ximena Garcia-Rada, Katrin Gödker, Lars Hornuf, and Heather Mann, "The Impact of Two Different Economic Systems on Dishonesty," *European Journal of Political Economy* 59 (2019): 179–95.
- "Berlin Wall," History Channel, March 21, 2021.
- Gramlich, John, "East Germany Has Narrowed Economic Gap with West Germany since Fall of Communism, but Still Lags," Pew Research Center, November 6, 2019.
- Kennedy, John F., remarks at the Rudolph-Wilde Platz, Berlin, June 26, 1963.

39장 도쿄

- Beckley Michael, Yusaku Horiuchi, and Jennifer M. Miller, "America's Role in the Making of Japan's Economic Miracle," *Journal of East Asian Studies* 18, no. 1 (2018): 1–21.
- Reed, Lawrence W., "What Caused Japan's Post-War Economic Miracle?," Foundation for Economic Education, August 26, 2022.

40장 샌프란시스코

- Newman, Katelyn, "San Francisco Is Home to the Highest Density of Billionaires," U.S. News & World Report, May 10, 2019.
- Protin, Corey, Matthew Stuart, and Matt Weinberger, "Animated Timeline Shows How Silicon Valley Became a $2.8 Trillion Neighborhood," *Business Insider*, December 18, 2020.
- Weiner, Eric, "Genius Is Weak: Silicon Valley," in *The Geography of Genius: Lessons from the World's Most Creative Places* (New York: Simon & Schuster, 2016), pp. 287–320.

이미지 출처

※자유 이용 저작물은 따로 표기하지 않았습니다.

21쪽 • Janusz J., Wikimedia Commons, CC BY-SA 3.0
25쪽 • Museum of Archaeology and Anthropology, Wikimedia Commons, CC BY-SA 2.0
26쪽 • Immanuelle, Wikimedia Commons, CC BY-SA 4.0
30쪽 왼쪽 • Dosseman, Wikimedia Commons, CC BY-SA 4.0
30쪽 오른쪽 • Dosseman, Wikimedia Commons, CC BY-SA 4.0
31쪽 • Rolf Cosar, Wikimedia Commons, CC BY-SA 4.0
34쪽 • Sue Fleckney, Wikimedia Commons, CC BY-SA 2.0
42쪽 • Mikeybear, Wikimedia Commons, CC BY-SA 3.0
47쪽 • SAC Andy Holmes (RAF)/MOD, Wikimedia Commons
50쪽 • Zunkir, Wikimedia Commons, CC BY-SA 4.0
51쪽 • Zunkir, Wikimedia Commons, CC BY-SA 4.0
57쪽 • Saqib Qayyum, Wikimedia Commons, CC BY-SA 3.0
61쪽 • Soban, Wikimedia Commons, CC BY-SA 3.0
69쪽 • Uhooep, Wikimedia Commons, CC BY-SA 4.0
73쪽 • Vyacheslav Argenberg, Wikimedia Commons, CC BY-SA 4.0
79쪽 • Wellcome Images, Wikimedia Commons, CC BY 4.0
83쪽 • David Berkowitz, Wikimedia Commons, CC BY 2.0
86쪽 • Szilas, Wikimedia Commons, CC BY-SA 4.0
92쪽 • Daniel Schwen, Wikimedia Commons ,CC BY-SA 4.0
96쪽 • Wolfgang Sauber, Wikimedia Commons, CC BY-SA 3.0
104쪽 • Sharon Mollerus, Wikimedia Commons, CC BY 2.0
106쪽 • Jerónimo Roure Pérez, Wikimedia Commons, CC BY-SA 4.0
126쪽 • Livioandronico2013, Wikimedia Commons, CC BY-SA 4.0
134쪽 • xiquinhosilva, Wikimedia Commons, CC BY 2.0
136쪽 • 颐园新居, Wikimedia Commons, CC BY-SA 3.0
144쪽 • Adlinor Collection,Wikimedia Commons, CC BY-SA 3.0
151쪽 • DXR, Wikimedia Commons, CC BY-SA 4.0

163쪽 • Szs, Wikimedia Commons, CC BY-SA 3.0
168쪽 • Mattia Barci, Wikimedia Commons, CC BY-SA 4.0
173쪽 • MasaneMiyaPA, Wikimedia Commons, CC BY-SA 4.0
181쪽 • Commonists, Wikimedia Commons, CC BY-SA 4.0
191쪽 • Ponor, Wikimedia Commons, CC BY-SA 4.0
201쪽 • dronepicr, Wikimedia Commons, CC BY 2.0
213쪽 • Lothar Spurzem, Wikimedia Commons, CC BY-SA 2.0 DE
222쪽 • Ingo Mehling, Wikimedia Commons, CC BY-SA 4.0
224쪽 • Chabe01, Wikimedia Commons, CC BY-SA 4.0
235쪽 • bureau Monumenten & Archeologie (bMA), Wikimedia Commons, gemeente Amsterdam Attribution
245쪽 • Diego Delso, Wikimedia Commons, CC BY-SA 4.0
250쪽 • Dhirad, Wikimedia Commons, CC BY-SA 3.0
257쪽 왼쪽 • chensiyuan, Wikimedia Commons, CC BY-SA 4.0
257쪽 오른쪽 • Cambridge – Corpus Clock by Colin Smith, Wikimedia Commons, CC BY-SA 2.0
259쪽 • Andrew Dunn, Wikimedia Commons, CC BY-SA 2.0
267쪽 • Celette, Wikimedia Commons, CC BY-SA 4.0
277쪽 • W. Bulach, Wikimedia Commons, CC BY-SA 4.0
295쪽 • Steven Pisano, Wikimedia Commons, CC BY 2.0
305쪽 • Mark Andrew., Wikimedia Commons, CC BY 2.0
307쪽 • Friviere, Wikimedia Commons, CC BY 3.0
309쪽 • Ben Brooksbank, Wikimedia Commons, CC BY-SA 2.0
325쪽 • Heather Cuthill, Wikimedia Commons, CC BY-SA 2.0
327쪽 • Archives New Zealand from New Zealand, Wikimedia Commons, CC BY-SA 2.0
335쪽 • User:JeremyA, Wikimedia Commons, CC BY-SA 2.5
343쪽 • Thomas Wolf, Wikimedia Commons, CC BY-SA 3.0
351쪽 • Daniel Schwen, Wikimedia Commons, CC BY-SA 4.0
356쪽 • Carlos Delgado, Wikimedia Commons, CC BY-SA 3.0
364쪽 • WiNG, Wikimedia Commons, CC BY-SA 3.0
379쪽 • Anagoria, Wikimedia Commons, CC BY 3.0
380쪽 • Noir, Wikimedia Commons, CC BY-SA 3.0
385쪽 • Lear 21 at English Wikipedia, Wikimedia Commons, CC BY-SA 3.0
397쪽 • Ryan Schwark, Wikimedia Commons, CC0
402쪽 • Matthew Yohe, Wikimedia Commons, CC BY-SA 3.0

40가지 테마로 읽는 도시 세계사

1판 1쇄 발행 2025년 7월 15일

지은이 첼시 플렛
옮긴이 이정민
발행인 박명곤 **CEO** 박지성 **CFO** 김영은
기획편집1팀 채대광, 백환희, 이상지, 김진호
기획편집2팀 박일귀, 이은빈, 강민형, 박고은
기획편집3팀 이승미, 김윤아, 이지은
디자인팀 구경표, 유채민, 윤신혜, 임지선
마케팅팀 임우열, 김은지, 전상미, 이호, 최고은

펴낸곳 (주)현대지성
출판등록 제406-2014-000124호
전화 070-7791-2136 **팩스** 0303-3444-2136
주소 서울시 강서구 마곡중앙6로 40, 장흥빌딩 10층
홈페이지 www.hdjisung.com **이메일** support@hdjisung.com
제작처 영신사

ⓒ 현대지성 2025

※ 이 책은 저작권법에 따라 보호받는 저작물이므로 무단 전재와 복제를 금합니다.
※ 잘못 만들어진 책은 구입하신 서점에서 교환해드립니다.

"Curious and Creative people make Inspiring Contents"
현대지성은 여러분의 의견 하나하나를 소중히 받고 있습니다.
원고 투고, 오탈자 제보, 제휴 제안은 support@hdjisung.com으로 보내주세요.

이 책을 만든 사람들
기획 박일귀 **편집** 이은빈 **디자인** 임지선